CRIME ORGANIZADO

Análise da Lei 12.850/2013

KAI AMBOS
ENEAS ROMERO
Coordenadores

CRIME ORGANIZADO

Análise da Lei 12.850/2013

GUSTAVO BADARÓ / DIOGO MALAN
CARLOS ROBERTO BACILA / RENATO STANZIOLA VIEIRA
MARIA THEREZA DE ASSIS MOURA
MARCUS ALAN MELO GOMES / PAULO CÉSAR BUSATO
ENEAS ROMERO / PAULO PINTO DE ALBUQUERQUE

Marcial Pons
MADRI | BARCELONA | BUENOS AIRES | SÃO PAULO

CEDPAL
GEORG-AUGUST-UNIVERSITÄT GÖTTINGEN

Série CEDPAL – Centro de Estudos de Direito Penal e Processual Penal Latino-americano

Crime organizado. Análise da Lei 12.850/2013

Gustavo Badaró / Diogo Malan / Carlos Roberto Bacila / Renato Stanziola Vieira
Maria Thereza de Assis Moura / Marcus Alan Melo Gomes / Paulo César Busato
Eneas Romero / Paulo Pinto de Albuquerque

Coordenadores
Kai Ambos / Eneas Romero

Preparação e Editoração eletrônica
Ida Gouveia / HBLYZ / Oficina das Letras®

CIP-Brasil. Catalogação na Publicação
Sindicato Nacional dos Editores de Livros, RJ

C947

Crime organizado: análise da lei 12.850/2013 / Gustavo Badaró... [*et alii*]; coordenação: Kai Ambos, Eneas Romero - 1. ed. - São Paulo: Marcial Pons; CEDPAL, 2017.

ISBN 9788566722437

1. Segurança pública. 2. Segurança pública - Brasil. I. Badaró, Gustavo. II. Ambos, Kai. III. Romero, Eneas.

17-43270 CDU: 343.9(81)

Platz der Göttinger Sieben 5, 37073, Göttingen, Alemanha

☎ +49 551-39-7834 www.cedpal.uni-goettingen.de – cedpal@uni-goettingen.de

Av. Brig. Faria Lima, 1461, Torre Sul, 17/8 Jardim Paulistano CEP 01452-002 São Paulo-SP

☎ +55 (11) 3192.3733 www.marcialpons.com.br

Impresso no Brasil

APRESENTAÇÃO

O Centro de Estudos de Direito Penal e Processual Penal Latino-americano (CEDPAL) é uma entidade autônoma do Instituto de Ciências Criminais da Faculdade de Direito da Universidade Georg-August de Göttingen e parte integrante do Departamento de Direito Penal Estrangeiro e Internacional. Foi fundado pela resolução da Reitoria da Universidade na data de 10 de dezembro de 2013 com base na decisão do Conselho da Faculdade de Direito datada de 6 de novembro de 2013. Seu objetivo é promover a pesquisa em ciências penais, processuais penais e em criminologia na América Latina e fomentar, de diversos modos, o ensino e a capacitação nestas áreas. O Centro é integrado por uma Diretoria, uma Secretaria Executiva e um Conselho Científico, assim como por pesquisadores adscritos e externos (mais informações em: <http://www.cedpal.uni-goettingen.de/>).

Uma das atividades principais do Centro é o desenvolvimento de projetos de pesquisa. Neste livro, apresentamos os resultados de um segundo projeto nacional brasileiro de pesquisa dedicado ao crime organizado no Brasil.

A ideia do projeto de pesquisa nasceu originariamente durante o seminário sobre Polícia e Investigação no Brasil (<http://cedpal.uni-goettingen.de/?catid=2013&id=116:seminariopoliciabrasil>), posteriormente publicado em livro no Brasil. O livro é composto por oito artigos sobre diversos aspectos relacionados com o crime organizado no Brasil e um artigo do Juiz do Tribunal Europeu de Direitos

Humanos e do Professor Paulo Albuquerque sobre Crime Organizado no direito português. As versões preliminares dos trabalhos foram discutidas em um seminário organizado e financiado pelo CEDPAL, realizado na cidade de Göttingen, na Alemanha, nos dias 16 e 17 de julho de 2015.

As apresentações dos *papers* preliminares, que serviram de baliza para as discussões, estiveram a cargo de professores brasileiros estudiosos do tema, alguns deles, inclusive, com experiência prática no assunto: Prof. Dr. Gustavo Badaró, Prof. Dr. Diogo Malan, Prof. Dr. Carlos Roberto Bacila, Me. Renato Vieira, Profa. Dra. Maria Thereza de Assis Moura, Prof. Dr. Marcus Alan Melo Gomes, Prof. Dr. Paulo Busato, Prof. Me. Eneas Romero de Vasconcelos e Prof. Dr. Paulo Pinto de Albuquerque. As discussões foram moderadas pelo Prof. Dr. Kai Ambos, Diretor Geral e Acadêmico do CEDPAL, e pelo Prof. Dr. Luís Greco, da Universidade de Augsburg.

Posteriormente, os autores apresentaram a versão definitiva de seus trabalhos procurando levar em consideração as observações feitas pelos participantes do seminário. Essa versão final foi submetida à análise do CEDPAL e é a que ora é publicada.

Gostaríamos de agradecer neste lugar a todos que tornaram a publicação desta obra e para a realização do seminário de discussão. Nosso agradecimento dirige-se, especialmente, aos autores dos trabalhos que compõem o livro e aos organizadores e participantes do evento.

Kai Ambos	Ezequiel Malarino
Diretor Geral	*Diretor Acadêmico*
Göttingen	Buenos Aires

Maio de 2017.

SUMÁRIO

INTRODUÇÃO

Eneas Romero e Kai Ambos

O estudo do crime organizado é importante tanto para o direito penal como para a sociedade e para o Estado Democrático de Direito. No livro ora publicado, vários autores apresentam sob diversas perspectivas uma compreensão aprofundada e crítica do crime organizado no direito brasileiro, especialmente na Lei 12.850/2013.

No primeiro capítulo, Gustavo Badaró trata das "Hipóteses que autorizam o emprego de meios excepcionais de obtenção de prova". O autor analisa os critérios para que se verifique qual o suporte probatório necessário para o emprego dos especiais meios de obtenção de prova previstos na Lei 12.850/2013, especialmente na fase de investigação, tendo como suporte o grau de afetação que o emprego deles causa aos direitos fundamentais ou às liberdades públicas especialmente para a proteção da privacidade.

Em seguida, Diogo Malan escreve artigo intitulado "Da captação ambiental de sinais eletromagnéticos, óticos ou acústicos e os limites relativos à privacidade". O autor defende que o uso do rito da interceptação de comunicações telefônicas (Lei 9.296/1996) para a captação ambiental de sinais eletromagnéticos, óticos ou acústicos, referida pelo artigo 3.º, II, da Lei 12.850/2013 viola o princípio da legalidade probatória por não existir procedimento probatório autônomo regulamentado em lei para a captação, que por ser mais restritiva aos direitos fundamentais individuais deveria ter previsão expressa em lei.

No terceiro capítulo, Carlos Roberto Bacila trata da "ação controlada: delimitação, efetividade, limites de validade e risco para o bem jurídico". Ele faz uma análise do instituto da ação controlada sob o aspecto histórico, sobre o conceito e os requisitos da ação controlada, bem como a sua validade legal no ordenamento jurídico brasileiro e, resumidamente, no direito comparado e sobre a necessidade de preservação do bem jurídico. No final, o autor apresenta um estudo de caso em que foi utilizada a ação controlada no Brasil.

No quarto capítulo, Renato Vieira discorre sobre o "acesso a registro, dados cadastrais, documentos e informações" e defende que os dados cadastrais fazem parte do catálogo brasileiro de direitos fundamentais. O autor sustenta que houve um duplo equívoco no tratamento do tema: 1) o problemático tratamento desses dados (art. 5.º, XII, da Constituição); 2) a falta de critérios de motivação, controle, prazo, consentimento e acesso ao titular dos dados quanto à sua entrega e uso aos agentes da persecução penal (art. 5.º, X, da Constituição).

Maria Thereza de Assis Moura escreve sobre a "Interceptação telefônica e telemática" e apresenta um panorama, com base na doutrina e na jurisprudência, do tema da interceptação telefônica e telemática e analisa a terminologia, a finalidade, os requisitos, os fundamentos e a duração das medidas, a validade das provas encontradas casualmente, a possibilidade de compartilhamento das provas obtidas com outras autoridades e a eficácia probatória dos diálogos resguardados por sigilo profissional.

No capítulo seguinte, Marcus Alan Melo Gomes versa sobre o "afastamento do sigilo financeiro, bancário e fiscal" e critica a atual regulação desse instrumento probatório por se basear discurso eficientista e simbólico da repressão penal, o que gera incongruências normativas que tendem a afetar garantias fundamentais do processo penal. No final, propõe uma leitura sistêmica e constitucional da lei do instituto para que se definam critérios de equiparação com outras normas de natureza processual penal que também regulam relativizações à privacidade e intimidade da pessoa, especialmente como utilizado no caso das interceptações telefônicas.

Paulo Busato escreve sobre "Responsabilidade penal pela atuação do agente infiltrado" e trata da responsabilização do agente infiltrado pela prática de delitos em concurso de pessoas com membros da organização por ele investigada. O autor analisa, então, as hipóteses de autoria e participação para definir os limites de afastamento da responsabilidade penal em tais casos.

No penúltimo capítulo, Eneas Romero escreve sobre a controversa "colaboração premiada" e analisa diferentes aspectos da delação, como a natureza jurídica (de interrogatório), o prazo para o oferecimento (desde o inquérito até depois do trânsito em julgado), os benefícios que podem ser concedidos (perdão judicial, diminuição e substituição da pena e progressão de regime), os requisitos do acordo e a homologação judicial. O autor defende que a delação premiada na lei do crime organizado segue duas tendências: a formalização e o controle judicial da sua legalidade e a ampla discricionariedade para a concessão da delação. No final, conclui pela necessidade de diminuição da discricionariedade para evitar o arbítrio.

Last but not least, o Juiz do Tribunal Europeu de Direitos Humanos Paulo Pinto de Albuquerque trata, em uma contribuição especial, do "crime de organização criminosa no Código Penal português" e faz uma análise jurídica do instituto no direito penal português. A compreensão do crime de organização criminosa em Portugal é uma importante contribuição para o aprimoramento do direito brasileiro.

A presente obra pretende contribuir para a melhor compreensão do crime organizado no direito brasileiro a partir da vigência da Lei 12.850/2013 através de uma análise crítica de seus diferentes institutos e de suas principais inovações. O objetivo da obra, portanto, é contribuir para que o aprimoramento do crime organizado no direito brasileiro para que se possa garantir a efetividade do Estado Democrático de Direito e a proteção dos direitos fundamentais dos indivíduos.

CAPÍTULO 1

HIPÓTESES QUE AUTORIZAM O EMPREGO DE MEIOS EXCEPCIONAIS DE OBTENÇÃO DE PROVA

GUSTAVO BADARÓ

RESUMO: O artigo analisa as hipóteses que autorizam o emprego de meios excepcionais de obtenção de prova previstos na Lei 12.850/2013. Não havendo definição legal dos requisitos para autorização de tais meios nem dos respectivos graus de suporte probatório que autorizam seu emprego, é suficiente a existência de elementos probatórios que permitam um juízo de probabilidade, tanto da participação do investigado na organização criminosa, quando da própria existência desta. Como tais meios de obtenção de provas somente podem ser utilizados quando não houver outro meio menos gravoso para o atingimento de tal resultado, surge o problema da colisão de subsidiariedades. A partir do grau de afetação que o emprego deles causa aos direitos fundamentais, em especial da privacidade, a ordem de prioridades deve ser: primeiro o afastamento do sigilo bancário; depois a interceptação telefônica ou telemática e, por último, e a infiltração de agente policial.

1. Introdução

O objeto do presente estudo é verificar o que se exige, do ponto de vista de um suporte probatório, para permitir um juízo provisório de que se está diante de uma persecução penal por crime organizado, especialmente ainda na fase de investigação, que possibilita o emprego dos especiais meios de obtenção de prova previstos na Lei 12.850/2013.

Para tanto, será necessário, ainda que de modo sucinto, expor os principais institutos disciplinados no ordenamento jurídico nacional quanto ao processo penal nos casos de crime organizados, mormente no que diz respeito ao grau de afetação que o seu emprego causa aos direitos fundamentais ou às liberdades públicas, com especial destaque para a proteção da privacidade.

Por outro lado, considerando que em mais de um desses meios, há previsão de que o mesmo somente poderá ser utilizado quando a prova não puder ser realizada por outro modo, em obediência ao princípio de subsidiariedade, o trabalho também irá verificar se há uma escala de intensidade entre tais meios, de modo a se estabelecer uma ordem de precedência entre eles ou, ao menos, verificar se há níveis ou graus distintos, seja do ponto de vista do suporte probatório exigido quanto à probabilidade de existência de uma organização criminosa, seja quanto à gravidade do meio de obtenção de prova a ser empregado.

Advirta-se, por fim, o estudo foca a legislação brasileira sobre o tema. Uma breve comparação com a situação na legislação estrangeira será feita apenas pontualmente, quando adequada, devido aos limites do trabalho.

2. O conceito de crime organizado

Para analisar quais são as hipóteses excepcionais que autorizam o emprego de meios de obtenção de prova, nas investigações por organizações criminosas, deve-se principiar pela definição legal desse conceito. Trata-se, pois, de um pressuposto para aplicação dos meios excepcionais de investigação estar-se diante de um caso de organização criminosa.

A definição legal do crime organizado foi objeto de muita polêmica na doutrina e na legislação brasileira, até a recente mudança legislativa operada pela Lei 12.850, de 8 de agosto de 2013.[1]

Indo mais diretamente ao ponto, somente com a Lei 12.694, de 24 de julho de 2012, surge uma definição legal de organização criminosa, embora "para os fins" da própria lei, que era permitir a instauração de um colegiado de primeiro grau para processar e julgar crimes praticados por organizações criminosas. Embora não trazendo uma norma incriminadora, definiu-se que:

> "(...) considera-se organização criminosa a associação, de 3 (três) ou mais pessoas, estruturalmente ordenada e caracterizada pela divisão de tarefas, ainda que informalmente, com objetivo de obter, direta ou indiretamente, vantagem de qualquer natureza, mediante a prática de crimes cuja pena máxima seja igual ou superior a 4 (quatro) anos ou que sejam de caráter transnacional." (art. 2.º)

Todavia, a grande e mais significativa mudança ocorreu pouco tem depois, com a Lei 12.850, de 2 de agosto de 2013, que estabeleceu um conceito legal de organização criminosa, bem como tipificou o crime de organização criminosa. A definição – mas não a tipificação – de "organização criminosa"[2] está prevista no art. 1.º, § 1.º, da Lei 12.850/2013:

> "Considera-se organização criminosa a associação de 4 (quatro) ou mais pessoas estruturalmente ordenada e caracterizada pela divisão de tarefas, ainda que informalmente, com objetivo de obter, direta ou indiretamente, vantagem de qualquer natureza, mediante a prática de infrações penais cujas penas máximas sejam

1. Apenas para situar o tema, a Lei 9.034, de 03.05.1995, não trazia tal conceito, limitando-se a, equivocadamente, equiparar o crime organizado à antiga figura da quadrilha ou bando prevista no art. 288 do Código Penal, cuja definição legal era de 1940. Referido diploma foi alterado pela Lei 10.217, de 11.04.2001, que novamente sem uma definição legal referia-se a "quadrilha ou bando ou organizações ou associações criminosas de qualquer tipo", sugerindo, pois, tratar-se de coisas distintas.

2. Embora a lei não tenha estabelecido uma denominação ou rubrica com o nome do crime, a figura vem sendo denominada de "organização criminosa". Cf.: Guilherme de Souza Nucci. *Organização criminosa. Comentários à Lei 12.850, de 2 de agosto de 2013.* São Paulo: RT, 2013, p. 20. Já Eduardo Araújo da Silva (*Organizações Criminosas. Aspectos penais e processuais da Lei 12.850/2013.* São Paulo: Atlas, 2014, p. 28) denomina o crime do art. 1.º de "participação em organização criminosa".

superiores a 4 (quatro) anos, ou que sejam de caráter transnacional."

Diante disso, poderia parecer que, atualmente, há dois conceitos de organização criminosa no ordenamento jurídico brasileiro: o primeiro, da Lei 12.694, de 24 de julho de 2012, com vista à constituição de um juízo colegiado em primeiro grau de jurisdição, para proferir de decisões e sentença em processo por crimes praticados por organizações criminosas; o segundo, da nova Lei 12.850/2013, para a aplicação dos meios de investigação e obtenção de provas nela previstos. Assim, não teria havido uma revogação da primeira lei, pela segunda, com base na máxima *lex posterior derrogat legi priori,* até mesmo porque, a Lei 12.694 define competência "para os efeitos dessa Lei".

Não é essa, contudo, a melhor interpretação. A ressalva acima mencionada, que limita a primeira definição, para os efeitos da lei que dispõe sobre a instituição de juízo colegiado, se justificava, historicamente, pois quando entrou em vigor a Lei 12.694/2012, não havia no ordenamento jurídico brasileiro um tipo penal de organização criminosa. Por isso, referida lei pretendeu deixar claro que não estava tipificando tal delito – até mesmo porque não comina sanção penal –, mas apenas conceituando organização criminosa, para fins de instalação do juízo colegiado. Daí a expressão "para os efeitos dessa Lei". Todavia, com a edição da Lei 12.850/2013, passou a existir um conceito de organização criminosa (art. 1.º) e um tipo penal do delito de organização criminosa (art. 2.º). Logo, na parte em que conceitua organização criminosa, o art. 1.º, § 1.º, da Lei 12.850/2013 revogou tacitamente o art. 2.º da Lei 12.694/2012. Assim, o conceito de organização criminosa, inclusive para os fins da Lei 12.694/2012, passou a ser o da nova Lei 12.850/2013.[3]

Por outro lado, a tipificação do crime de organização criminosa encontra-se no art. 2.º da referida lei:

> "Promover, constituir, financiar ou integrar, pessoalmente ou por interposta pessoa, organização criminosa: Pena – reclusão, de 3 (três) a 8 (oito) anos, e multa, sem prejuízo das penas correspondentes às demais infrações penais praticadas."

3. Nesse sentido: Nucci, *Organização criminosa...*, p. 22.

Finalmente, há figuras que são "equiparadas" as organizações criminosas, previstas no § 2.º do art. 1.º da Lei 12.850/2013 para as quais, em tese, também são admissíveis o empregos dos especiais meios de investigação e obtenção de provas aplicáveis às organizações criminosas.

3. Do predomínio dos aspectos probatórios

A Lei 12.850/2012, embora seja um diploma que define (art. 1.º) e tipifica (art. 2.º) organização criminosa, traz em seu conteúdo um claro e inegável predomínio de aspectos processuais sobre os substanciais, estando dividida em três capítulos.

O Capítulo I conceitua e tipifica organização criminosa (arts. 1.º e 2.º). O Capítulo II, objeto principal de nossa atenção, disciplina as atividades destinadas à obtenção da prova durante a investigação e instrução criminal, estando assim subdividido: Seção I, da colaboração premiada (arts. 4.º a 8.º); Seção II, da ação controlada (arts. 8.º e 9.º); Seção III, da infiltração de agentes (arts. 10 a 14); Seção IV, do acesso a registros, dados cadastrais, documentos e informações (arts. 15 a 17); e, Seção V, que trata dos crimes ocorridos na investigação e na obtenção da prova (arts. 18 a 21). Por fim, o Capítulo III, dispõe sobre as disposições finais e o procedimento (arts. 22 e 23).[4] Como facilmente se percebe, há um claro predomínio de meios incidentes sobre a fase de investigação, que serão utilizados de forma secreta e sem possibilidade de reação do investigado.[5] A lei não trouxe

4. Ressalte-se que, quanto às medidas excepcionais de investigação das organizações criminosas, houve significativo avanço, no que se refere aos meios de obtenção de prova aplicáveis às organizações criminosas, em comparação com a legislação anterior. A revogada Lei 9.034/1995 se limitava a "nominar" os meios de obtenção de prova, sem estabelecer qualquer disciplina legal. Não havia previsão de hipóteses de cabimento, prazo de duração da medida, necessidade ou não de autorização judicial, eficácia probatória das medidas, etc.

5. Wilfried Hassemer ("Perspectivas para uma moderna política criminal", *Revista Brasileira de Ciências* Criminais, vol. 8, out.-dez. 1994, p. 46) já alertava, há décadas, que "a situação se torna mais dramática no novo Direito Penal, na área formal, no direito processual penal. A reforma do Direito Penal no campo formal consiste no aguçamento do sistema de investigação, do processo investigatório e mais nada. A reforma fez com que o processo investigatório tradicional passasse por uma revolução". Diogo Rudge Malan ("Processo penal do inimigo", *Revista Brasileira de Ciências Criminais*, vol. 58, mar.-abr. 2006, p. 223, item 2) destaca que, entre as características do "processo

nenhuma alteração sobre o procedimento ou outra regra relativa a fase processual propriamente dita, da persecução penal das organizações criminosas.

A grande dificuldade é não se deixar levar por uma visão eficientista que, em nome de uma política criminal securitária, ao invés de uma política criminal liberal, busque um processo penal centrado na realização eficiente da pretensão punitiva, restabelecendo um império ilimitado da "verdade material", às custas de uma verdade processualmente válida.[6]

4. Hipótese geral de aplicação dos meios de obtenção de prova

O art. 1.º, que delimita o objeto da Lei 12.850/2013, estabelece que, além de definir organização criminosa, ela "dispõe sobre a investigação criminal, os meios de obtenção da prova" cabíveis na persecução penal que tenha por objeto um crime de organização criminosa.

penal do inimigo", está a utilização de "instrumentos (que) invariavelmente são secretos (*v.g.* escutas clandestinas; agentes infiltrados etc.), o investigado não tem como se comportar de forma estratégica, pessoal, perante esse controle". Mais enfático, Juarez Cirino dos Santos ("Crime organizado", *Revista Brasileira de Ciências Criminais*, vol. 42, jan.-mar./2003, p. 223-224) considera que a figura do agente infiltrado, da delação premiada e a quebra do sigilo das comunicações, pela captação e interceptação de sinais eletromagnéticos, óticos e acústicos, são "institutos ou mecanismos lesivos dos fundamentos constitucionais do direito penal e do processo penal do Estado Democrático de Direito".

6. Jorge Figueiredo Dias ("A criminalidade organizada: do fenômeno ao conceito jurídico-penal", *Revista Brasileira de Ciências Criminais*, vol. 61, mar.-abr. 2008, p. 24-25) observa que, na busca desse difícil equilíbrio, o "ponto de equilíbrio dos interesses conflituantes já deve ser outro, e diferente, para a grande e nova criminalidade, concretamente, para o terrorismo e a criminalidade organizada. Aqui, as vítimas, na acepção ampla em que delas falei atrás, têm um direito indeclinável a uma protecção reforçada e, consequentemente, a uma intensificação do intervencionismo estadual. Com uma dupla e inultrapassável limitação, em todo e qualquer caso. Logo, a que resulta do respeito pelo núcleo irredutível da dignidade humana que pertence também ao criminoso mais brutal e empedernido. E depois, a que deriva da exigência jurídico-constitucional de não diminuição, pela legislação ordinária e pela sua aplicação, 'da extensão e do alcance do conteúdo essencial dos preceitos constitucionais' em matéria de direitos, liberdades e garantias, e portanto também daqueles que pertencem à chamada Constituição Processual Penal. Através de uma e de outra limitação ficarão preservados, na maior medida possível, os princípios processuais penais clássicos, próprios de um Estado de Direito".

A enumeração dos especiais meios de obtenção de prova passíveis de serem utilizados no caso de organização criminosa é trazida pelo art. 3.º: "Em qualquer fase da persecução penal, serão permitidos, sem prejuízo de outros já previstos em lei, os seguintes meios de obtenção da prova". Para além do já citado rol, tal norma apenas define o momento em que tais meios podem ser utilizados: tanto na fase de investigação preliminar, quanto durante o processo. Não prevê, contudo, os requisitos necessários para sua atuação e, principalmente, não disciplina qual o modelo de constatação ou *standard* probatório exigido para que se considere razoável, no caso concreto, a restrição da privacidade ou intimidade do investigado.

Quanto o momento de incidência, o mais frequente é que os meios de obtenção de prova sejam utilizados na fase da investigação e, mais do que isso, enquanto o indivíduo não sabe que está sendo investigado. Em regra, os meios de obtenção de provas têm na surpresa um fator fundamental para a sua eficácia probatória.[7] É o caso da captação ambiental de sinais eletromagnéticos, ópticos ou acústicos, da ação controlada,[8] e da interceptação das comunicações telefônicas e telemáticas[9] e da infiltração policial.[10]

O "acesso a registros de ligações telefônicas e telemáticas",[11] e a "dados cadastrais", e o afastamento do sigilo financeiro, bancário e fiscal,[12] embora também costumem ser utilizados sem que o investigado tenha ciência da medida, a surpresa não é uma exigência inafastável de tais técnicas de investigação. Na medida em que os elementos de informação que se pretende obter estão armazenados e custodiados por terceiras pessoas (p. ex.: operadoras de telefonia,

7. Uma vez mais, lembra Hassemer ("Perspectivas de uma moderna política criminal...", p. 47) que "esses modernos métodos de investigação policial revolucionaram o nosso direito processual penal. Houve uma mudança radical. Esses métodos de investigação são todos secretos. O investigado não pode saber de nada, por que se souber a investigação será ineficaz. No direito processual penal tradicional as investigações eram feitas abertamente, prisão preventiva, busca domiciliar, etc., tudo era feito às claras. Só excepcionalmente, quando circunstâncias especiais o justificassem, era permitido realizar alguma investigação secreta".

8. Lei 12.850/2013, art. 3.º, inc. III.

9. Lei 12.850/2013, art. 3.º, inc. V.

10. Lei 12.850/2013, art. 3.º, inc. VII.

11. Lei 12.850/2013, art. 3.º, inc. IV.

12. Lei 12.850/2013, art. 3.º, inc. VI.

provedores de internet, bancos de dados públicos e privados, Banco Central e Receita Federal), não seria de se descartar a possibilidade de um contraditório prévio à decretação de tais medidas, tendo em vista que o investigado não teria meios de influir para adulterar ou mesmo eliminar tais dados que estão em poder de terceiro. Porém, tal ciência poderia revelar a existência de uma investigação em curso, o que poderia comprometer a eficácia de outras medidas que dependem de o indivíduo não saber que está sendo investigado (p. ex.: interceptação telefônica ou ambiental). Por isso, muitas vezes, o "acesso a registros de ligações telefônicas e telemáticas",[13] e a obtenção de "dados cadastrais", e o afastamento do sigilo financeiro, bancário e fiscal, costuma se dar de forma sigilosa.

Finalmente, a colaboração processual pode ocorrer em qualquer fase durante a persecução penal e, até mesmo, após o trânsito em julgado da condenação, quando o condenado cumprindo pena.[14] Evidente que, sendo a colaboração processual um acordo entre investigado e Ministério Público, ele não se estabelece na surpresa. Ao contrário, exige a prévia ciência e aceitação, tanto do investigado, quanto de seu defensor.

Se a lei disciplinou o momento em que pode ocorrer a utilização de tais meios de obtenção de prova, por outro lado, a questão específica a ser analisada nesse estudo, não encontrou uma regulamentação de caráter geral na Lei 12.850/2013: quais as hipóteses fáticas e seus respectivos graus de suporte probatório que autorizam o emprego dos meios excepcionais de obtenção de prova nela previstos?

Evidente que, no caso dos meios de obtenção de prova que implicam restrição ao direito à vida privada ou à intimidade, tais direitos não podem ser vulnerados com base em simples conjecturas ou suspeitas de condutas delitivas, desacompanhadas de uma base probatória relacionada com o caso concreto.[15]

13. Lei 12.850/2013, art. 3.º, inc. IV.

14. Lei 12.850/2013, O art. 4.º, em seu § 5.º, prevê que "Se a colaboração for posterior à sentença, a pena poderá ser reduzida até a metade ou será admitida a progressão de regime ainda que ausentes os requisitos objetivos". No sentido da possibilidade de colaboração premiada na fase de execução da pena; SILVA, *Organizações criminosas...*, p. 64.

15. Francisco Muñoz CONDE, *Valoración de las grabaciones audiovisuales en el proceso penal*. 2. ed. Buenos Aires: Hamurabi, 2007, p. 52

Em geral, a questão se prende a dois aspectos, embora interligados, presentes em todas as investigações: a materialidade delitiva, entendida como existência do crime, e a autoria ou participação em tal crime. Por outro lado, com os olhos voltados para os meios de obtenção de prova, normalmente diante de seu caráter invasivo, exige-se que haja elementos que indiquem ainda que em grau prognóstico a possibilidade de êxito na obtenção do elemento de prova, bem como a impossibilidade de que o mesmo resultado seja atingido pelo emprego de meios menos gravosos.

Para tanto, pretende-se trabalhar com a noção de standards probatórios, a partir do tríplice parâmetro desenvolvido pela jurisprudência norte-americana, mas já incorporada pela doutrina romano-germânica. Em uma escala crescente, pode-se trabalhar com "modelos de constatação" ou "critérios de convencimento", ou ainda "*standards probatórios*" variados: (i) simples "preponderância de provas" (*preponderance evidence*), que significa a mera probabilidade de um fato ter ocorrido; (ii) "prova clara e convincente" (*clear and convincing evidence*), que pode ser identificada como uma probabilidade elevada; (iii) e "prova além da dúvida razoável" (*beyond a reasonable doubt*), como uma probabilidade elevadíssima, que muito se aproxima da certeza.

Evidente que não se trata de quantificar, matematicamente, os graus de probabilidade distintos que caracterizam os diversos *standards* ou modelos de constatação, tendo fracassado as tentativas de atribuir valores numéricos, em decimais ou percentuais, ao grau de confirmação que as provas conferem aos enunciados fáticos.[16] No entanto, ainda que a lei não defina um percentual de convencimento (por exemplo, há probabilidade elevada ou prova clara e convincente

16. Nesse sentido: Michele TARUFFO, *La semplice verità. Il giudice e la costruzione dei fatti*. Roma: Laterza, 2009, p. 220. Em sentido contrário, a jurisprudência norte-americana mostra uma tendência de procurar definir os diversos níveis de atendimento do *burden of evidence* de acordo com critérios matemáticos, Juliane KOKOTT (*The burden of proof in comparative and international human rights law*. London: Kluwer Law International, 1997, p. 134) explica que, colocando as coisas em termos numéricos, o *preponderance standard* significa 50% ou mais de probabilidade, enquanto prova *beyond a reasonable doubt* deve ser, pelo menos, 95% ou mais de probabilidade. Mas difícil é quantificar o *clear and convincing evidence standard*, sendo que alguns autores sugerem 75% ou mais de probabilidade.

de autoria quando se atinge um percentual de 75% de chance de que o acusado seja o autor do delito), isso não invalida a utilidade teórica e prática dos *standards* probatórios. Como observa Knijnik, "o fato de não se dispor de uma escala matemática ou métrica não retira o valor da construção, nem joga a teoria dos 'modelos de constatação' para o campo da literatura".[17]

Voltando à Lei 12.850/2013, não trazendo ela uma disciplina geral do *standard* probatório exigido para a utilização dos meios excepcionais de obtenção de provas no caso de persecução penal por crime organizado, cabe-nos dirigir a análise para eventuais regramentos especiais em relação a cada um dos meios, para verificar se há regulamentação quanto ao suporte probatório exigido sobre a existência de uma organização criminosa e a participação do investigado em relação ao qual se pretende tomar a medida, em tal associação delitiva.

5. Os meios de obtenção de prova em espécie

5.1 Colaboração premiada

A colaboração premiada, mais conhecida como "delação premiada", vem prevista na Seção I do Capítulo II da Lei 12.850/2013, em seus artigos 4.º a 9.º.

A colaboração processual terá três fases: (*i*) fase de negociação e acordo; (*ii*) fase de homologação judicial; (*iii*) fase de sentença, em que se decidirá sobre o cumprimento ou não do acordo, aplicando-se ou não o benefício proposto.[18]

Terminada a primeira fase, e havendo acordo sobre a colaboração premiada, deverá ser lavrado um termo, por escrito,[19] que será submetido a homologação judicial. Embora sem muita clareza, a lei estabelece a necessidade de apreciação judicial do acordo de colaboração, pois há previsão de que, ao receber o acordo o juiz, "*decidirá*

17. Danilo Knijnik, *A prova nos juízos cível, penal e tributário*. Rio de Janeiro: Forense, 2007, p. 43.

18. Vicente Greco Filho, *Comentários à Lei de Organização Criminosa*. Lei n. 12.850/2013. São Paulo: Saraiva, 2014, p. 40-41.

19. Lei 12.850/2013, art. 6.º, § 1.º.

no prazo de 48 (quarenta e oito) horas".[20] Mais do que isso, o juiz poderá deixar de homologar o acordo, se a proposta "*não atender aos requisitos legais*".[21] Para tanto, além de analisar o conteúdo das declarações prestadas pelo colaborador, o juiz deverá verificar a "*regularidade, legalidade e voluntariedade*" do acordo, podendo, para tal apreciação, ouvir sigilosamente o colaborador, na presença de seu defensor.[22] Ou seja, o juiz não se limitará a analisar aspectos formais ou vícios de vontade, podendo também apreciar aspectos relacionados ao cabimento do acordo e os efeitos propostos.

Embora prevendo a apreciação judicial, não estabelece a lei a exigência de um suporte probatório mínimo para tornar viável a colaboração processual. Nem poderia fazê-lo, na medida em que se trata de espaço de consenso, em que há prévia negociação entre investigado e Ministério Público, em que o fator surpresa deixa de ser relevante, não havendo de se cogitar de violação da intimidade ou vida privada. A colaboração processual embora seja um meio de obtenção de provas, como decorre da livre acordo de vontades, não se trata de um meio invasivo de investigação.

Obviamente, se o juiz considerar que não se está diante de um caso de organização criminosa, ainda que por um mero juízo de probabilidade, com base nos elementos de investigação até então produzidos, poderá não homologar a delação, com base no regime de Lei 12.850/2013. De se observar, porém, que isso não inviabilizará a colaboração processual ou delação premiada, prevista em inúmeras leis.[23]

Justamente por ser um espaço negocial, a delação premiada não exige, como requisito para a sua celebração e homologação, que haja indícios de autoria e de existência de uma organização criminosa. Esses fatores serão levados em conta, com maior ou menor peso, pelo investigado para celebrar ou não o acordo, mas não é exigência legal para tanto.

20. Lei 12.850/2013, art. 7.º, § 1.º.
21. Lei 12.850/2013, art. 4.º, § 8.º.
22. Lei 12.850/2013, art. 4.º, § 7.º.
23. Assim, com pequenas variações, e sempre com disciplina bem mais lacunosa, há previsão de colaboração processual na Lei 11.343/2006 (art. 41), na Lei 9.613/1998 (art. 1.º, § 5.º) e na Lei 9.807/1998 (arts. 13 e 14).

5.2 Captação ambiental de sinais eletromagnéticos, ópticos ou acústicos

No artigo 3.º, *caput*, da Lei 12.850/2013, consta do elenco de meios de investigação e de obtenção de provas a "captação ambiental de sinais eletromagnéticos, ópticos ou acústicos" (inciso II). Todavia, a referida lei não disciplinou, depois, nas Seções do mesmo Capítulo II, este meio de obtenção de prova.

Em face desse vácuo legislativo, Eduardo Araújo da Silva sugere que:

> "(...) diante desse quadro precário, de duvidosa constitucionalidade, deverão os operadores do direito valer-se, por analogia e no que couber, do procedimento previsto na Lei 9.296/1996, que disciplina a interceptação das conversações telefônicas, meio de obtenção de prova que também implica violação da intimidade e da vida privada dos investigados."[24]

Discorda-se da solução proposta. A liberdade de comunicação telefônica, sem a interferência de terceiros que não os interlocutores, embora possa guardar relação com a vida privada e a intimidade, também é violada no caso de conversas sobre assuntos públicos. Isso porque objeto de tutela imediata do inciso XII do *caput* do art. 5.º da CR é a garantia da liberdade de manifestação do pensamento, em conversações telefônicas, sem interferência de terceiros, independente do conteúdo da conversa ser público, privado ou íntimo.

Ao mais, sem uma distinção mais precisa entre interceptações ambientais, de um lado, e interceptações domiciliares, de outro, a simples aplicação analógica do regime da interceptação telefônica, é inadequada. Será desnecessário o rigor do regime da interceptação telefônica no caso de captações ou escutas ambientais, em ambientes públicos, pois não há qualquer expectativa de privacidade.[25] Por outro lado, em se pensando no regime das interceptações domiciliares, em que são colhidas conversas dentro das residências, a invasão da privacidade é ainda maior que a da interceptação telefônica, pois são

24. *Organizações Criminosas. Aspectos penais e processuais da Lei 12.850/2013*. São Paulo: Atlas, 2014, p. 110.

25. Nesse sentido, Luiz Francisco Torquato Avolio, *Provas ilícitas: interceptações telefônicas, ambientais e gravações clandestinas*. 3. ed. São Paulo: RT, 2003, p. 206.

captadas todas as conversas ocorridas dentro do lar, sobre os assuntos mais íntimos, muitos deles que jamais seriam falados com interlocutores em conversas telefônicas. Logo, admitir interceptação domiciliar para todo e qualquer crime punido com reclusão, por aplicação do regime legal das interceptações telefônicas, e desproporcional e exagerado.[26]

Em suma, sem um regime legal para a medida de "captação ambiental de sinais eletromagnéticos, ópticos ou acústicos", não há previsão de qualquer requisito específico e o respectivo *standard* probatório. No direito comparado, no caso de interceptação domiciliar, as exigências têm sido bastante acentuadas, devido ao seu elevado potencial de atingimento de aspectos da privacidade não só do investigado, como de pessoas que com ele convivem. Bem diverso é o que se exige para um interceptação ambiental, em espaços públicos, em que a expectativa de privacidade é muito mais reduzida, posto que se está em situação em que o investigado estará agindo, aos olhos de todos, sem reservas ou maiores expectativas de privacidade.[27]

Na Alemanha o tema foi objeto de muitas discussões.[28] Atualmente, segundo o regime da StPO, é possível a realização de inter-

26. Na doutrina nacional, a distinção entre interceptação ambiental e interceptação domiciliar é feita por Márcio Geraldo Britto Arantes Filho, *A interceptação de comunicação entre pessoas presentes*. Brasília: Gazeta Jurídica, 2013, p. 180-185.

27. Como destaca Muñoz Conde (*Valoración de las grabaciones audiovisuales...*, p. 66) é necessário "distinguir lo que serían las manifestaciones privadas en espacios públicos, cuya captación filmada genérica puede admitirse bajo ciertas condiciones, de lo que es el núcleo estricto de la intimidad en domicilio particular, cuya filmación sólo puede admitirse excepcionalmente, y aún así de forma discutible, con una autorización específica de la autoridad judicial".

28. A reforma constitucional de 1998 acrescentou incisos ao art. 13 da Constituição, passando a admitir, no inciso III, a utilização de meios técnicos de captação e transmissão sonora sem o conhecimento do morador, para tornar a persecução penal mais eficiente, com o que passou a ser possível, uma autorização judicial para instalação de microfones dentro das residências ou a utilização de microfones externos capazes de captar as conversas ocorridas no interior do domicílio, por suspeitos da prática de crimes especialmente graves. O Tribunal Constitucional Federal alemão, na sentença de 3 de março de 2004 (BVerfGE 109, p. 279-391) considerou constitucional a Emenda Constitucional, mas inconstitucional a lei que inseriu novos dispositivos no Código de Processo Penal alemão (StPO). Destaque-se o seguinte passo da decisão, extraído do detalhado artigo de Leonardo Martins, Crime Organizado, Terrorismo e inviolabilidade do domicílio. Sobre o controle de constitucionalidade de novas regras de Direito Processual Penal alemão e sua relevância para a interpretação do art. 5.º, XI, da CR, *Revista dos*

ceptação domiciliar,[29] com regramento distinto da interceptação ambiental.[30] Com base nessa diferenciação do texto legal, a doutrina distingue entre "grandes espionagens acústicas" (*grober Lauschangriff*), no caso de escutas domiciliares, e "pequena espionagem acústica" (*kleiner* Lauschangriff), realizadas fora do domicílio privado,[31] que integram o *gênero* escutas intensivas (*Lauschangriff*).[32]

As grandes espionagens acústicas, são realizadas no interior de domicílio privado que, em regra, deve ser o domicílio do investigado. No caso de domicílio de outras pessoas, a medida somente é admissível excepcionalmente, desde que haja suspeita, fundada em circunstâncias fáticas determinadas, de que o investigado se encontre em tais locais,[33] ou quando a medida realizada apenas no domicílio

Tribunais, n. 824, jun. 2004, p. 401-437: "domicílio goza, 'enriquecido' com a dignidade humana e o mandamento constitucional da observância incondicional de uma esfera do desenvolvimento exclusivamente privado e personalíssimo, de uma proteção absoluta. A comunicação sigilosa necessita de uma proteção 'espacial' em que ela se dê e na qual o indivíduo confie. Ao indivíduo deve ser assegurado o real exercício do direito de ser deixado em paz, mormente em seus espaços privados e mesmo sem medo de que órgãos do poder de polícia estatal vigiem ou acompanhem o desenvolvimento de sua personalidade no núcleo da configuração privada da vida. Neste núcleo, a vigilância acústica do domicílio não pode intervir, ainda que seja no interesse da eficácia da persecução penal e investigação da verdade real. Neste mister, não ocorre uma ponderação norteada pelo critério da proporcionalidade entre a inviolabilidade do domicílio e o interesse estatal na persecução penal. Nem mesmo interesses muito importantes da coletividade têm o condão de justificar uma intervenção nesta liberdade para o desenvolvimento em questões personalíssimas que tenham ligação com a dignidade humana". Por outro lado, o TCF considerou que: "O conteúdo de conversas sobre crimes cometidos não pertence a este núcleo absolutamente protegido da administração privada da vida" (*op. cit.*, p. 408). Como explica Kai Ambos ("Las prohibiciones de utilización de pruebas en el proceso penal alemán", *in:* Gómes Colomer, Juan Luis (coord.), *Prueba y proceso penal. Análisis especial de la prueba prohibida en el sistema español y en el derecho comparado*, Valencia, Tirant lo Blanch, 2008, p. 339) a nova legislação, para ser compatível com a exigência do Tribunal Constitucional Federal, que exigia uma proteção absoluta do "núcleo da vida privada", "el legislador excluye explícitamente este campo esencial de la vigilancia (§ 100c IV 1). Hay que interrumpir las respectivas medidas de vigilancia inmediatamente (§ 100c V 1), anular las respectivas grabaciones (§ 100c V 2), no debiendo usar los respectivos conocimientos (§ 100c V 3)".

29. StPO, §§ 101.c a 101.e

30. StPO, § 101.f

31. Claus Roxin, *La prohibición de autoincriminación y de las escuchas domiciliarias*, Buenos Aires: Hamurabi, 2008, p. 75.

32. Ambos, "Las prohibiciones de...", p. 338.

33. StPO, § 101.c III 1.

do investigado não propicie, por si só, a investigação do fato ou a averiguação do paradeiro de outro investigado.[34]

Além disso, a medida somente pode ser ordenada com base em elementos objetivos, especialmente no que se refere ao local em que será realizada, as relações entre as pessoas que serão vigiadas, bem como desde que seja possível identificar que não serão registradas expressões relativas ao âmbito essencial da vida privada.[35] E, quanto ao conteúdo da ordem judicial, é necessário que haja referências às circunstâncias do caso concreto, com indicação de elementos fáticos que fundamentam a suspeita em relação ao investigado, a indicação de elementos objetivos que revelam a ligação entre as pessoas investigadas e o local onde devam ser realizadas as diligências.[36]

Na Itália, o *Codice di Procedura Penale* também distingue a interceptação entre presentes, da interceptação domiciliar. Todavia, no caso de criminalidade organizada, tal diferença de regimes não existe. Exigem-se "inícios suficientes" da prática delitiva e a "necessidade" da interceptação ambiental para o prosseguimento da investigação. No âmbito da criminalidade organizada, é possível a interceptação de comunicação de pessoas presentes, mesmo que estejam no interior de domicílio, ainda que não haja motivo para considerar que nele esteja se desenvolvendo atividade criminosa.[37]

Sem fazer tal distinção entre interceptação ambiental e domiciliar,[38] no Chile, no regime geral do *Codigo Procesal Penal*, é possível

34. StPO, § 101.c III 2.

35. StPO, § 101.c IV.

36. StPO, § 101.d III.

37. Decreto-lei 152, de 13.05.1991, convertido na Lei 203, de 12.07.1991, art. 13. Trata-se de um regime especial, cujas exigências são mais tênues que as do regime geral do o *Codice di Procedura Penale*, que exige graves inícios da prática delitiva e a indispensabilidade para o prosseguimento da investigação (art. 267, *comma* 1.º). E, se a interceptação for entre pessoas presentes, no interior de domicílio, exige-se, ainda, fundado motivo para reconhecer que nele esteja se desenvolvendo atividade criminosa (art. 266, *comma* 2.º).

38. Também em Portugal, não se distingue entre interceptação domiciliar e ambiental. A Lei 5/2002, de 11 de janeiro, que estabelece medidas de combate à criminalidade organizada e económico-financeira, prevê, no art. 6.º, o "registro de voz e imagem", por qualquer meio, mediante prévia autorização judicial, e aplicando-se, no que couber, a um rol taxativo de crimes. No regime geral do Código de Processo Penal português, o art. 190 prevê que para as interceptações das comunicações entre presentes aplica-se,

uma de ordem judicial para que se fotografe, filme ou registre, mediante outro meio de reprodução de imagens, bem como determine a gravação de comunicações entre presentes.[39] Há expressa remissão ao regime das interceptações telefônicas, que exige "fundadas suspeitas, baseadas em fatos determinados, de que uma pessoa tenha cometido ou participado de um crime".[40]

Em suma, não há norma no direito brasileiro que estabeleça a hipótese de cabimento da "captação ambiental de sinais eletromagnéticos, ópticos ou acústicos", nem previsão de um suporte probatório mínimo, quer quanto a existência do crime, quer sobre a participação do investigado.

5.3 Ação controlada

A "ação controlada" – também denominada em muitos ordenamentos de "entrega vigiada" – não tem previsão legal expressa, sendo definida do art. 8.º da Lei 12.850/2013. Consiste

> "(...) em retardar a intervenção policial ou administrativa relativa à ação praticada por organização criminosa ou a ela vinculada, desde que mantida sob observação e acompanhamento para que a medida legal se concretize no momento mais eficaz à formação de provas e obtenção de informações."

Não há, por outro lado, definição legal de requisitos ou hipóteses específicas de cabimento. O legislador se limitou a exigir que a medida seja "*previamente comunicada*" ao juiz que, "*se for o caso*", a deferirá e "*estabelecerá os seus limites e comunicará ao Ministério Público*". O problema é que a lei não diz quais seriam esses casos.[41]

por extensão, o regime das interceptações telefônicas, em relação às quais, no aspecto do suporte probatório, a medida somente será cabível "se houver razões para crer que a diligência é indispensável para a descoberta da verdade ou que a prova seria, de outra forma, impossível ou muito difícil de obter".

39. CPP português, art. art. 226.

40. CPP português, art. 222, n. 1.

41. Analisando o instituto, à luz da Lei 9.034/1995, Patrícia Carraro Rossetto (Criminalidade Organizada: considerações sobre a Lei 9.034, de 03.05.1005 *Ciências Penais*, vol. 14, jan.-jun. 2011, p. 255-293, item 4.2) afirma que "a autorização judicial deve ser devidamente fundamentada e, tendo em vista a redação do inc. II do art. 2.º da Lei 9.034/1995, esta motivação deve fundar-se em dados concretos que indiquem a existência de indícios de materialidade do delito investigado; que esta ação delitiva é

Para tanto, parece fundamental distinguir, em termos de eventual restrição da privacidade dos investigados, os acompanhamentos em locais públicos de eventuais acompanhamentos em locais privados.

O acompanhamento de transportes de drogas, exemplo clássico de entrega vigiada, dificilmente colocará em risco de violação da privacidade dos investigados ou e terceiras pessoa.[42] A ação controlada consistirá no acompanhamento do transporte de droga, mantendo sob vigilância, a substância e seus transportadores, o que implicará acompanhar seu deslocar-se em locais públicos (p. ex.: ruas, estradas, aeroportos etc.) ou certos meios de transportes (p. ex.: aviões ou trens).[43]

Em suma, embora se exija prévia autorização judicial, não há previsão, para a ação controlada, de um suporte probatório mínimo quanto a autoria delitiva e a existência da organização criminosa. Não havendo risco de violação da vida privada ou da intimidade, pode-se abrir mão da exigência do *fumus commissi delicti*, para a decretação da medida.

5.4 Infiltração de agentes policiais

A "infiltração de agentes policiais", também chamada "agente encoberto", está prevista entre os meios de obtenção de prova aplicá-

perpetrada por membros de uma organização criminosa ou a ela vinculados; e ainda, que indique a necessidade de utilização da excepcional medida". Já Luiz Rascovski (*Entrega vigiada: meio investigativo de combate ao crime organizado.* São Paulo: Saraiva, 2013, p. 177) afirma que "as operações de entrega vigiada partem de certas suspeitas. O passo seguinte consiste na constatação da suspeita para ser convertida em evidência que culminará na prova". No direito comparado, normalmente, também não se encontra previsão expressa do suporte probatório exigido para a ação controlada. Por exemplo, no Chile, a Ley 2000/2005, de 26 de janeiro, que dispõe sobre o tráfico ilícito de drogas, na disciplina das "entregas vigiladas o controladas", trata da finalidade da medida: "con el propósito de individualizar a las personas que participen en la ejecución de tales hechos, conocer sus planes, evitar el uso ilícito de las especies referidas o prevenir y comprobar cualquiera de tales delitos" (art. 23.1). Além disso, determina que "Se utilizará esta técnica de investigación cuando se presuma fundadamente que ella facilitará la individualización de otros partícipes" (art. 23.2).

42. Nesse sentido, Rascovski, *Entrega vigiada...*, p. 173.

43. Discorda-se da afirmação de Silva (*Organizações criminosas...*, p. 90), no sentido de que "o emprego dessa técnica de apuração criminal pode resultar em violação do direito à intimidade e à vida privada dos cidadãos investigados".

veis à investigação de organizações criminosas – e somente em tais casos – mediante prévia autorização judicial.[44]

No ponto que interessa ao presente estudo, trata-se do único meio de obtenção de prova, disciplinado na Lei 12.850/2013, em que há previsão legal de um suporte probatório mínimo quanto à ocorrência da infração, no caso, do delito de organização criminosa. É exigida prévia autorização judicial, sendo necessários "indícios da infração penal de que trata o art. 1.º" (art. 10, § 2.º). Tal expressão deve ser entendida como elementos de informação que permitam um *juízo de mera probabilidade* da existência de uma organização criminosa.[45] Não se exige, como em dispositivos legais que regulamentam, por exemplo, a prisão preventiva, "prova da materialidade delitiva",[46] normalmente identificada com um juízo de certeza, ainda que provisório, da existência do crime. Ou seja, numa escala tradicio-

44. Lei 12.850/2013, art. 8.º, § 1.º.

45. Segundo Nucci (*Organização criminosa...*, p. 77), "não é indispensável um juízo de certeza". Analisando a questão à luz da Lei 9.034/1995, e empregando por analogia o art. 2.º, incisos I a III, da Lei 9.296/1996, Rossetto (*Criminalidade Organizada...*, item 4.3) afirma que, na infiltração de agentes policiais, é necessária "comprovação do *fumus boni iuris*, ou seja, o deferimento da infiltração policial dependerá da existência de *indícios coerentes e firmes de autoria ou participação* em fato delituoso de membros de uma organização criminosa, não bastando a mera suspeita para que a autoridade judiciária autorize a medida". No mesmo contexto da legislação ab-rogada, Mariângela Tomé Lopes ("Infiltração de agentes no Brasil e na Espanha: possibilidade de reformulação do sistema brasileiro com base no direito espanhol". *Revista Brasileira de Ciências Criminais*, vol. 89, mar.-abr. 2011, p. 508) afirma que "para utilizar-se da infiltração de agentes, deve-se pressupor a existência de uma investigação instaurada com base em elementos mínimos da prática de um dos crimes previstos como autorizadores da utilização desse meio investigatório". Segundo Rocío Zafra Espinosa de los Monteros, *El policía infiltrado: Los presupuestos jurídicos en el proceso penal español*. Valencia: Tirant lo Blanch, 2010, p. 339), no ordenamento espanhol "es necesario que la autorización tenga el suficiente grado de concreción, es decir, que exprese los delitos para cuya supuesta comición se ha constatado", bem como "es necesaria la existencia de *indicios*, es decir, se procederá a la autorización cuando existan razones objetivas que permitan afirmar *la probabilidad* de que ese sujeto este cometiendo o haya cometido un delito".

46. O art. 312, *caput*, do CPP exige, como pressuposto para a prisão preventiva: "*prova da existência do crime* e indício suficiente de autoria". Também poderia ser lembrado, nas medidas cautelares reais, a exigência de "*certeza da infração* e indícios suficientes da autoria", para que se requeira a especialização e registro da hipoteca legal (CPP, art. 134).

nalmente utilizada para a análise dos *standards* probatórios, basta a *preponderance evidence*.[47]

Além disso, há exigência de que tal meio de prova seja utilizado em caráter subsidiário, pois é requisito legal que a infiltração policial só será cabível "se a prova não puder ser produzida por outro meio disponível" (art. 10, § 2.º, segunda parte).[48] Aliás, o requerimento de infiltração de agentes deverá expor "*a demonstração da necessidade da medida*".[49] A necessidade reforça o caráter de *ultima ratio* do meio de obtenção de prova, que deve ser a derradeira medida a ser empregada, quanto meios menos gravosos não tenham se mostrado efetivos ou quando por outros meios seria muito difícil comprovar os fatos.[50]

Certamente, não será a infiltração policial a primeira medida na investigação da organização criminosa, até mesmo porque, para a

47. Discorda-se, portanto, de Nucci (*Organização criminosa...*, p. 77), quando afirma que bastam "*indícios*, que significam fatos comprovados a levar, indiretamente, ao delito principal". O Autor parece confundir *indícios*, enquanto expressão indicativa de um standard probatório atenuado, com indício tal qual definido no art. 239 do CPP, enquanto prova indireta.

48. No direito comparado, por exemplo, no caso espanhol, a Ley Orgánica 5/1999, de 13 de janeiro, modificou a Ley de Enjuiciamiento Criminal, acrescentando o art. 282-bis) na parte que trata do aperfeiçoamento da ação investigadora que disciplinou a figura do agente encoberto, exigindo prévia decisão judicial "teniendo en cuenta su necesidad a los fines de la investigación", bem como estabelecendo um rol de crimes que se consideram de delinquência organizada (art. 282-bis, 4). No direito português, a Lei 101/2001, de 25 de agosto, alterada pela Lei 61/2015, de 24 de junho, em seu art. 3.º, ao tratar dos requisitos das ações encobertas, nada menciona sobre um suporte probatório mínimo quanto à autoria delitiva ou mesmo a existência de um dos crimes do catálogo previsto no art. 2.º. Todavia, segundo Isabel Oneto (*O agente infiltrado. Contributo para a compreensão do regime jurídico das ações encobertas*. Coimbra: Coimbra, 2005, p. 146) "o atual regime jurídico apenas admite o recurso a agentes infiltrados quando a operação for adequada aos fins de prevenção e repressão identificados em concreto e proporcional quer àquelas finalidade quer à gravidade do crime em investigação. O que obriga a *existência prévia de indícios de atividade criminosa* ou *a fundadas suspeitas de que um crime pode estar em vias de ser* cometido. Na falta destes indícios, não se vislumbra como poderá fundamentar-se uma autorização para uma operação encoberta".

49. Lei 12.850/2013, art. 11. Caberá, então, ao juiz decidir, no prazo de 24 horas (Lei 12.850/2013, art. 12, § 1.º), motivadamente e, quando autorizá-la, "estabelecerá seus limites" (art. 10, *caput*).

50. A infiltração de agente policial não será necessária em todo o caso de persecução penal de organizações criminosas, mas só naqueles casos em que, como afirma Espinosa de los Monteros, *El policía infiltrado...*, p. 383) "las demás diligencias de investigación resulten insuficientes, inadecuados e ineficaces frente a este tipo de criminalidad".

própria segurança da agente e efetividade da medida, um mínimo de conhecimento da organização criminosa e de pelo menos alguns dos seus integrantes deverá existir. Senão, nem mesmo se sabe em que grupo de pessoas se infiltrar.[51]

A infiltração de agentes policiais é meio de obtenção de potencial altamente invasivo, com clara possibilidade de restrição de direitos fundamentais,[52] medida em que o infiltrado, muitas vezes, tem contato com terceiras pessoas ligadas aos criminosos que, embora não tenham cometido qualquer crime (p. ex.: familiares), sofrerão intromissão em sua vida privada.[53] Também por tais motivos é de se exigir que, além de que a medida seja necessária, haja "indício da infração penal de organização criminosa",[54] isto é, a existência concreta de elementos de investigação que permitam ao julgador formular um juízo de probabilidade sobre a existência da organização criminosa.

51. Não é por outro motivo que o art. 11 prevê que o requerimento contenha "quando possível, os nomes ou apelidos das pessoas investigadas e o local da infiltração".

52. Segundo Espinosa de los MONTEROS (*El policía infiltrado...*, p. 325) "la intervención de un agente encubierto no siempre limitará derechos fundamentales, sino que dependerá de la actuación concreta que se desarrolle por el infiltrado".

53. Nesse sentido: Mariângela Lopes NEISTEN, *O agente infiltrado como meio de investigação*. Dissertação de mestrado. Universidade de São Paulo. São Paulo, 2006, p. 154; Antonio Scarance FERNANDES, "O equilíbrio entre eficiência e garantismo no crime organizado", *Revista Brasileira de Ciências Criminais*, n. 70, jan. 2008, p. 253. No mesmo sentido, na doutrina alemã, Winfried HASSEMER, "Processo penal e direitos fundamentais", *in:* PALMA, Maria Fernanda (Coord.), *Jornadas de Direito Processual Penal e Direitos Fundamentais*. Coimbra: Almedina, 2004, p. 21-22. Embora não ligado diretamente aos requisitos necessários para autorização da medida, também se poderia questionar se o agente infiltrado não representaria um abandono do *nemo tenetur se detegere*. Como lembra HASSEMER ("Perspectivas de uma moderna política criminal...", p. 47), "a pessoa atingida não pode se defender por que não sabe que está sendo investigada, não pode se justificar por que não sabe de nada. Em direito processual vige o princípio de que ninguém é obrigado a se auto-acusar. Mas esse princípio deixou de funcionar. Logo, se alguém é objeto de uma investigação, de uma observação policial, a longo prazo, se for objeto de escuta telefônica, se for objeto de pessoas infiltradas – desconhecendo essas circunstâncias – não pode defender-se, estará acusando a si próprio". Sempre sob a ótica da legislação anterior, Renato Stanziola VIEIRA ("A imprescindibilidade da tipicidade processual como requisito da admissibilidade dos meios de pesquisa de prova em processo penal", *Revista Brasileira de Ciências Criminais*, vol. 87, nov.-dez. 2010, p. 222) destaca, ainda, a problemática questão de saber se o agente infiltrado poderia ou não proceder a buscas e apreensões, respondendo negativamente.

54. Lei 12.850/2013, art. 10, § 2.º.

5.5 Acesso a registros, dados cadastrais, documentos e informações

O art. 3.º da Lei 12.850/2013 prevê, também, entre os meios de investigação e obtenção de prova, "o acesso a registros de ligações telefônicas e telemáticas, a dados cadastrais constantes de bancos de dados públicos ou privados e a informações eleitorais ou comerciais".

Ressalte-se, desde já, que o acesso a registros de ligações telefônicas e telemáticas, não foi disciplinado na Lei 12.850/2013.

O "acesso a registros, dados cadastrais, documentos e informações", está previsto nos artigos 15 a 17 da Lei 12.850/2013. Cada uma dessas medidas será analisada, separadamente, com vistas ao seu potencial de invasão da vida privada ou mesmo da intimidade e, consequentemente, quanto ao grau de suporte probatório exigido para a sua decretação.

O art. 15 estabelece que:

> "O delegado de polícia e o Ministério Público terão acesso, independentemente de autorização judicial, apenas aos dados cadastrais do investigado que informem exclusivamente a qualificação pessoal, a filiação e o endereço mantidos pela Justiça Eleitoral, empresas telefônicas, instituições financeiras, provedores de internet e administradoras de cartão de crédito."[55]

Com base em Tercio Sampaio Ferraz Júnior, não nos parece que o acesso a dados exclusivamente cadastrais impliquem restrição do direito a vida privada ou intimidade. São dados que servem para identificação do indivíduo na sociedade e, consequentemente, necessários para o próprio inter-relacionamento social.[56]

55. O dispositivo não é novidade no ordenamento jurídico nacional. Recentemente, a Lei 12.683/2012 acresceu o art. 17-B, à Lei 9.613/1998, com regra idêntica. Uma análise mais detida do tema, com citações doutrinárias e jurisprudenciais, pode ser encontrada em Gustavo Badaró e Pierpaolo Cruz Bottini, *Lavagem de dinheiro: aspectos penais e processuais penais*. 2. ed. São Paulo: RT, 2013, p. III, item 11.

56. Explica Tércio Sampaio Ferraz Júnior ("Sigilo de dados: o direito à privacidade e os limites à função fiscalizadora do Estado". *Revista da Faculdade de Direito da Universidade de São Paulo*, São Paulo, vol. 88, jan.-dez. 1993, p. 449-450) que: "No que diz respeito à *vida privada*, a informação de dados referentes às opções da convivência, como a escolha de amigos, a frequência de lugares, os relacionamentos familiares, ou seja, de dados que, embora digam respeito aos outros, não afetam (embora, no interior

Como o acesso a tais dados não gera restrição à privacidade ou intimidade, o legislador autoriza que o aceso se dê independente de prévia decisão judicial, não necessitando de qualquer suporte probatório caracterizador do *fumus commissi delicti*. Aliás, justamente por não representar invasão da privacidade, é que tal medida é cabível não só no caso de persecução penal de organizações criminosas, mas em todo e qualquer delito.

O art. 16 da Lei 12.850/2013 estabelece que:

> "As empresas de transporte possibilitarão, pelo prazo de 5 (cinco) anos, acesso direto e permanente do juiz, do Ministério Público ou do delegado de polícia aos bancos de dados de reservas e registro de viagens."

Diferentemente do dispositivo anterior, o art. 16 não trata de simples acesso a dados cadastrais de usuários do sistema financeiro e de serviços de telefonia e internet, mas de dados relativos à utilização do serviço em si, no caso, do serviço de transporte: as reservas e registros de viagem.

da própria convivência, possam vir a afetar) direitos de terceiros (exclusividade da convivência). Pelo sentido inexoravelmente comunicacional da convivência, a vida privada compõe, porém, um conjunto de situações que, usualmente, são informadas sem constrangimento. *São dados que, embora privativos – como nome, endereço, profissão, idade, estado civil, filiação, número de registro público oficial etc. -, condicionam o próprio intercâmbio humano em sociedade, pois constituem elementos de identificação que tornam a comunicação possível, corrente e segura.* Por isso, a inviolabilidade da privacidade pela proteção desses dados em si, pelo sigilo, não faz sentido. Assim, a inviolabilidade de informações referentes à vida privada só tem pertinência para aquelas situações associadas aos elementos identificadores usados nas relações de convivência, as quais só dizem respeito aos que convivem. Dito de outro modo, *os elementos de identificação só são protegidos quando compõem relações de convivência privativas: a proteção é para elas, não para eles.* Em *consequência, simples cadastros de elementos identificadores (nome, endereço, RG, filiação etc.) não são protegidos.* Mas cadastros que envolvam relações de convivência privadas (por exemplo, nas relações de clientela, desde quando é cliente, se a relação foi interrompida, as razões pelas quais isto ocorreu, quais os interesses peculiares do cliente, sua capacidade de satisfazer aqueles interesses etc.) estão sob proteção. Afinal, o risco à integridade moral do sujeito, objeto do direito à privacidade, não está no nome, mas na exploração do nome; não está nos elementos de identificação que condicionam as relações privadas, mas na apropriação dessas relações por terceiros a quem elas não dizem respeito. Pensar de outro modo seria tornar impossível, no limite, o acesso ao registro de comércio, ao registro de empregados, ao registro de navio etc., em nome de uma absurda proteção da privacidade".

Em se tratando de empresas de transportes públicos, não há que se cogitar de violação ao direito a privacidade. Quem se utiliza de transporte de metrô, ônibus ou mesmo de um avião de empresa comercial, não está praticando um ato no âmbito restrito da sua vida privada. O transporte público é de livre acesso a todos e quem opta por utilizá-lo não poderá esperar qualquer forma de reserva ou sigilo. Além disso, quem se vale de um serviço de transporte público, tem uma mínima ou reduzidíssima expectativa de privacidade, enquanto se encontra em tal veículo.

Pelos mesmos motivos já expostos em relação ao acesso dos dados cadastrais previstos no art. 15, não havendo restrição ou invasão da privacidade no acesso aos dados de reservas e registros de viagens de transportes públicos, torna-se desnecessária, para a medida do art. 16, a demonstração de suporte probatório sobre a existência do crime ou indícios de autoria. Por outro lado, também se trata de medida que não será exclusiva da investigação de organização criminosa.

A solução será diversa, porém, no caso de dados de reserva e registros de viagens de empresas de transporte particular (p. ex.: empresas de táxi-aéreo ou de aluguel de veículos particulares). Nestes casos, é razoável considerar que a utilização do transporte pode envolver aspectos de âmbito privado, como por exemplo, visitar uma pessoa ou ir a um determinado local de forma reservada, sem que isso se torne do conhecimento de todos. Assim, por implicar restrição da vida privada ou mesmo da intimidade, o acesso a tais dados deve ser precedido de ordem judicial, sob pena de caracterizar indevida restrição da intimidade, gerando a ilicitude da prova obtida. Além disso, será necessário, para que se trate de medida ostentadora de justa causa, no caso concreto, que se tenham elementos a permitir um juízo de probabilidade da existência do crime e da autoria.

Por fim, o art. 17 da Lei 12.850/2013 dispõe:

> "As concessionárias de telefonia fixa ou móvel manterão, pelo prazo de 5 (cinco) anos, à disposição das autoridades mencionadas no art. 15, registros de identificação dos números dos terminais de origem e de destino das ligações telefônicas internacionais, interurbanas e locais."

O dispositivo não estabelece o direito de acesso direto da autoridade policial e do ministério público, sem prévia autorização judicial. Se assim o fizesse, seria inconstitucional, na medida em que o acesso aos dados relativos às ligações telefônicas nele previsto, como números das linhas de origem e destino da ligação, dia e horário das ligações, embora não impliquem interceptação de comunicações telefônicas, podem envolver aspectos da intimidade e da vida privada do usuário do serviço de telefonia.[57]

O que o art. 17 estabelece é um prazo, no caso, de 5 anos, no qual as concessionárias de telefonia deverão conservar em seus registros e arquivos os "registros de identificação dos números dos terminais de origem e de destino das ligações telefônicas internacionais, interurbanas e locais".

Nesse período os dados deverão ser preservados e ficarão "à disposição" das autoridades policiais e do ministério público. Estar "à disposição" não é o mesmo que "ter acesso, *independentemente de autorização judicial*", como prevê, por exemplo, o art. 15. Ou seja, os dados estão à disposição, isto é, disponíveis, mas para a eles se ter acesso, será necessária prévia autorização judicial.

A finalidade da regra, portanto, é assegurar um período de manutenção de tais dados, possibilitando que, futuramente, em caso de necessidade de tais elementos, para fins de utilização em investigação ou instrução criminal, possam ser solicitados judicialmente.[58]

5.6 Interceptações telefônicas e telemáticas

Quanto às interceptações telefônicas e telemáticas, a Lei 12.850/2013 não apresenta disciplina específica, limitando-se a prever que as mesmas se darão "nos termos da legislação específica" (art. 3.º, inc. V), ou seja, a Lei 9.296/1996.

57. Avolio, *Interceptações telefônica...*, p. 213.

58. No sentido da necessidade de prévia decisão judicial, por implicar restrição do direito à privacidade: Greco Filho, *Comentários...*, p. 67, Silva, *Organizações criminosas...*, p. 108. Questão distinta, mas que tem suscitado controvérsia prática é a possibilidade de a autoridade policial, quando apreende um aparelho de telefone celular, geralmente em decorrência de prisão em flagrante delito, proceder a pesquisa na agenda eletrônica do aparelho apreendido, de elementos de informação do crime, normalmente as últimas ligações realizadas e recebidas, e os seus interlocutores. No sentido de que tal medida pode ser realizada sem ordem judicial: STF, HC 91.867/PA, 2.ª Turma, rel. Min. Gilmar Mendes, j. 24.04.2012, v.u.

As interceptações telefônicas não são meios de obtenção de prova exclusivamente aplicáveis as investigações que tenham por objeto organizações criminosas. São admissíveis, amplissimamente, em relação a todos os crimes punidos com reclusão,[59] entre os quais se inclui, obviamente, a participação em organização criminosa, do art. 2.º da Lei 12.850/2013.

Por outro lado, no caso de crimes praticados pela organização criminosa, os chamados "crimes da organização", devido a amplitude da regra legal que admite a interceptação telefônica para todo crime punido com reclusão, certamente a grande maioria de tais delitos admitirá a interceptação telefônica, vez que para caracterização da organização criminosa, será necessário que tal associação delinquencial tenha por objetivo obter, vantagem de qualquer natureza, "mediante a prática de infrações penais cujas penas máximas sejam superiores a 4 (quatro) anos".[60]

Para que seja autorizada a interceptação telefônica, a Lei 9.296/1996 exige "indícios razoáveis da autoria ou participação em infração penal" (art. 2.º, *caput*, inc. I), punida com reclusão (art. 2.º, *caput*, inc. III). Além disso, fica claro o caráter subsidiário da medida, que somente pode ser decretada quando a prova não puder ser feita por outros meios disponíveis.[61] Quanto ao grau de suporte probatório exigido, é necessário que os elementos informativos da investigação permitam um juízo de *probabilidade de autoria* delitiva e também de *probabilidade da existência da infração penal*, isto é, da materialidade delitiva.[62] Evidente que não se exige um juízo de

59. Na legislação brasileira não há um rol ou catálogo de crimes que admitem interceptação telefônica. Utilizando uma criticável técnica de definição negativa, o art. 2.º da Lei 9.296/1996, prevê que: "Art. 2.º Não será admitida a interceptação de comunicações telefônicas quando ocorrer qualquer das seguintes hipóteses: I – não houver indícios razoáveis da autoria ou participação em infração penal; II – a prova puder ser feita por outros meios disponíveis; III – o fato investigado constituir infração penal punida, no máximo, com pena de detenção."

60. Lei 12.850/2013, art. 1.º, § 1.º. Pouquíssimos crimes previstos no Código Penal têm pena máxima superior a quatro anos, mas são punidos com detenção.

61. Lei 9.296/1996, art. 2.º, inc. II.

62. Nesse sentido: Antonio Scarance Fernandes, "Interceptações telefônicas: aspectos processuais da nova lei", *Boletim IBCCrim*, n. 45, p. 15; Luiz Flávio Gomes; Raúl Cervini, *Interceptação telefônica, Lei 9.296, de 24.07.1996*. São Paulo: RT, 1997, p. 180.

certeza.[63] Porém, quer quanto à autoria, quer no que diz respeito à materialidade, não basta mera suspeita ou simples possibilidade de autoria, sendo insuficientes fatos duvidosos ou meras conjecturas.[64]

5.7 Afastamento do sigilo bancário e fiscal

A Lei 12.850/2013 traz regras próprias para o "afastamento dos sigilos financeiro, bancário e fiscal" apenas fazendo referência que tal se dará "nos termos da legislação específica" (art. 3.º, inc. VI).

Nesse caso, parece relevante principiar a análise normativa específica, pela própria Constituição. Os sigilos bancário e fiscal não são assegurados, expressamente, no texto constitucional. Todavia, é relativamente tranquila a conclusão de que o sigilo bancário está abrangido na tutela da vida privada prevista no art. 5.º, *caput*, inc. X, da Constituição.[65]

Diferentemente da proteção da inviolabilidade das comunicações telefônicas (CR, art. 5.º, *caput*, inciso XII) e do domicílio (CR, art. 5.º, *caput*, inciso XI), em que há expressa previsão de reserva de jurisdição, no caso da tutela da vida privada e da intimidade, não há determinação de que sua restrição terá que se dar apenas por ordem judicial. Todavia, há certo consenso, na doutrina e na jurisprudência, no sentido de que o afastamento do sigilo bancário somente poderá se dar mediante ordem judicial fundamentada, de acordo com as particularidades do caso concreto.[66]

Passando para o plano infraconstitucional, quanto ao sigilo bancário, a Lei Complementar 105/2001 estabelece o dever das instituições financeiras preservarem o sigilo bancário, que poderá ser

63. Ada Pellegrini Grinover ("O regime brasileiro das interceptações telefônicas", *Revista Brasileira de Ciências Criminais*, n. 3, jun. 2012, p. 117) afirma que exige-se "*fumus boni iuris*, ou seja, a plausibilidade do direito invocado".

64. Gomes; Cervini, *Interceptação telefônica...*, p. 182.

65. O inciso X do *caput* do art. 5.º assegura que: "São invioláveis *a intimidade*, a *vida privada*, a honra e a imagem das pessoas, assegurado o direito a indenização pelo dano material ou moral decorrente de sua violação."

66. O STJ decidiu que: "O sigilo bancário e o sigilo fiscal estão incluídos no direito à privacidade, tutelado constitucionalmente (art. 5.º, X e XII, da CF), de modo que a violação exige suficiente fundamentação por parte do Judiciário a respeito da existência dos motivos que justifiquem a sua ocorrência" (STJ, RHC 39.896/PE, 6ª Turma, rel. Min. Sebastião Reis Jr., j. 22.10.2013, v.u.).

afastado, por ordem judicial, durante o inquérito ou processo penal, em relação a qualquer crime, quando a medida for "necessária para apuração" de sua ocorrência.[67] Há, pois, reserva de jurisdição.

Quanto ao âmbito de aplicação, a quebra do sigilo bancário é cabível, em tese, na apuração de todo e "qualquer ilícito", subentendendo tratar-se de ilícito criminal, o que abrange, indistintamente, crimes ou contravenções penais.[68] O rol de crimes do art. 1.º, § 4.º, não é um catálogo de crimes, mas apenas um rol meramente exemplificativo, tanto que traz a ressalva "especialmente".[69]

No mais, inexiste requisito legal definido específico, havendo apenas a amplíssima previsão de que o afastamento do sigilo será cabível quando "necessário para a apuração de qualquer ilícito".[70] Tem-se entendido que o requisito da necessidade, tal como o subcritério da proporcionalidade, enquanto meio menos gravoso, dá à quebra de sigilo bancário o caráter de subsidiariedade, no sentido de

67. "Art. 1.º As instituições financeiras *conservarão sigilo* em suas operações ativas e passivas e serviços prestados (...) § 4.º A quebra de sigilo poderá ser decretada, *quando necessária para apuração de ocorrência de qualquer ilícito*, em qualquer fase do inquérito ou do processo judicial, e *especialmente nos seguintes crimes*: I – de terrorismo; II – de tráfico ilícito de substâncias entorpecentes ou drogas afins; III – de contrabando ou tráfico de armas, munições ou material destinado a sua produção; IV – de extorsão mediante sequestro; V – contra o sistema financeiro nacional; VI – contra a Administração Pública; VII – contra a ordem tributária e a previdência social; VIII – lavagem de dinheiro ou ocultação de bens, direitos e valores; IX – praticado por organização criminosa."

68. José Paulo Baltazar Júnior José Paulo Baltazar Jr., *Sigilo bancário e privacidade*, Porto Alegre: Livraria do Advogado, 2005, P. 126.

69. Juliana Garcia Belloque, *Sigilo bancário: análise crítica da LC 105/2001*, São Paulo: RT, 2003, p. 94. Diversa é a situação do direito português, em que a Lei 5/2002, de 11 de janeiro, que estabelece medidas de combate à criminalidade organizada e econômico-financeira, prevê, no art. 1.º, um rol taxativo de crimes.

70. De forma semelhante, em Portugal, a Lei 5/2002, de 11 de janeiro, que estabelece medidas de combate à criminalidade organizada e econômico-financeira, prevê, no art. 2.º, 1, o afastamento do sigilo fiscal "se houver razões para crer que as respetivas informações têm *interesse para a descoberta da verdade*". Já para o sigilo bancário, seu afastamento ocorrerá "quando tiver *grande interesse para a descoberta da verdade*" (art. 4.º, 2). A diferença de redação deixa claro que, no plano do interesse, há uma exigência maior para o afastamento do sigilo bancário, quando comparado com o sigilo fiscal. Nesse sentido: Trabalho conjunto efetuado por magistrados do Ministério Público que prestam serviço no DIAP Distrital de Coimbra, Segredo Bancário e Sigilo Fiscal, no domínio da Lei 5/2002, de 11-1, na publicação do Centro de Estudos Judiciários, *Medidas de combate à criminalidade organizada e económico-financeira*. Coimbra: Coimbra Ed., 2004, p. 71.

que somente será cabível quando não for possível produzir a prova por meio menos gravoso.[71]

Por outro lado, quanto ao suporte probatório exigido em relação ao crime investigado e a autoria delitiva, em doutrina, tem se exigido que haja "indícios de existência do crime e de sua autoria, por parte da pessoa que terá seu sigilo quebrado".[72] Embora não se exija uma certeza delitiva – que muita vezes será comprovada com os dados bancários depois do levantamento do sigilo –[73] é necessário que haja fatos que permitam a formulação de um *juízo de probabilidade* tanto da existência da infração penal, quanto da autoria ou participação de quem se pretende a quebra do sigilo.[74]

A jurisprudência tem seguido esse entendimento, não admitindo o afastamento do sigilo se não houver uma "base empírica idônea... vinculada a fatos concretos e específicos referentes à pessoa investigada", identificando tal exigência com uma "causa provável"[75] ou com a "justa causa". Há, porém, divergências quanto ao grau de suporte probatório exigido, uma corrente mais exigente, que se vale de expressões como "fortes ou *veementes indícios* do crime, em tese, ou de sua autoria", ou "material probatório robusto a evidenciar o cometimento de infrações penais";[76] outros, de forma mais branda,

71. Belloque, *Sigilo bancário...*, p. 108.

72. Nesse sentido: Baltazar Jr., *Sigilo bancário...*, p. 112; Belloque, *Sigilo bancário...*, p. 100.

73. Como afirma Belloque (*Sigilo bancário...*, p. 110), "não há que se exigir elementos de prova da materialidade da infração penal para a decretação da quebra". Mais exigente, Miguel Reale Jr. ("A inconstitucionalidade da quebra de sigilo bancário estabelecido pelas Leis Complementares 104/2001 e 105/2001", *Revista Brasileira de Ciências Criminais*, n. 39, jul.-set. 2002, p. 259), considera que "a existência de indícios reveladores da probabilidade da ocorrência de infração tributária poderia justificar que a autoridade judicial determinasse, motivadamente, a quebra do sigilo, se tal se revelasse como essencial à comprovação do fato ilícito". E, noutro passo, especificamente sobre o grau de suporte probatório, assevera: "Só se justifica a limitação de direitos fundamentais diante de uma investigação de fato a respeito do qual se tenham indícios veementes de haver ocorrido, sob o crivo do Poder Judiciário" (*op.* e *loc. cit.*)

74. Segundo Baltazar Jr. (*Sigilo bancário...*, p. 119), "é razoável exigir que sejam determinados os nomes dos titulares das contas e seu envolvimento com os fatos, bem como o período abrangido pela quebra, mas não os números das contas em si".

75. STF, MS 23.868/DF, Pleno, rel. Min. Celso de Mello, j. 22.11.2000, v.u.

76. STJ, AgRg na CR 2069/BE, Corte Especial, rel. Min. Barros Monteiro, j. 16.05.2007, v.u.

consideram que basta "fundadas razões", ou "fundados elementos de suspeita que se apoiem em indícios idôneos, reveladores da possível autoria de prática delituosa",[77] ou "elementos de prova *mínimos* de autoria de delito",[78] ou, apenas, "*indícios* da prática de ato delituoso".[79]

Mais concretamente, tem-se aceito, como suporte suficiente para a quebra, que a aparente incompatibilidade entre a movimentação bancária de vultosos recursos de pessoa com declaração de rendimentos na modalidade isenta, caracteriza "indícios suficientes de cometimento de ilícito penal à ordem tributária".[80] Também se admitiu a medida "fundamentada no fato de haver nos autos indícios de suposto enriquecimento ilícito dos agentes públicos".[81] Noutro caso, o sigilo foi afastado por haver "indícios de improbidade administrativa impõe-se a quebra dos dados bancários do Administrador Público".[82]

De outro lado, com relação ao sigilo fiscal, o Código Tributário Nacional, prevê que é vedada a divulgação, por parte da Fazenda Pública, de informações fiscais dos contribuintes, excetuando-se os casos de "requisição de autoridade judiciaria no interesse da justi-

77. STF, AgRg Inq. 897-5/DF, Pleno, rel. Min. Francisco Resek, j. 23.11.1994, m.v. De forma semelhante, noutro julgado, exigiu-se: "A legitimidade da medida excepcional deve apoiar-se em fato concreto e causa provável, e não em meras conjecturas e generalidades insuficientes para ensejar a ruptura da intimidade das pessoas (art. 5.º, X, CF)" (STF, MS 23.879/DF, rel. Min. Maurício Corrêa, *DJU* 16.11.2001, p. 8). De forma semelhante, no STJ, considerou-se cabível em havendo a "demonstração de provável existência dos crimes de sonegação fiscal, quadrilha, lavagem de dinheiro, falsidade ideológica e apropriação indébita, (...) bem como em indícios concretos de que o paciente deles participou ante a sua destacada posição na organização criminosa" (STJ, HC 115.366/RJ, 6ª Turma, rel. Min. Rogério Schietti Cruz, j. 23.03.2014, v.u.).

78. STF, QO-Pet 577/DF, Pleno, rel. Min. Carlos Veloso, j. 25.03.1992, m.v., *RTJ* 148/372. De forma semelhante, o STJ, exigiu: "elementos de prova quanto à autoria delituosa" (RMS 10.475/MT, 6ª Turma, rel. Min. Fernando Gonçalvez, j. 22.02.2000, v.u).

79. STJ, AgRg no Inq. 205, Corte Especial.

80. TRF 2ª Região, HC 2001.02.010337404/ES, rel. Des. Sérgio Schwaitzer, j. 06.02.2002, m.v. No mesmo sentido: TRF 2ª Região, HC 2002.02.010059226/ES, 6ª Turma, rel. Des. Frederico Gueiros, j. 21.05.2002, v.u.

81. STJ, RMS 38.060/SP, 6ª Turma, rel. Min Maria Thereza de Assis Moura, j. 24.09.2013, v.u.

82. STJ, RMS 15.771/SP, 1ª Turma, rel. Min. José Delgado, j. 27.05.2003, v.u.

ça".[83] Ou seja, basta decisão judicial, sendo a medida cabível para todo e qualquer crime, desde ocorra um muito amplo e genérico "interesse da justiça".

6. O problema da coordenação entre os meios de obtenção de prova de aplicação subsidiária

Por fim, resta analisar a situação de "colisão de subsidiariedades", ou seja, como deve se portar o julgador, por exemplo, num caso em que, em tese, sejam cabíveis dois meios de obtenção de prova, ambos dotados de caráter de subsidiariedade. Isto é, se em relação a ambos (p. ex.: a interceptação telefônica e infiltração de agentes policiais) a utilização somente poderá acontecer se não houver outros meios menos gravosos.

Em relação a três meios de obtenção de prova, fica claro nos textos legais o caráter subsidiário, no sentido de que somente no caso de necessidade da medida invasiva, não podendo o elemento de prova ser obtido por outro meio, é que se deferirá a ordem judicial. São eles: infiltração de agentes policiais,[84] interceptação telefônica e telemática[85] e afastamento do sigilo bancário.[86] Destas, o único meio de obtenção de prova que somente poderá ser utilizado em persecução penal por organização criminosa é a infiltração de agentes policiais.

Ao que parece, a interceptação telefônica e telemática é mais invasiva que o afastamento do sigilo bancário. Isso porque, além de conversas do investigado, também serão atingidas terceiras pessoas que com ele se relacionem. Ao mais, ao interceptar um telefone, a gama de manifestações do pensamento passíveis de serem atingidas é incalculável. Além disso, é evidente o potencial de que uma interceptação telefônica ou telemática implique restrição não só da vida

83. CTN: "Art. 198. Sem prejuízo do disposto na legislação criminal, é vedada a divulgação, por parte da Fazenda Pública ou de seus servidores, de informação obtida em razão do ofício sobre a situação econômica ou financeira do sujeito passivo ou de terceiros e sobre a natureza e o estado de seus negócios ou atividades". § 1.º Excetuam-se do disposto neste artigo, além dos casos previstos no art. 199, os seguintes: I – requisição de autoridade judiciária no interesse da justiça."

84. Lei 12.850/2013, art. 10, § 2.º, segunda parte.

85. Lei 9.296/1996, art. 2.º, *caput*, inciso II.

86. Lei Complementar 105/2001, art. 1.º, § 4.º.

privada, mas também da intimidade do investigado ou outras pessoas. Já no caso do sigilo bancário, a restrição é apenas de aspectos da vida privada. Assim, se o juiz estiver diante da possibilidade de decretar a quebra do sigilo bancário ou a interceptação telefônica, dever, primeiro, valer-se daquela e, somente depois de obtido os dados bancários, se ainda houver necessidade, será cabível a interceptação telefônica.

Por outro lado, entre uma interceptação telefônica e a infiltração de agente policial, esta deve ser, efetivamente, a *ultima ratio*. Primeiro, porque o próprio legislador reservou-lhe um campo mais restrito de aplicação: somente em casos de organizações criminosa, enquanto que a interceptação telefônica e telemática cabe – indevidamente – em todo e qualquer crime punido com reclusão.

Depois, porque a infiltração de agentes policiais causa graves riscos, inclusive de morte, ao próprio agente. E esse potencial de dano não se verifica na interceptação telefônica. Por último, mas não menos relevante, porque um agente infiltrado poderá ter franqueado – em virtude do erro – até mesmo o acesso ao domicílio do investigado, o que certamente exporá aspectos de sua privacidade e de seus familiares, que são desnecessários para a investigação. Em suma, entre interceptação telefônica e infiltração de agente policial, primeiro deve ser utizada aquela, para somente em último caso, lançar-se mão do *undercover agent*.

Conclusão

A Lei 12.850, de 2 de agosto de 2013, representa um significativo avanço do ordenamento jurídico brasileiro no combate à criminalidade organizada, do ponto de vista da disciplina dos meios de obtenção de prova.

É inegável o predomínio do enfoque investigatório, com base em meios de obtenção de provas, que operam invasiva e secretamente, gerando um grande risco de desvirtuamento do processo penal.[87] Essa

87. Como observa Hassemer (*Processo penal e direitos fundamentais*..., p. 21): "as reformas do processos penal concentraram-se nas últimas décadas somente na fase de investigação, isto é, naquela parte do processo em que se tratam de instrumentos de controlo. Refiro-me, por exemplo à observação policial, à busca através de cruzamento de

hipertrofia pré-processual no combate à criminalidade organizada tem feito com que a posterior fase processual da persecução penal, em que deve se dar a produção das provas pelas partes, em contraditório, perante o juiz terceiro e imparcial, se transforme em uma etapa de escasso significado heurístico, em que há mera ratificação ou chancela de tudo o que foi produzido inquisitorialmente durante a investigação.

Antecipação da intervenção penal para a fase de investigação é fruto das "sociedades de risco", para usar a expressão cunhada por Ulrich Beck. A população como um todo se sente ameaçada por graves riscos, de escala global, e com efeitos incontroláveis: crises financeiras em escala mundial, como a ocorrida nos anos de 2008 e 2009, consumindo poupanças de toda uma vida e gerando desempregos em massa; contaminações ambientais por produtos geneticamente modificados; desastres nucleares contaminando pessoas e alimentos, como em Fukushima, no ano de 2011; contaminações e mortes de milhares de pessoas por epidemias provadas por vírus, com no caso da Febre Hemorrágica Ebola, que atingiu vários países da África, neste ano; ataques terroristas que podem ser desencadeados a qualquer momento e em qualquer lugar, como ocorreu com as torres gêmeas, nos EUA, no fatídico 11 de setembro de 2001, chegando ao extremo com ataques de grupos ultrarradicais como o Estado Islâmico em 2014. Nesse campo se inclui, é claro, o medo do crime organizado.

O risco, como explica Bauman, é um perigo (ou medo) previsível, com o qual é possível conviver.[88] Existem os medos *pessoais*, que ameaçam o corpo e as propriedades; os medos da *durabilidade da ordem social*, que implicam perigo para a segurança do sustento (renda, emprego, previdência); e, o medo quanto à *posição do ser no mundo*, isto é, o perigo de degradação ou exclusão social (hierarquia social e identidade de classe, gênero, religiosa etc.)

dados pessoais, às escutas telefônicas, às escutas secretas em habitações, às informações de serviços secretos para a polícia, aos agentes infiltrados, que são modernos instrumentos de investigação no processo penal alemão nos últimos anos".

88. Zygmundt Bauman, *Medo líquido*, trad. Carlos Alberto Medeiros, Rio de Janeiro: Zahar, 2008, p. 18.

O Estado, falhando nas missões de prover bem estar social, gerando os medos de segunda e terceira ordem, volta-se para prover segurança individual, com repressão penal, isto é, mais e mais incremento da repressão penal.[89] Há, pois, uma inegável relação entre sociedade de risco e maior necessidade de controle.[90]

Depois de lançar mão de diversas estratégias de direito penal, numa antecipação da intervenção penal material, como por exemplo, com a ampla utilização de crimes de perigo abstrato,[91] expansão dos crimes omissivos, ou mesmo os crimes de participação em associações criminosas,[92] como nova estratégia de "contenção do risco" ou ao menos para gerar na sociedade o efeito sedante de que os riscos estão sendo controlado, agora o legislado se vale de medidas para antecipar da investigação na persecução penal.

Esse cenário se projeta no processo penal da criminalidade organizada e a antecipação se faz mais presente do que nunca na aplicação dos excepcionais meios de obtenção de prova. Como observa Canotilho, o discurso "anti-garantístico" insinua que a "Constituição dos direitos" e o "direito penal da liberdade" devem ser lidos ao contrário, criando campos minados de "inimizades e de prevenção.[93] Todavia como adverte Ferrajoli, "a razão jurídica do Estado de direito não conhece amigos nem inimigos, mas só inocentes e culpados".[94]

89. Bauman, *Medo líquido...*, p. 10-11.

90. Winfried Hassemer, *Verdad e búsqueda de la verdad en el proceso penal.* La medida de la constitución, trad. de Tania Ixchel Atilano Camacho, México D.E.: Editorial Ubijus, 2009, p. 12-13.

91. Como explica Winfried Hassemer ("Viejo y nuevo derecho penal", *Persona, mundo y responsabilidad: bases para una teoría de la imputación en Derecho Penal,* trad. Francisco Muñoz Conde e María del Mar Díaz Pita, Santa Fe de Bogotá: Temis, 1999, p. 24). "Es fácil entender por qué el legislador utiliza esta vía. Los delitos de peligro abstracto amplían enormemente el ámbito de aplicación del derecho penal, al prescindir del perjuicio, se prescinde también de demostrar la causalidad. Basta solo con probar la realización de la acción incriminada, cuya peligrosidad no tiene que ser verificada por el juez, ya que solo ha sido el motivo por el que el legislador la ha incriminado".

92. Andrea Sereni, *Causalità e responsabilità penale: dai rischi d'impresa ai crimini Internazionale,* Torino: Giappichelli Ed., 2008, p. 25.

93. José Joaquim Gomes Canotilho, "Terrorismo e direitos fundamentais", *in:* Valente, Manuel Monteiro Guedes (coord.), *Criminalidade organizada e criminalidade de massa. Interferências e ingerências mútuas.* Coimbra: Almedina, 2009, p. 21.

94. Luigi Ferrajoli, *Diritto e ragione: teoria del garantismo penale,* Roma: Laterza, 1998, p. 321.

Evidente que, sob um regime de devido processo legal, para que alguém ser declarado culpado, afastando-se a presunção de inocência, é necessária a demonstração, mediante provas válidas, que permitam, além de qualquer dúvida razoável, concluir pela sua culpa lato senso. Mas, se para o convencimento necessário para a condenação, forem necessários meios de obtenção de prova, que coloquem em risco a dignidade humana, por serem invasivos da vida privada ou mesmo da privacidade, é necessário que haja justa causa para intervenção estatal, identificadas com a presença de elementos de informação que permitam um juízo de probabilidade sobre a existência de uma organização criminosa e a participação do investigado em tal grupo ilegal.

Se assim não for, vãs serão as garantias fundamentais do indivíduo e o Estado de Direito será pouco mais que uma quimera.

Bibliografia

AMBOS, Kai. "Las prohibiciones de utilización de pruebas en el proceso penal alemán", *in:* GÓMES COLOMER, Juan Luis (coord.). *Prueba y proceso penal. Análisis especial de la prueba prohibida en el sistema español y en el derecho comparado.* Valencia: Tirant lo Blanch, 2008.

ARANTES FILHO, Márcio Geraldo Britto. *A interceptação de comunicação entre pessoas presentes.* Brasília: Gazeta Jurídica, 2013.

AVOLIO, Luiz Francisco Torquato. *Provas ilícitas: interceptações telefônicas, ambientais e gravações clandestinas.* 3. ed. São Paulo: RT, 2003.

BADARÓ, Gustavo; BOTTINI, Pierpaolo Cruz. *Lavagem de dinheiro: aspectos penais e processuais penais.* 2. ed. São Paulo: RT, 2013.

BALTAZAR JR., José Paulo. *Sigilo bancário e privacidade.* Porto Alegre: Livraria do Advogado, 2005.

BAUMAN, Zygmundt. *Medo* líquido. trad. Carlos Alberto Medeiros. Rio de Janeiro: Zahar, 2008.

BELLOQUE, Juliana Garcia. *Sigilo bancário: análise crítica da LC 105/2001.* São Paulo: RT, 2003.

CANOTILHO, José Joaquim Gomes. "Terrorismo e direitos fundamentais", *in:* Valente, Manuel Monteiro Guedes (Coord.). *Criminalidade organizada e criminalidade de massa. Interferências e ingerências mútuas.* Coimbra: Almedina, 2009.

DIAS, Jorge Figueiredo. "A criminalidade organizada: do fenômeno ao conceito jurídico-penal", *Revista Brasileira de Ciências Criminais*, vol. 61, mar.-abr. 2008.

ESPINOSA DE LOS MONTEROS, Rocío Zafra. *El policía infiltrado: los presupuestos jurídicos en el proceso penal español*. Valencia: Tirant lo Blanch, 2010.

FERRAJOLI, Luigi. *Diritto e Ragione: teoria del garantismo penale*. Roma: Laterza, 1998.

FERRAZ JÚNIOR, Tércio Sampaio. "Sigilo de dados: o direito à privacidade e os limites à função fiscalizadora do Estado". *Revista da Faculdade de Direito da Universidade de São Paulo*, São Paulo, vol. 88, jan.-dez. 1993.

GOMES, Luiz Flávio; CERVINI, Raúl. *Interceptação telefônica, Lei 9.296, de 24.07.1996*. São Paulo: RT, 1997.

GRECO FILHO, Vicente. *Comentários à Lei de Organização Criminosa*. Lei n. 12.850/2013. São Paulo: Saraiva, 2014.

GRINOVER, Ada Pellegrini. "O regime brasileiro das interceptações telefônicas", *Revista Brasileira de Ciências Criminais*, n. 3, jun. 2012.

HASSEMER, Wilfried. Perspectivas para uma moderna política criminal, *Revista Brasileira de Ciências* Criminais, vol. 8, out.-dez. 1994.

______. "Processo penal e direitos fundamentais", *in:* Palma, Maria Fernanda (Coord.), *Jornadas de Direito Processual Penal e Direitos* Fundamentais. Coimbra: Almedina, 2004.

______. *Verdad e búsqueda de la verdad en el proceso penal. La medida de la constitución*, trad. Tania Ixchel Atilano Camacho, México D.E.: Editorial Ubijus, 2009.

______. "Viejo y Nuevo Derecho Penal", *Persona, Mundo y Responsabilidad*: *Bases para una teoría de la imputación en Derecho Penal*, trad. Francisco Muñoz Conde e María del Mar Díaz Pita, Santa Fe de Bogotá: Temis, 1999.

KNIJNIK, Danilo. *A prova nos juízos cível, penal e tributário*. Rio de Janeiro: Forense, 2007.

KOKOTT, Juliane. *The burden of proof in comparative and international human rights law*. London: Kluwer Law International, 1997.

LOPES NEISTEN, Mariângela. *O agente infiltrado como meio de investigação*. Dissertação de mestrado. Universidade de São Paulo. São Paulo, 2006.

LOPES, Mariângela Tomé. "Infiltração de agentes no Brasil e na Espanha: possibilidade de reformulação do sistema brasileiro com base no direito espanhol". *Revista Brasileira de Ciências Criminais*, vol. 89, mar.-abr. 2011.

MALAN, Diogo Rudge. "Processo penal do inimigo", *Revista Brasileira de Ciências Criminais*, vol. 58, mar.-abr. 2006.

MARTINS, Leonardo. "Crime organizado, terrorismo e inviolabilidade do domicílio. Sobre o controle de constitucionalidade de novas regras de Direito Processual Penal alemão e sua relevância para a interpretação do art. 5.º, XI, da CR", *Revista dos Tribunais*, n. 824, jun. 2004.

MUÑOZ CONDE, Francisco. *Valoración de las grabaciones audiovisuales en el proceso penal*. 2. ed. Buenos Aires: Hamurabi, 2007.

NUCCI, Guilherme de Souza. *Organização criminosa. Comentários à Lei 12.850, de 2 de agosto de 2013*. São Paulo: RT, 2013.

ONETO, Isabel. *O agente infiltrado. Contributo para a compreensão do regime jurídico das ações encobertas*. Coimbra: Ed. Coimbra, 2005.

RASCOVSKI, Luiz. *Entrega vigiada: meio investigativo de combate ao crime organizado*. São Paulo: Saraiva, 2013.

REALE JR., Miguel. "A inconstitucionalidade da quebra de sigilo bancário estabelecido pelas Leis Complementares 104/2001 e 105/2001", *Revista Brasileira de Ciências Criminais*, n. 39, jul.-set. 2002.

ROSSETTO, Patrícia Carraro. "Criminalidade organizada: considerações sobre a Lei 9.034, de 03.05.1005". *Ciências Penais*, vol. 14, jan.-jun. 2011,

ROXIN, Claus. *La prohibición de autoincriminación y de las escuchas domiciliarias*. Buenos Aires: Hamurabi, 2008.

SANTOS, Juarez Cirino dos. "Crime organizado", *Revista Brasileira de Ciências Criminais*, vol. 42, jan.-mar. 2003.

SCARANCE FERNANDES, Antonio. "Interceptações telefônicas: aspectos processuais da nova lei", *Boletim IBCCrim*, n. 45.

______. "O equilíbrio entre eficiência e garantismo no crime organizado", *Revista Brasileira de Ciências Criminais*, n. 70, jan. 2008.

SERENI, Andrea. *Causalità e responsabilità penale: dai rischi d'impresa ai crimini Internazionale*. Torino: Giappichelli, 2008.

SILVA, Eduardo Araújo da. *Organizações criminosas. Aspectos penais e processuais da Lei 12.850/2013*. São Paulo: Atlas, 2014.

TARUFFO, Michele. *La semplice verità. Il giudice e la costruzione dei fatti*. Roma: Laterza, 2009.

CAPÍTULO 2

DA CAPTAÇÃO AMBIENTAL DE SINAIS ELETROMAGNÉTICOS, ÓTICOS OU ACÚSTICOS E OS LIMITES RELATIVOS À PRIVACIDADE

Diogo Malan

Resumo: A captação ambiental de sinais eletromagnéticos, óticos ou acústicos referida pelo artigo 3.º, II, da Lei 12.850/2013 é instituto controverso, porquanto não tem procedimento probatório autônomo regulamentado em lei. Embora certa opinião doutrinária defenda a aplicação do rito da interceptação de comunicações telefônicas (Lei 9.296/1996), essa analogia também se afigura problemática, por se tratar de medida bem mais restritiva de direitos fundamentais individuais, máxime quanto feita em espaço *privado* (como o interior do domicílio inviolável do investigado). Além disso, a captação ambiental de sinais pode exigir o ingresso dissimulado de agentes policiais no interior desse espaço privado, não havendo previsão legal de controle judicial e das partes sobre o procedimento técnico-operacional adotado durante essa investigação. Portanto, a existência de prova *atípica*, que é tanto altamente restritiva a diversos direitos fundamentais individuais quanto desprovida de qualquer prova *típica* cujo procedimento lhe seja aplicável por analogia, viola o princípio da *legalidade probatória*.

1. Introdução

O singelo objetivo do presente estudo é analisar o instituto da captação ambiental de sinais eletromagnéticos, óticos ou acústicos nomeada pelo artigo 3.º, II, da legislação brasileira que "*define organização criminosa e dispõe sobre a investigação criminal, os meios de obtenção da prova, infrações penais correlatas e o procedimento criminal*" (Lei 12.850/2013).

Tal empreitada se revela oportuna, tendo em vista: *(i)* a recente entrada em vigor da Lei 12.850/2013; *(ii)* a falta de procedimento probatório *autônomo* para a captação ambiental de sinais; *(iii)* a enorme dificuldade em se atingir, especialmente na seara da chamada *criminalidade organizada*, a desejável *concordância prática* – na expressão de Jorge de Figueiredo Dias[1] – entre as duas finalidades antitéticas do Direito Processual Penal: eficácia na realização da justiça e proteção dos direitos fundamentais do cidadão; *(iv)* a distância (muitas vezes abissal) que separa a doutrina do Direito Processual Penal aplicado à seara em estudo (*Law in books*) das práticas e procedimentos adotados pelas agências do sistema de administração da justiça na persecução penal (*Law in action*).

Hans-Joerg Albrecht leciona que o florescimento dos *métodos ocultos de investigação* – gênero do qual a captação ambiental de sinais é espécie – remonta à década de 1960, quando se iniciou crescente demanda pela vigilância secreta dos *crimes de transação* (em geral) e do delito de tráfico ilícito de substâncias entorpecentes (em particular).[2]

1. Figueiredo Dias, Jorge de. "O novo Código de Processo Penal", *Separata do Boletim do Ministério da Justiça*, Lisboa, n. 369, pp. 5-23, 1987.

2. Albrecht, Hans-Joerg. "Secret surveillance: Measures of secret investigation in the criminal process", *Revista Brasileira de Ciências Criminais*, São Paulo, n. 92, pp. 123-153, set.-out. 2011.

Aqueles possuem as seguintes características: *(i)* ausência de vítima *direta*, que possa prestar informações sobre o crime e sua autoria; *(ii)* natureza *contínua* ou *permanente* da conduta criminosa; *(iii)* ambiência em *mercado ilícito*, regulado pela lei da oferta e da procura; *(iv) fungibilidade* (pela facilidade de reposição) dos personagens que atuam nas diversas etapas da cadeia produtiva (*v.g.* produtores; transportadores; varejistas; atacadistas etc.).

Essas características representam desafios à investigação preliminar do delito nos moldes tradicionais, tornando necessário o emprego dos métodos ocultos de investigação. Essa necessidade é reforçada pelas crescentes limitações constitucionais e legais ao interrogatório de suspeitos pela polícia (*v.g.* proibição de métodos coercitivos, enganosos etc.).

Nesse contexto, aumenta a importância dos métodos ocultos de investigação como instrumento de persecução penal da criminalidade organizada. Esse fenômeno também foi insuflado pela revolução tecnológica, que aumentou exponencialmente a quantidade e qualidade de meios técnicos de vigilância secreta (*secret surveillance*) à disposição do Estado e seus agentes.

Para fins do objetivo do presente estudo, no item 2 abaixo serão expostas as *origens históricas*, *conceito*, *natureza jurídica* e *procedimento probatório* da captação ambiental de sinais.

Após, no item 3 se fará exposição sobre as múltiplas *restrições* causadas aos direitos fundamentais do investigado pela medida em apreço.

Por derradeiro, no item 4 será apresentada modesta proposta de *sistematização de limites* à captação ambiental de sinais, os quais devem integrar qualquer noção civilizada acerca do *processo justo* (*fair trial*) no horizonte do Estado Democrático de Direito.

Limitações de tempo e espaço imporão *recorte epistemológico* excludente de diversas questões igualmente relevantes, tais como: *(i)* a captação ambiental de sinais na perspectiva do Direito Comparado; *(ii)* os variegados procedimentos técnico-operacionais de captação ambiental de sinais, bem como as tecnologias disponíveis para tanto; *(iii)* os limites ao emprego *simultâneo* de dois ou mais métodos ocultos de investigação (*v.g.* captação ambiental de sinais audiovisuais de conversa presencial entre agente infiltrado e investigado etc.); *(iv)* a (i)licitude da prova resultante de *encontro fortuito* de crime diverso daquele que ensejou a autorização judicial para a gravação ambiental de sinais; *(v)* o uso da gravação ambiental de sinais em investigação preliminar ou processo criminal *diverso* daquele nos autos do qual tal gravação foi originalmente produzida etc.

2. Captação ambiental de sinais eletromagnéticos, óticos ou acústicos na Lei 12.850/2013: Origens históricas, conceito, natureza jurídica e procedimento probatório

O primeiro diploma brasileiro a regulamentar os chamados *métodos ocultos de investigação* foi a Lei 9.034/1995, a qual "define e regula meios de prova e procedimentos investigatórios que versarem sobre crime resultante de ações de quadrilha ou bando".

Esta última foi originária do Projeto de Lei 3.516/1989, de autoria do Deputado Michel Temer (PMDB/SP).[3]

O artigo 2.º, parágrafo único, da sobredita legislação projetada trazia o catálogo dos meios operacionais de prevenção e repressão do crime organizado, abarcando: *(i)* "a infiltração policial"; *(ii)* "as ações controladas"; *(iii)* "o acesso a documentos e informações fiscais, bancárias, financeiras e eleitorais"; *(iv)* "o impedimento, a interrupção, a interceptação, a escuta e a gravação das comunicações telefônicas, conforme regulado em lei especial".

Não obstante, o artigo 4.º do Projeto Substitutivo apresentado pelo Senado Federal alterou o sobredito catálogo.

Ao ensejo do retorno desse Projeto Substitutivo senatorial à Câmara dos Deputados foi aprovado requerimento de destaque para supressão do inciso III do artigo 4.º (que regulamentava o impedimento, interrupção, escuta e gravação de comunicações telefônicas).

3. A exposição de motivos desse *disegno di legge* relata que os seus artífices intelectuais foram integrantes de grupo de trabalho composto por Ada Pellegrini Grinover (Professora e Procuradora do Estado), Agenor Nakazone (Promotor de Justiça), Antonio Scarance Fernandes (Professor e Promotor de Justiça), Cláudio Gobbetti (Delegado de Polícia), Hany Salim Dib (Procurador do Estado), José Ercídio Nunes (Delegado de Polícia), Manoel Adam Locayo Valente (Delegado de Polícia), Roberto Precioso (Delegado de Polícia), Romeu Falconi (Advogado), Rosana Chiavassa de Paula Lima (Advogada), Sérgio Sakon (Delegado de Polícia), Wanderley Aparecido Borges (Juiz de Direito).

Provavelmente essa supressão se deveu à apresentação, naquele mesmo ano, do Projeto de Lei 1.156/1995 pelo Poder Executivo, que regulamentou o procedimento da interceptação de comunicações telefônicas e telemáticas.

O inciso I do artigo 4.º (que regulava a infiltração de agentes), por sua vez, terminou sendo vetado pelo Presidente da República, com fundamento: *(i)* na falta de previsão legal de autorização judicial; *(ii)* na autorização expressa para o agente infiltrado cometer crimes, sendo pré-excluída a antijuridicidade, "o que afronta os princípios adotados pela sistemática do Código Penal". Nesse mesmo ensejo, a Presidência da República manifestou-se pelo posterior encaminhamento de proposta de regulação adequada desse meio de investigação (Mensagem 483/1995).

Após, a Lei 9.034/1995 teve a sua redação alterada pela Lei 10.217/2001, por sua vez originária do Projeto de Lei 3.275/2000, de autoria do Poder Executivo.

O sobredito diploma legal trouxe duas alterações importantes.

A primeira foi a alteração do próprio objeto da Lei, que passou a ser o seguinte:

> "(...) define e regula meios de prova e procedimentos investigatórios que versem sobre ilícitos decorrentes de ações praticadas por quadrilha ou bando ou organizações ou associações criminosas de qualquer tipo."

A grande crítica feita a essa nova redação foi a ausência de conceito normativo de "*organizações ou associações criminosas de qualquer tipo*", omissão essa retirou a eficácia da Lei 9.034/1995 como um todo, segundo alguns doutrinadores.[4]

A segunda foi o acréscimo ao catálogo legal de *métodos ocultos de investigação* (art. 2.º da Lei 9.034/1995) de dois novos institutos:

(i) "a captação e a interceptação ambiental de sinais eletromagnéticos, óticos ou acústicos, e o seu registro e análise, mediante circunstanciada autorização judicial" (inciso IV); (ii) "a infiltração

4. Gomes, Luiz Flávio. "Crime organizado: Que se entende por isso depois da Lei 10.217, de 11.04.2001? (apontamentos sobre a perda de eficácia de grande parte da Lei 9.034/1995)", São Paulo, *Revista dos Tribunais*, vol. 795, pp. 486-492, jan. 2002.

por agentes de polícia ou de inteligência, em tarefas de investigação ou segurança institucional, constituída pelos órgãos especializados pertinentes, mediante circunstanciada autorização judicial" (inciso V).

Com relação à captação e a interceptação ambiental de sinais, a justificativa apresentada pelo Poder Executivo foram interesses relacionados à defesa social contra a criminalidade organizada.[5]

A Lei 9.034/1995 veio a ser ab-rogada pela Lei 12.850/2013, que "define organização criminosa e dispõe sobre a investigação criminal, os meios de obtenção da prova, infrações penais correlatas e o procedimento criminal".

Esta última é originária do Projeto de Lei 6.578/2001, de autoria da Senadora Serys Slhessarenko (PT/MT), cujo artigo 3.º, II, prevê a "captação ambiental de sinais eletromagnéticos, óticos ou acústicos" como meio de obtenção da prova, em qualquer fase da persecução penal relativa à organização criminosa.

Tal redação se manteve inalterada durante todo o processo legislativo.

Um dos aspectos mais curiosos da Lei 12.850/2013 é o fato de que, enquanto os demais *métodos ocultos de investigação* (*colaboração premiada*; *ação controlada*; *infiltração de agentes*; *acesso a registros, dados cadastrais, documentos e informações*) têm regulamentação dos seus respectivos procedimentos probatórios, a captação ambiental de sinais eletromagnéticos, óticos ou acústicos *sequer é mencionada* no restante desse texto legal.

As razões dessa omissão são encontradas na exposição de motivos do sobredito Projeto originário da Lei 12.850/2013.[6]

5. "A escuta ambiental que deve ser precedida de autorização judicial, também sigilosa, consiste na captação e interceptação de sinais eletromagnéticos, óticos ou acústicos. É um importante meio a tecnologia moderna, capaz de identificar, entre outros delitos, o contrabando, o descaminho, o roubo de caminhões e cargas, o tráfico ilícito de entorpecentes, a retirada ilegal de madeira e de outros recursos naturais, e outras atividades do crime organizado. Tem, igualmente, importância fundamental para a identificação de ações que, de alguma forma, possam acarretar insegurança institucional." (Item 6 da Mensagem n. 837/2000.)

6. "Com relação aos meios de obtenção de prova, entendemos que a interceptação das comunicações telefônicas e a quebra dos sigilos financeiro, bancário e fiscal já estão disciplinados em legislações específicas (Lei 9.296, de 24 de julho de 1996, e Lei

O excerto referido deixa claro que o legislador entendeu ser *desnecessária* a criação de procedimento probatório *autônomo* para a captação ambiental de sinais eletromagnéticos, óticos ou acústicos, por entender que lhe é aplicável, *por analogia*, o rito da interceptação de comunicações telefônicas e telemáticas (Lei 9.296/1996).

Tal premissa, no entanto, se afigura *discutível* e será objeto de discussão mais pormenorizada nos itens 3 e 4, *infra*.

No que tange ao aspecto conceitual, pode-se definir a captação ambiental de sinais acústicos como sendo a

> "(...) atividade de captação e registro de comunicação entre pessoas presentes de caráter reservado, por um terceiro, com o emprego de meios técnicos, utilizados em operação oculta e simultânea à comunicação, sem o conhecimento dos interlocutores ou com o conhecimento de um ou de alguns deles."[7]

Assim, tal conceito conjuga as seguintes características: *(i) procedimento técnico-operacional*: consiste em série ordenada de atos que visam à captação e ao registro do conteúdo de comunicação presencial; *(ii) objeto*: ato comunicativo (conversação por meio de emissão de sinais sonoros da voz humana, que se propalam no ambiente) *voluntário*, de caráter *intersubjetivo* (envolve pelo menos duas pessoas) e *reservado* (isto é, feito com a intenção de subtraí-lo do conhecimento de terceiros) entre pessoas presentes em um mesmo recinto; *(iii) sujeito ativo*: terceira pessoa (em regra agente de polícia judiciária), distinta dos interlocutores; *(iv) meio*: de natureza técnica, consistindo em dispositivo tecnológico que permite a transmissão do sinal acústico para o interceptador, assim como sua gravação e posterior reprodução; *(v) cariz dissimulado*: como seu êxito depende do fator surpresa, a realização da captação é ocultada dos interlocutores presenciais; *(vi) simultaneidade*: como essa forma de comunicação se caracteriza pela instantaneidade, sua captação e registro deve ocorrer de forma simultânea; *(vii) desconhecimento dos interlocutores*: a

Complementar 105, de 10 de janeiro de 2001), as quais, indubitavelmente, oferecem um melhor tratamento da matéria. Não haveria razão, portanto, para desconsiderar o marco legal em vigor. Daí recorrermos à remessa para a legislação específica (art. 3.º, II e V)."

7. Arantes Filho, Marcio Geraldo Britto. *A interceptação de comunicação entre pessoas presentes*, Brasília: Gazeta Jurídica, 2013, p. 157.

realização é feita sem o conhecimento de pelo menos um dos interlocutores presenciais.[8]

As características acima se estendem às captações ambientais de sinais óticos e eletromagnéticos, ressalvados os seus respectivos *objetos*.

Assim, na captação ambiental de sinais óticos seu *objeto* é a imagem de local e das pessoas que nele transitam. Essas imagens podem ser captadas e registradas, por exemplo, por câmera oculta instalada em determinado recinto ou pela inoculação de programa de computador (*software*) do tipo "*cavalo de Tróia*" no telefone celular ou computador do investigado, para acesso remoto às suas câmeras.

Já na captação ambiental de sinais eletromagnéticos seu *objeto* são dados que trafegam por redes que funcionam com base na variação de feixe de ondas eletromagnéticas, a qual corresponde à informação capaz de ser captada e decodificada por aparelho receptor. Por exemplo: redes de comunicação sem fio fechadas, que se utilizam de sinais de rádio.

Há autores que diferenciam a captação *ambiental* da captação *domiciliar* de sinais. No primeiro caso, a medida é executada em local *público* ou *aberto ao público* em geral. Já no segundo caso, execução se dá no interior de local que goza de regime de *inviolabilidade*: domicílio ou local de trabalho do investigado, causando grau mais intenso de restrição aos direitos fundamentais deste último.[9]

Na doutrina brasileira resta sedimentada a corrente que diferencia as seguintes categorias conceituais: *interceptação telefônica* e *gravação clandestina*.[10]

No primeiro caso, há captação de comunicação telefônica entre duas pessoas diversas do interceptador, sem o conhecimento de pelo menos um dos interlocutores acerca da existência dessa interceptação.

No derradeiro caso o conceito abarca as seguintes hipóteses: *(i)* a comunicação telefônica é gravada por um dos próprios comu-

8. Arantes Filho, Marcio Geraldo Britto. *Idem*, pp. 157 e ss.

9. Arantes Filho, Marcio Geraldo Britto. *Idem*, pp. 180 e ss.

10. Grinover, Ada Pellegrini. "Interceptações telefônicas e gravações clandestinas no processo penal", *Novas tendências do direito processual de acordo com a Constituição de 1988*, Rio de Janeiro: Forense Universitária, 1990, pp. 60-82.

nicantes, ainda que sem o conhecimento do seu interlocutor; *(ii)* a comunicação entre pessoas presentes é gravada dissimuladamente por um dos próprios comunicantes; *(iii)* a comunicação entre pessoas presentes é gravada por terceiro, com auxílio de aparelho eletrônico. Esta última acepção do conceito de *gravação clandestina* aparenta ser a que melhor traduz o conceito de captação ambiental de sinais eletromagnéticos, óticos ou acústicos prevista no artigo 3.º, II, da Lei 12.850/2013.

Assim, a captação ambiental de sinais não se confunde com a interceptação de comunicações telefônicas ou telemáticas, pois esta última tem como *objeto* o conteúdo de conversas mantidas através de linhas telefônicas ou sistemas que conjugam tecnologias de comunicação e informática (*telemática*). De outro flanco, como já visto a captação ambiental de sinais acústicos tem por objeto conversas voluntárias, intersubjetivas e reservadas entre interlocutores presentes no mesmo ambiente.[11]

Assim, é lícito concluir que a captação ambiental de sinais possui natureza jurídica de *meio de pesquisa* ou *investigação.*

As principais características desse instituto – e que o diferenciam do *meio de prova* (*testemunhal*, *pericial* ou *documental*) – são: *(i)* natureza *extraprocessual*; *(ii)* gestão por servidor público que não ostenta a qualidade jurídica de *parte* processual penal (*v.g.* agente policial ou de inteligência); *(iii)* finalidade de obtenção de provas materiais do crime; *(iv)* inidoneidade para formar a convicção do Juiz sobre o mérito; *(v)* inadmissibilidade em Juízo como consequência da violação ao procedimento probatório previsto em lei.[12]

Com relação ao procedimento probatório, conforme já mencionado o legislador da Lei 12.850/2013 intencionou a aplicação, *por analogia*, do procedimento probatório da interceptação de comunicações telefônicas e telemáticas (Lei 9.296/1996) à captação ambiental de sinais.

11. Arantes Filho, Marcio Geraldo Britto, *op. cit.*, pp. 185 e ss.

12. Gomes Filho, Antonio Magalhães. Notas sobre a terminologia da prova (reflexos sobre o processo penal brasileiro), *in:* Yarshell, Flávio Luiz, Moraes, Maurício Zanoide (Orgs.). *Estudos em homenagem à Professora Ada Pellegrini Grinover*, São Paulo: DPJ Editora, 2005, pp. 303-318.

Ocorre que a doutrina mais abalizada defende a *inadequação* dessa aplicação analógica,[13] pelos motivos que serão expostos nos itens 3 e 4 abaixo. Assim, a exposição detalhada do rito probatório da Lei 9.296/1996 extrapola o objeto do presente estudo.

Por ora, basta salientar que a doutrina faz uma série de críticas ao caráter *assistemático* e *omisso* desse procedimento, de duvidosa constitucionalidade à luz da garantia da *legalidade probatória* (*nulla coatio sine lege praevia, stricta, clara*).

A uma, pois a interceptação de comunicações telefônicas é cabível para *quaisquer* infrações penais punidas com *reclusão* (artigo 2.º, III, da Lei 9.296/1996), fato que enseja *desproporcionalidade* na aplicação de medida tão invasiva.

A duas, porque o artigo 3.º da Lei 9.296/1996 contém previsão da decretação *de ofício* da medida em apreço, iniciativa que é incompatível com a configuração acusatória outorgada ao processo penal pelo artigo 129, I, da Carta Constitucional.

A três, porquanto o diploma legal em exame prevê requerimento *verbal* de interceptação de comunicações telefônicas (artigo 4.º, § 1.º, da Lei 9.296/1996).

A quatro, na medida em que a redação do dispositivo que prevê o prazo máximo de duração da medida (artigo 5.º da Lei 9.296/1996) é *ambígua*, não esclarecendo exatamente *quantas* prorrogações são possíveis. Tal fato vem dando margem a *decisionismos judiciais casuísticos*, que causam grande insegurança jurídica.

A cinco, a *gravação* e subsequente *transcrição* das conversas telefônicas interceptadas são providências *facultativas*, condicionadas ao "*caso de a diligência possibilitar*" (artigo 6.º, § 1.º, da Lei 9.296/1996). Ocorre que os atos de gravação e transcrição do conteúdo das conversas interceptadas são *imprescindíveis* para se assegurar a própria *validade* da prova, pelo exercício dialético do contraditório sobre o respectivo laudo pericial de transcrição.

A seis, não existe na Lei 9.296/1996 qualquer regulamentação acerca da preservação e encaminhamento ao Juiz e às partes de *suporte físico* contendo a íntegra das comunicações telefônicas, *em sua versão*

13. Arantes Filho, Marcio Geraldo Britto, *op. cit.*, pp. 288 e ss.

original. Tal encaminhamento é imprescindível para assegurar às partes acesso à *mídia original* contendo o inteiro teor do conteúdo das comunicações telefônicas interceptadas, e o subsequente *controle efetivo da autenticidade* e *integridade* desse material.[14]

A sete, o artigo 8.º da Lei 9.296/1996 determina o processamento da medida em autos *apartados* e com *sigilo* quanto às *diligências, gravações e transcrições* respectivas, os quais só serão apensados aos autos principais ao final do inquérito policial ou processo criminal (conforme o caso). Tal previsão enseja excessiva restrição às garantias do contraditório e ampla defesa, pois as partes devem ter acesso imediato ao material resultante da diligência, tão logo esta esteja concluída.

A oito, o incidente de inutilização da gravação que não interessar à prova do artigo 9.º da Lei 9.296/1996 prevê caráter *facultativo* da presença do acusado ou de seu representante legal, além de omitir-se quanto a terceiros que podem ter tido suas comunicações privadas interceptadas de forma *incidental*. Ocorre que as sobreditas garantias do contraditório e da ampla defesa exigem a presença do acusado ou seu defensor técnico no ato em apreço, em igualdade de condições com o Ministério Público.

3. Segue: Restrições a direitos fundamentais causadas

Manoel da Costa Andrade leciona que os chamados *métodos ocultos de investigação*, tais como a captação ambiental de sinais, causaram verdadeira ruptura do paradigma processual penal haurido do ideário da Ilustração, calcado na sua *estrutura acusatória* e no estatuto de *sujeito processual* do acusado.

Suas consequências diretas são: *(i)* o esgarçamento das tradicionais garantias liberais-clássicas do Direito Processual Penal; *(ii)* a multiplicação, em termos quantitativos e de potencial invasivo, dos meios de restrição a direitos fundamentais; *(iii)* a oscilação do

14. Prado, Geraldo. *Prova penal e sistema de controles epistêmicos: a quebra da cadeia de custódia das provas obtidas por métodos ocultos*. São Paulo: Marcial Pons, 2014.

pêndulo político e legislativo na direção da tutela do poder punitivo e dos interesses sociais securitários.[15]

Mais especificamente, vislumbra-se tendência no sentido da *policialização da investigação*, havendo alargamento e hipertrofia dos poderes da polícia judiciária.

Ademais, também há o fenômeno da *privatização* de certos aspectos da investigação preliminar, havendo uso de particular como uma espécie de *longa manus* da autoridade policial, no exercício da atividade-fim desta última.[16]

Por derradeiro, ocorre esmaecimento da fronteira que separa as funções de *prevenção* e *repressão* de infrações penais, deslocando-se o Processo Penal para a primeira. Vale dizer: há tendência de intervenção *preventiva* das agências que integram o poder punitivo, em detrimento da tradicional postura *reativa*.[17]

Quanto aos métodos em digressão propriamente ditos, suas principais características são as seguintes: *(i) institucionalização*, por força de sua regulamentação legal expressa ou aceitação com base em aplicação analógica de instituto congênere; *(ii) generalização*, pela sua expressão massificada (*v.g.* interceptação simultânea de uma dezena de linhas telefônicas, que implica interceptação das comunicações de centenas de pessoas, via milhares de ligações).[18]

15. ANDRADE, Manuel da Costa. "Métodos ocultos de investigação (Plädoyer para uma teoria geral)", *in:* MONTE, Mário Ferreira e outros (coords.). *Que futuro para o direito processual penal? Simpósio em homenagem a Jorge de Figueiredo Dias, por ocasião dos 20 anos do Código de Processo Penal português*, Coimbra: Coimbra Editora, 2009, pp. 525-551. Sobre tais medidas, ver: Centro de Estudos Judiciários. *Medidas de combate à criminalidade organizada e económico-financeira*. Coimbra: Coimbra Editora, 2004; FONSECA-HERRERO, Marta Gómez de Liaño. *Criminalidad organizada y medios extraordinarios de investigación*. Madrid: Colex, 2004; MONTOYA, Mario Daniel. *Informantes y técnicas de investigación encubiertas: Análisis constitucional y procesal penal*. 2. ed. Buenos Aires: Ad-Hoc, 2001.

16. Para tanto, basta atentar para o procedimento técnico-operacional de interceptação de comunicações telefônicas via o sistema informatizado *Guardião*, o qual é protagonizado por pelo menos duas empresas *privadas*: a concessionária do serviço público de telefonia (da qual o "alvo" da medida é cliente) e a operadora desse sistema informatizado (a Dígitro Tecnologia Ltda.).

17. ANDRADE, Manuel da Costa, *op. cit.*, pp. 529-531.

18. ANDRADE, Manuel da Costa, *op. cit.*, pp. 531-532.

Os *métodos ocultos de investigação* consistem em gama heterogênea de institutos, abarcando as interceptações de comunicações telefônicas e telemáticas; busca e apreensão de mensagens de correio eletrônico (*e-mails*) armazenadas em servidor *(busca e apreensão virtual)*; compartilhamento de dados de localização de aparelho telefônico celular; infiltração de agentes etc.[19]

Já para Friedrich Dencker as principais características dos *métodos ocultos de investigação* são *amplitude*, *segredo* e *ausência de âmbitos-tabu*.[20]

Tal *amplitude* pode ser entendida em pelo menos duas acepções: *(i)* quanto à *quantidade*, tendo em vista que o catálogo previsto no artigo 3.º da Lei 12.850/2013 na prática é meramente exemplificativo, não excluindo meios de investigação *atípicos* (*v.g.* pagamento de "*verba secreta de informante*" a particular pela Polícia Federal); *(ii)* no que tange às *pessoas afetadas* pela medida, que incluem não só o próprio investigado e eventuais coautores e partícipes, mas também terceiras pessoas que integram o círculo de relações sociais do primeiro grupo.

O *segredo* desse arsenal de medidas decorre do seu caráter dissimulado e sub-reptício, sendo oponível tanto ao próprio investigado quanto ao seu Defensor técnico (por se tratarem de medidas cautelares processadas *inaudita altera parte*, nos termos do artigo 282, § 3.º, *ab initio*, do Estatuto Processual Penal).

Por *ausência de âmbitos-tabu* se entende o efeito dessas medidas de suprimir diversas das tradicionais regras de proibição probatória características do processo penal democratizado.

Por exemplo, os direitos fundamentais do investigado: *(i)* à prestação estatal de informação sobre o seu direito ao silêncio (*nemo tenetur se detegere*); *(ii)* à inviolabilidade das suas comunicações pessoais ou telefônicas com seu Advogado, médico, cônjuge etc.[21]

No País, se podem alinhavar algumas peculiaridades adicionais dos *métodos ocultos de investigação*: *(i) grave déficit legislativo*:

19. Andrade, Manuel da Costa, *op. cit.*, pp. 532-535.

20. Dencker, Friedrich. "Criminalidad organizada y procedimiento penal", *Nueva Doctrina Penal*, Buenos Aires, n. B, pp. 479-494, 1998.

21. Dencker, Friedrich. *Idem*, pp. 486-490.

há métodos *atípicos*, ou seja, sem procedimento probatório regulamentado em lei, sem haver sequer meio de investigação *típico* cujo procedimento lhes possa ser aplicado, por analogia; *(ii) procedimento técnico-operacional oculto*: há grave omissão legislativa quanto ao procedimento técnico-operacional específico a ser adotado na efetivação da medida, que remanesce alheio ao conhecimento e controle do Juiz e das partes processuais (*v.g.* busca e apreensão de mensagens de correio eletrônico (*e-mails*) armazenadas em servidor); *(iii) quebra da cadeia de custódia*: como inexistem regulamentos e procedimentos administrativos acerca da *cadeia de custódia* há frequente ilicitude probatória, decorrente da *adulteração* ou *perda* das fontes materiais de prova obtidas.

Todas essas características põem em causa a constitucionalidade material dos métodos em liça, à luz da garantia do *due process of law* e seu corolário da *legalidade probatória*.

É fato que a captação ambiental de sinais eletromagnéticos, óticos ou acústicos, conquanto *mencionada* pelo artigo 3.º, II, da Lei 12.850/2013, não possui procedimento probatório *autônomo* definido quer nesse diploma legal, quer alhures.

A medida em análise, portanto, pode ser considerada *prova nominada* (isto é, referida nominalmente pela Lei 12.850/2013), porém *atípica* (não possui procedimento probatório regulamentado) no âmbito do nosso ordenamento jurídico.[22]

Assim, a licitude dessa prova *atípica* pressupõe duas condições cumulativas: *(i)* não haver violação a nenhum direito fundamental individual durante a sua produção; *(ii)* haver meio de prova *típico*, cujo procedimento probatório lhe possa ser aplicado, por analogia.[23]

Quanto ao primeiro aspecto, é decisivo assinalar que o artigo 189, § 1.º, do *Codice di Procedura Penale* italiano veda a admissibilidade em Juízo de provas *atípicas* que *ofendam a liberdade moral da pessoa*.

22. Dezem, Guilherme Madeira. *Da prova penal: tipo processual, provas típicas e atípicas*, Campinas: Millennium, 2008, pp. 156-157.

23. Dezem, Guilherme Madeira. *Idem*, pp. 275 e ss.

Segundo Antonio Laronga, as provas *atípicas* não podem afetar a capacidade de autodeterminação, a liberdade de escolha e tampouco quaisquer outros direitos fundamentais individuais.[24]

Nada obstante, a captação ambiental de sinais eletromagnéticos, óticos ou acústicos põe em causa os seguintes direitos fundamentais individuais: *(i)* à dignidade da pessoa humana; *(ii)* à inviolabilidade da intimidade, a vida privada, da honra e da imagem; *(iii) ao sigilo das comunicações*; *(iv) ao sigilo profissional*; *(v)* à informação sobre o direito ao silêncio (respectivamente artigos 1.º, III, e 5.º, X, XII, XIV e LXIII, todos da Constituição da República); *(vi)* à autodeterminação informativa;[25] *(vii)* às proibições de prova instituídas para preservação *das relações familiares e dos segredos profissionais* (respectivamente artigos 206 e 207 do Código de Processo Penal) etc.

Aspecto que se afigura de suma importância – e que diferencia a captação ambiental de sinais da interceptação de comunicações telefônicas ou telemáticas – reside no fato de que a primeira pode ser feita em *espaço privado* tal como o interior do domicílio do investigado – o qual goza de *inviolabilidade* (artigo 5.º, XI).

Em regra, o procedimento técnico-operacional da captação ambiental de sinais adotado no Brasil pressupõe o prévio ingresso dissimulado de agentes públicos no próprio endereço de execução da diligência, para fins de instalação de aparelho celular desmontado (com potente microfone direcional) em local oculto.[26]

Como esse tipo de aparelho em regra funciona à base de energia elétrica e tem bateria de curta duração, ele precisa ser conectado a uma fonte pertencente à rede de energia existente no interior do local de execução da diligência.[27]

24. Laronga, Antonio. *Le prove atipiche nel processo penale*, Padova: Cedam, 2002, pp. 38 e ss.

25. Hassemer, Winfried; Chirino Sánchez, Alfredo. *El derecho a la autodeterminación informativa y los retos del procesamiento automatizado de datos personales*. Buenos Aires: Del Puerto, 1997.

26. Matéria jornalística revela o seguinte: "O aparelho instalado no forro da sala perto da lâmpada é pequeno, fica permanentemente ligado à rede elétrica e é acionado cada vez que o telefone grampeado faz ou recebe ligação" (Auler, Marcelo. "Aparelho de escuta cai e revela investigação da PF", *O Estado de S. Paulo*, 27.03.2010).

27. Não deixa de ser curioso notar que esse aparelho telefônico usado para fins de captação domiciliar de sinais precisa estar permanentemente ligado a alguma fonte local

De fato, se comparada à interceptação de comunicações telefônicas ou telemáticas, é lícito concluir que a captação ambiental de sinais decorrentes de comunicações entre pessoas presentes se afigura medida *substancialmente mais invasiva e restritiva de direitos fundamentais*.

Com efeito, tal captação frustra expectativas mais elevadas de confidencialidade e segredo, não oferecendo ao investigado as mesmas possibilidades de autotutela. Vale dizer: quem usa linhas telefônicas ou serviços de telemática para se comunicar sabe que não tem total controle sobre seu próprio fluxo comunicacional, portanto age com menor grau de expectativa de reserva do que quem fala pessoalmente, em ambiente que presume ser reservado.

Ademais disso, a interceptação da comunicação telefônica tem natureza *efêmera* e *momentânea*, atingindo somente uma *fração* da atividade comunicativa do investigado.

Já a captação ambiental de sinais possui cariz *onipresente* e *onisciente*. Ou seja: ela permite a apreensão de contexto comunicativo substancialmente mais *amplo* do que a interceptação de comunicações telefônicas ou telemáticas, porquanto abarca também as conversações presenciais e/ou monólogos do investigado *antes*, *durante* e *após* cada conversa telefônica sua.[28]

A situação-limite, em termos de potencialidade lesiva aos direitos fundamentais individuais, consiste na captação *domiciliar* de sinais – aquela feita no interior do domicílio inviolável do investigado.[29]

Segundo Manuel da Costa Andrade, pelo potencial mais intenso de lesão e devassa da captação *domiciliar* de sinais, o catálogo de infrações penais a admiti-la deve ser mais restrito do que o da inter-

de energia elétrica para funcionar, motivo pelo qual os agentes policiais que instalam esse equipamento cometem, em última análise, crime de *furto* (artigo 155, § 3.º, do Código Penal) de energia elétrica de propriedade do investigado (Nunes, Daniel. *Crime organizado* (Material didático do curso de Direito Penal Econômico da FGV Direito Rio), Rio de Janeiro: Editora FGV, 2011, pp. 49 e ss.).

28. Caires, João Gouveia de. "O registro de som e imagem e as escutas ambientais", *in:* Palma, Maria Fernanda e outros (Coords.). *Direito da investigação criminal e da prova*, Lisboa: Almedina, 2014, pp. 273-298.

29. Andrade, Manuel da Costa, *op. cit.*, pp. 535-539.

ceptação de comunicações telefônicas ou telemáticas, sendo circunscrito a crimes graves.[30]

Quanto ao segundo aspecto, é de se destacar a problemática resultante da tentativa de aplicação analógica do procedimento probatório da interceptação de comunicações telefônicas e telemáticas (Lei 9.296/1996) à captação ambiental de sinais.

Com efeito, há algumas diferenças *significativas* entre esses dois métodos ocultos de investigação.

Em primeiro lugar, a sobredita captação pode exigir o ingresso dissimulado, no interior do domicílio ou local de trabalho inviolável do investigado, para instalação do equipamento tecnológico destinado à sua execução, providência que se afigura desnecessária na interceptação de comunicações telefônicas ou telemáticas.

É sabido que os prepostos do Estado, no exercício das suas atribuições funcionais, se subordinam por inteiro ao *princípio da legalidade* (artigo 37, *caput*, da Carta Política).

Assim, parece óbvio que a forma pela qual se dá o ingresso dissimulado para instalação da aparelhagem tecnológica de captação de sinais no interior domicílio ou local de trabalho inviolável do investigado (*v.g.* pagamento de "*verba sigilosa de informante*" a particulares; arrombamento de fechaduras etc.) não pode ficar numa espécie de *limbo* ou *buraco negro jurídico*, devendo, pelo contrário, ser disciplinada por lei.

Em segundo lugar, do ponto de vista técnico-operacional a captação domiciliar de sinais acústicos em regra é feita pela instalação sub-reptícia no interior do domicílio ou local de trabalho do investigado de aparelho de telefone celular desmontado, com potente microfone direcional.

Após essa instalação, são feitas chamadas telefônicas para o número desse aparelho a partir do sistema informatizado de interceptação comunicações telefônicas ("*Guardião*"), ou vice-versa.

Assim, o procedimento probatório da captação domiciliar de sinais acústicos deveria prever o conhecimento do órgão jurisdicional e das partes processuais sobre: *(i)* quais foram os aparelhos

30. ANDRADE, Manuel da Costa, *op. cit.*, pp. 545-546.

telefônicos utilizados; *(ii)* quais são os números das linhas telefônicas respectivas; *(iii)* quais foram as chamadas efetuadas de/para essas linhas telefônicas (*contas reversas*), durante o período da captação ambiental.

Outro aspecto relevante é que a Constituição da República só permite o cumprimento de qualquer mandado judicial no interior de domicílio inviolável "*durante o dia*" (artigo 5.º, XI), limitação que pode frustrar o caráter *dissimulado* da instalação do aparato tecnológico de captação domiciliar de sinais e, consequentemente, a eficácia dessa medida como um todo.

O Supremo Tribunal Federal, ao julgar o inquérito 2.424, reconheceu a licitude de captações de sinais acústicos feitas no interior de escritório de advocacia. [31]

No caso, houve três incursões ao interior da banca advocatícia por parte de agentes da Polícia Federal, sempre durante a madrugada, para fins de instalação de aparelhagem de captação de sinais, realização de exploração de local, registro e análise de sinais ópticos.

A Suprema Corte fundou sua decisão majoritária nos seguintes argumentos: *(i)* impossibilidade de execução dessas diligências com publicidade, o que ocorreria caso elas fossem feitas durante o dia, mediante apresentação de mandado judicial; *(ii)* submissão da inviolabilidade do escritório advocatício "à tutela constitucional de raiz, instância e alcance superiores quando o próprio Advogado seja suspeito da prática de crime concebido e consumado, sobretudo no âmbito do seu escritório, sob pretexto de exercício da profissão"; *(iii)* necessidade de haver ponderação entre os princípios colidentes da inviolabilidade do domicílio e do poder-dever de punir do Estado, levando-se em conta que o primeiro tutela a intimidade, a privacidade

31. "*Prova. Criminal. Escuta ambiental.* Captação e interceptação de sinais eletromagnéticos, óticos ou acústicos. Meio probatório legalmente admitido. Fatos que configurariam crimes praticados por quadrilha ou bando ou organização criminosa. Autorização judicial circunstanciada. Previsão normativa expressa do procedimento. Preliminar repelida. Inteligência dos arts. 1.º e 2.º, IV, da Lei 9.034/1995, com a redação da Lei 10.217/1995. Para fins de persecução criminal de ilícitos praticados por quadrilha, bando, organização ou associação criminosa de qualquer tipo, são permitidos a captação e a interceptação de sinais eletromagnéticos, óticos e acústicos, bem como seu registro e análise, mediante circunstanciada autorização judicial" (STF, Pleno, Inq. 2.424-RJ, rel. Min. Cezar Peluso, *DJe* 26.03.2010).

e a dignidade da pessoa humana – motivo pelo qual se considerou no mínimo duvidosa a equiparação entre escritório advocatício vazio e domicílio *stricto sensu*, o qual pressupõe pessoas que o habitem.

A minoria vencida, composta pelos Ministros Marco Aurélio, Celso de Mello e Eros Grau, acolhia a questão preliminar de ilicitude probatória da sobredita captação domiciliar de sinais.

O principal fundamento jurídico dessa divergência é o fato de o escritório advocatício – por ser local não aberto ao público, onde alguém exerce profissão ou atividade – ser equiparável ao conceito normativo de "*casa*" para fins de inviolabilidade (artigo 5.º, XI, da Constituição da República e artigo 151, § 4.º, III, do Código Penal), motivo pelo qual foram consideradas *ilícitas* as precitadas captações de sinais resultantes de incursões feitas pela Polícia Federal durante a madrugada.[32]

Já expusemos em outra oportunidade as críticas que podem ser tecidas aos fundamentos dos votos majoritários desse precedente do Supremo Tribunal Federal.[33]

De toda sorte, essas duas questões, por si sós, já demonstram que o procedimento probatório da interceptação de comunicações telefônicas ou telemáticas (Lei 9.296/1996) não é aplicável, *por analogia*, à captação ambiental de sinais eletromagnéticos, óticos ou acústicos.

Assim, fere o princípio da *legalidade probatória* a existência de prova *atípica* que, além de causar drástica restrição a diversos direitos fundamentais do investigado (*dignidade da pessoa humana*; *inviolabilidade da intimidade, a vida privada, da honra e da imagem*; *sigilo das comunicações*; *sigilo profissional*; *informação sobre o direito ao silêncio*; *autodeterminação informativa* etc.), não goza de prova *típica* cujo procedimento possa lhe ser analogicamente aplicado.

32. Brasil. Supremo Tribunal Federal. *Informativo* n. 529, 17 a 21.11.2008.

33. Malan, Diogo. "Gravações ambientais domiciliares no processo penal", *in:* Lima, Joel Corrêa de, Casara, Rubens (Coords.). *Temas para uma perspectiva crítica do direito: homenagem ao Professor Geraldo Prado*, Rio de Janeiro: Lumen Juris, 2010, pp. 345-365.

4. Segue: Proposta de sistematização dos limites à captação ambiental de sinais eletromagnéticos, óticos ou acústicos

Quanto à sistematização de limites à captação ambiental de sinais eletromagnéticos, óticos ou acústicos, é importante observar a jurisprudência consolidada do Tribunal Europeu de Direitos Humanos (TEDH) sobre o *direito à vida privada e familiar* consagrado no artigo 8.º da Convenção para a Proteção dos Direitos do Homem e das Liberdades Fundamentais de 1950.[34]

Malgrado o TEDH permita aos Estados certo grau de autonomia (ou "*margem de apreciação*") na regulamentação dos métodos ocultos de investigação pelos seus respectivos ordenamentos jurídicos internos, ele condiciona os procedimentos invasivos do direito à privacidade do investigado aos *standards mínimos* exigidos pelo artigo 8.º da Convenção para a Proteção dos Direitos do Homem e das Liberdades Fundamentais.[35]

De uma forma geral, a metodologia do TEDH para julgar casos em que o recorrente alega violação ao direito convencional em exame consiste em três verificações sucessivas.

Em primeiro lugar, a Corte de Estrasburgo verifica se naquele caso concreto de fato houve restrição ao *direito à vida privada e familiar*.

Após, o TEDH examina se a medida restritiva a esse direito estava ou não em conformidade com a legislação interna dc Estado Parte.

34. "Artigo 8.º (Direito ao respeito pela vida privada e familiar)

1. Qualquer pessoa tem direito ao respeito da sua vida privada e familiar, do seu domicílio e da sua correspondência.

2. Não pode haver ingerência da autoridade pública no exercício deste direito senão quando esta ingerência estiver prevista na lei e constituir uma providência que, numa sociedade democrática, seja necessária para a segurança nacional, para a segurança pública, para o bem-estar económico do país, a defesa da ordem e a prevenção das infracções penais, a proteção da saúde ou da moral, ou a proteção dos direitos e das liberdades de terceiros."

35. Sobre tais *standards mínimos*, ver: Bachmaier Winter, Lorena. "Investigación penal y protección de la privacidad: La jurisprudencia del Tribunal Europeo de Derechos Humanos", *Revista de Processo*, São Paulo, n. 152, pp. 259-278, out. 2007; Ubertis, Giulio. *Principi di procedura penale europea: Le regole del giusto processo*. 2. ed. Milano: Rafaello Cortina Editore, 2009, pp. 125 e ss

Por fim, a Corte avalia a *necessidade casuística* daquela medida no âmbito de uma sociedade democrática.

No que tange aos requisitos *específicos* da medida restritiva ao direito à privacidade, o primeiro é a *reserva de lei* (*nulla coatio sine lege praevia, stricta*).

Esta última pressupõe que tal medida tenha *previsão legal expressa* no ordenamento jurídico interno do Estado-Parte.

Ademais disso, a sobredita previsão normativa deve ter os atributos da *acessibilidade* e *previsibilidade*, sendo compreensível ao cidadão comum, o qual deve poder prever as *consequências* da aplicação dessa norma.

Por conseguinte, a norma que regulamenta o método oculto de investigação deve ser suficientemente clara e detalhada quanto aos *pressupostos* e *requisitos legais* do seu emprego, de sorte a permitir efetiva proteção do cidadão contra o emprego *abusivo* dessa medida invasiva por parte do Estado e seus agentes (*nulla coatio sine lege clara*).

Por exemplo: ao julgar casos tais como *Valenzuela Contreras vs. Espanha*,[36] *Kruslin vs. França*,[37] *Huvig vs. França*[38] etc., o TEDH delineou os standards mínimos para que a interceptação de comunicações telefônicas satisfaça o requisito da *reserva de lei*: *(i)* determinação dos sujeitos suscetíveis de sofrer a interceptação de comunicações telefônicas por decisão judicial; *(ii)* definição da natureza das infrações penais que autorizam o emprego casuístico dessa medida; *(iii)* delimitação do prazo máximo de duração da sobredita interceptação; *(iv)* criação de procedimento para confecção dos relatórios contendo transcrições das comunicações interceptadas; *(v)* adoção de precauções para comunicar, *intactas* e *completas*, as gravações realizadas ao Juiz e às partes, para fins de controle da *integridade* da prova; *(vi)* estabelecimento das circunstâncias nas quais as gravações podem ser apagadas e seu suporte físico destruído, especialmente quando o acusado foi inocentado.

36. TEDH, Caso *Valenzuela Contreras vs. Espanha*, julgamento em 30.07.1998.
37. TEDH. Caso *Kruslin vs. França*, julgamento em 24.04.1990.
38. TEDH. Caso *Huvig vs. França*, julgamento em 24.04.1990.

Assim, a Corte reconheceu violação ao artigo 8.º da Convenção no caso *Khan vs. Reino Unido*,[39] porquanto a captação domiciliar de sinais acústicos foi feita pela polícia sem a devida regulamentação desse meio de investigação pelo ordenamento jurídico interno inglês.

Ademais disso, no caso *Amann vs. Suiça*[40] foi salientada a necessidade de medidas voltadas à tutela da privacidade dos interlocutores cujas comunicações foram interceptadas de *forma incidental*, porquanto não têm nenhuma relação com os fatos que constituem objeto das investigações.

No caso *Craxi vs. Itália*[41] foi reconhecida violação ao artigo 8.º da Convenção para a Proteção dos Direitos do Homem e das Liberdades Fundamentais, pelo fato de as autoridades públicas não terem assegurado a custódia adequada de fitas contendo gravações de comunicações telefônicas interceptadas, o que acarretou sua divulgação nos meios de comunicação de massa.

O segundo requisito específico da medida restritiva ao direito à privacidade instituído pelo TEDH é a sua *necessidade*.

Tal requisito se caracteriza pela necessidade social imperiosa da adoção do método oculto de investigação, havendo no caso concreto grau de sacrifício do *direito à vida privada e familiar* que guarda relação de *proporcionalidade* com a relevância do interesse social na persecução penal do crime.

Para tanto, em primeiro lugar o TEDH afere se a medida invasiva do direito à privacidade persegue algum dos fins alinhavados no artigo 8.2 da Convenção para a Proteção dos Direitos do Homem e das Liberdades Fundamentais: *segurança nacional*; *segurança pública*; *bem-estar económico do país*; *defesa da ordem e a prevenção das infracções penais*; *proteção da saúde ou da moral*; *proteção dos direitos e das liberdades de terceiros*.

Após, a Corte avalia a estrita necessidade da medida no âmbito de uma sociedade democrática. Esse requisito se subdivide em três componentes: *idoneidade*, *necessidade* e *proporcionalidade em sentido estrito*.

39. TEDH, Caso *Khan vs. Reino Unido*, julgamento em 12.05.2000.
40. TEDH, *Caso Amann vs. Suiça*, julgamento em 16.02.2000.
41. TEDH, *Caso Craxi vs. Itália*, julgamento em 17.07.2003.

Por força da *idoneidade*, se exige que a medida restritiva seja apta à consecução dos seus objetivos pretendidos, com base em conhecimentos empíricos e técnicos.

A *necessidade*, por sua vez, impõe que sejam cotejadas todas as medidas restritivas consideradas idôneas, devendo ser escolhida aquela que seja menos restritiva ao *direito à vida privada e familiar*.

Por fim, a *proporcionalidade em sentido estrito* demanda emprego da técnica da ponderação entre os interesses conflitantes, para que se verifique no caso concreto se o grau de restrição ao direito à vida privada e familiar que a medida restritiva acarreta guarda relação *razoável* ou *proporcional* com o grau de relevância dos interesses estatais subjacentes à persecução penal do crime.[42]

Por fim, o cidadão submetido à medida invasiva do seu direito à privacidade deve ter à sua disposição *mecanismos processuais de controle efetivo*, que o permitam se defender de possível uso abusivo do método oculto de investigação ao questionar sua legalidade.[43]

Com inspiração parcial na sistemática proposta por Enrique Bacigalupo, baseada em estudo comparado sobre a interceptação de comunicações privadas na Alemanha, Espanha, França e Itália,[44] é possível traçar as diretrizes gerais de política legislativa a serem seguidas na regulamentação dessa matéria.

Quanto aos *pressupostos legais* da captação ambiental de sinais eletromagnéticos, óticos ou acústicos, eles devem englobar: *(i) indícios graves* da prática de infração penal contida em catálogo legal exaustivo; *(ii)* prova de que a investigação dessa infração por quaisquer outros meios é impossível ou, no mínimo, desproporcionalmente difícil (*subsidiariedade*).

Quanto à *competência* para autorizar a medida, ela deve ser circunscrita ao Juiz Natural da causa, mediante representação da

42. Gonzalez-Cuellar Serrano, Nicolas. *Proporcionalidad y derechos fundamentales en el proceso penal*, Madrid: Colex, 1990, pp. 153 e ss.

43. TEDH. Caso *Lambert vs. França*, julgamento em 24.08.1998.

44. Bacigalupo, Enrique. "La regulación de medios técnicos para la interceptación de comunicaciones privadas", *Justicia penal y derechos fundamentales*, Madrid: Marcial Pons, 2002, pp. 187-200.

autoridade policial ou requerimento do Ministério Público (jamais *de ofício*).

A decisão judicial respectiva deve ser motivada conforme *roteiro normativo* que contenha os seguintes elementos mínimos: *(i)* exposição do fato naturalístico pretérito a ser apurado (*delimitação objetiva*); *(ii)* nomes e qualificações das pessoas que serão afetadas pela captação ambiental de sinais (*delimitação subjetiva*); *(iii)* indicação dos indícios graves de autoria de infração penal; *(iv)* justificativa acerca da impossibilidade ou dificuldade excessiva de investigação dos fatos por quaisquer outros meios; *(v)* indicação do local de execução da diligência; *(vi)* especificação do meio técnico a ser empregado e da forma de sua inserção, durante a execução da diligência.[45]

Assim, se afiguram ilícitas quaisquer captações ambientais de sinais dirigidas a uma coletividade *indeterminada* de pessoas, assim como aquelas voltadas à *prevenção* de crimes (*captações de prospecção*).

A duração máxima de medida deve ser de 30 dias, prorrogáveis uma única vez por igual período.

Isso porque nem mesmo em circunstâncias de grande instabilidade político-institucional o legislador constituinte permitiu a devassa prolongada do sigilo das comunicações privadas. De fato, o artigo 136, § 2.º, da Constituição da República limita a restrição do sigilo em tela durante o Estado de Defesa ao prazo máximo de 30 dias, "podendo ser prorrogado uma vez, por igual período, se persistirem as razões que justificaram a sua decretação".[46]

Quanto às pessoas que podem ser afetadas pela captação ambiental de sinais, elas se limitam aos coautores e partícipes do crime investigado. Caso sejam incidentalmente captadas comunicações presenciais de terceiros, elas devem ser destruídas ao final de execução da medida, sob controle judicial.

45. Nesse sentido: Arantes Filho, Marcio Geraldo Britto, *op. cit.*, pp. 207 e ss.

46. Nesse sentido: Prado, Geraldo. *Limites às interceptações telefônicas e a jurisprudência do Superior Tribunal de Justiça*, pp. 19 e ss. 2. ed. Rio de Janeiro: Lumen Juris, 2006.

Deve ser instituída proibição expressa da captação ambiental de sinais que viole os segredos inerentes às relações familiares ou profissionais (respectivamente artigos 206 e 207 do Código de Processo Penal).

Ademais disso, tal procedimento deve – à semelhança dos artigos 268 e seguintes do *Codice di Procedura Penale* italiano – regulamentar três etapas sucessivas, subsequentes à execução da captação ambiental de sinais propriamente dita: *depósito*, *seleção* e *conversão em meio de prova*.[47]

O primeiro consiste na entrega ao Juiz de *auto circunstanciado* contendo referência aos aspectos mais importantes da execução da diligência: *pessoas investigadas e sua qualificação*, *datas*, *horários e locais da captação de sinais*, *meios técnicos empregados* (e *forma de sua inserção*) e *fatos apurados*.

Esse relatório deve ser instruído com *suporte físico* contendo a íntegra das captações ambientais de sinais (audiovisuais ou eletromagnéticos) obtidas pela polícia judiciária, *em sua versão original*. Tal depósito permite às partes acesso à *mídia original* contendo o inteiro teor do material captado pela polícia e o subsequente *controle efetivo da autenticidade* e *integridade* desse material.

A *seleção*, por sua vez, consiste na indicação pelas partes dos excertos das comunicações gravadas que elas reputam relevantes para fins de transcrição oficial, além do requerimento de provas necessárias para determinar o grau de autenticidade e integridade dessas gravações, quanto ao aspecto *objetivo* (conteúdo da gravação) ou *subjetivo* (atribuição de imagem ou voz ao investigado).

Tal fase também se presta ao papel de *expurgar* dos autos do processo as imagens ou diálogos irrelevantes, impertinentes com o objeto da prova (*thema probandum*) ou inadmissíveis em juízo (*v.g.* incriminações intrafamiliares; revelações de segredos profissionais etc.).

Por fim, a *conversão em meio de prova* consiste na corporificação da captação ambiental de sinais em meio de prova *documental* (*v.g.* transcrição oficial de excertos de comunicações entre pessoas

47. Martínez Ruiz, Jesús. *Límites jurídicos a las grabaciones de imagen y el sonido*, pp. 218 e ss. Barcelona: Bosch, 2004.

presentes), *pericial* (*v.g.* laudo de perícia fonética forense sobre atribuição de imagens ou vozes ao investigado) ou *testemunhal* (*v.g.* colheita em juízo de declarações dos policiais responsáveis pela execução da diligência).

Sem dúvida a situação-limite que se afigura mais problemática é a captação *domiciliar* de sinais (feita no interior do domicílio inviolável do investigado).

Enrique Bacigalupo propõe haja debate específico sobre essa questão, antes de qualquer proposta de regulação legislativa.

Segundo esse jurista argentino, na perspectiva político-criminal se deve indagar o que fornece maior grau de proteção aos direitos fundamentais do investigado: regulação ou proibição. Isso porque como os meios tecnológicos para a captação domiciliar de sinais são cada vez mais acessíveis, baratos e sofisticados, a proibição pode favorecer o uso clandestino desses meios, sem controle algum. Tampouco é certo que a regulação assegure o uso controlado desses meios em todos os casos.[48]

Claus Roxin, por sua vez, sustenta a possibilidade de captações domiciliares de sinais em situações nas quais há fundada suspeita de acordos conspiratórios sendo feitos no interior do domicílio privado.

Por outro lado, tal autor germânico exclui a possibilidade de captações domiciliares de monólogos e conversas do investigado com pessoas da sua estrita confiança, notadamente familiares, cônjuge etc.[49]

Não obstante, o interior do seu domicílio inviolável é o único local onde o indivíduo pode agir livre das amarras impostas pelas convenções sociais, tratando-se de expressões que integram o desenvolvimento da personalidade no âmbito essencial da configuração da vida privada.

Esse aparenta ser o entendimento de Francisco Muñoz Conde. Para ele, em face de certas manifestações do "âmbito intangível da intimidade", deveriam ser excluídas quaisquer ingerências estatais,

48. Bacigalupo, Enrique, *op. cit.*, pp. 199-200.

49. Roxin, Claus. *La prohibición de autoincriminación y de las escuchas domiciliarias*, pp. 112-113. Buenos Aires: Hammurabi, 2008.

sendo discutível se as captações domiciliares de sinais são compatíveis com o núcleo mais estrito e reservado do direito fundamental à intimidade.[50]

Assim, a captação *domiciliar* de sinais dificilmente pode deixar de acarretar restrição desproporcional ao núcleo essencial dos direitos fundamentais à *dignidade da pessoa humana*; *inviolabilidade da intimidade, a vida privada, da honra e da imagem*; *inviolabilidade domiciliar*; *sigilo das comunicações*; *sigilo profissional*; *informação sobre o direito ao silêncio*; *autodeterminação informativa* etc., devendo ser proscrita pelo legislador.

Conclusão

Ante todo o exposto, é possível sintetizar as principais conclusões obtidas ao longo do presente estudo.

O instituto da captação ambiental de sinais eletromagnéticos, óticos ou acústicos surgiu no ordenamento jurídico brasileiro com a Lei 10.217/2001, que introduziu o artigo 2.º, IV, no texto da Lei 9.034/1995.

Após, tal captação foi mantida no artigo 3.º, II, da Lei 12.850/2013. A exposição de motivos desta última deixa claro que o legislador entendeu ser *desnecessário* probatório *autônomo* para a captação ambiental de sinais, por entender cabível, *por analogia*, o rito da interceptação de comunicações telefônicas ou telemáticas (Lei 9.296/1996).

A captação ambiental de sinais possui natureza jurídica de *meio de pesquisa* ou *investigação*, consistindo em

> "(...) atividade de captação e registro de comunicação entre pessoas presentes de caráter reservado, por um terceiro, com o emprego de meios técnicos, utilizados em operação oculta e simultânea à comunicação, sem o conhecimento dos interlocutores ou com o conhecimento de um ou de alguns deles." [51]

50. Muñoz Conde, Francisco. *Valoración de las grabaciones audiovisuales en el proceso penal*, pp. 68-69. 2. ed. Buenos Aires: Hammurabi, 2007.

51. Arantes Filho, Marcio Geraldo Britto, *op. cit.*, p. 157.

À míngua de procedimento probatório próprio, a captação ambiental de sinais pode ser considerada *prova nominada* (isto é, referida nominalmente pela Lei 12.850/2013), porém *atípica* no âmbito do nosso ordenamento jurídico.

A licitude da prova *atípica* exige satisfação de duas condições cumulativas: *(i)* não haver violação a nenhum direito fundamental durante sua produção; *(ii)* haver meio de prova *típico* cujo procedimento probatório lhe possa ser aplicado, por analogia.

Não obstante, a captação ambiental de sinais causa drástica restrição a diversos direitos fundamentais do investigado (*dignidade da pessoa humana*; *inviolabilidade da intimidade, a vida privada, da honra e da imagem*; *sigilo das comunicações*; *sigilo profissional*; *informação sobre o direito ao silêncio*; *autodeterminação informativa* etc.), resultando *inadequada* a aplicação analógica do rito das interceptações telefônicas ou telemáticas (Lei 9.296/1996).

Assim, até que o legislador brasileiro se digne a instituir procedimento probatório *autônomo* para a captação ambiental de sinais, esta se afigura de licitude discutível, à luz da garantia da *legalidade probatória* (*nulla coatio sine lege praevia, stricta, clara*).

De lege ferenda é recomendável que o legislador brasileiro atente para os standards mínimos exigidos pelo TEDH para legitimar quaisquer restrições ao *direito à vida privada e familiar* consagrado no artigo 8.º da Convenção para a Proteção dos Direitos do Homem e das Liberdades Fundamentais, além da sistematização proposta por Enrique Bacigalupo (cf. item 4 acima).

A captação *domiciliar* de sinais (isto é, feita no interior do domicílio inviolável do investigado) é possibilidade que se afigura mais problemática, por ensejar ingerência estatal no âmbito essencial da configuração da vida privada.

Malgrado se trate de questão controvertida, adotamos o entendimento de que a captação domiciliar de sinais dificilmente pode deixar de acarretar restrição *desproporcional* ao núcleo mais estrito e reservado do direito fundamental à intimidade, motivo pelo qual ela deve ser proscrita pelo legislador brasileiro.

Como argumento de reforço, cabe frisar que a Lei 12.850/2013 só fez referência à captação *ambiental* de sinais (artigo 3.º, II), conceito que abarca somente aquelas feitas em local *público* ou *aberto ao público*. Assim, à luz da *legalidade probatória* não se pode fazer interpretação *extensiva* desse dispositivo legal, para fins de inclusão da outra espécie de captação (a *domiciliar*).

Por fim, o cidadão deve ter a certeza de estar protegido contra a vigilância secreta do Estado no interior do seu próprio domicílio, por se tratar de meio indispensável à consolidação da democracia.

Isso porque o medo social difuso da sobredita vigilância configura óbice intransponível ao pleno exercício dos direitos da personalidade. Portanto, a captação domiciliar de sinais afeta tanto o interesse *individual* do investigado na tutela da sua própria privacidade quanto o interesse público – de indiscutível relevância – na efetiva participação dos cidadãos na vida em sociedade.

Bibliografia

ALBRECHT, Hans-Joerg. "Secret surveillance: Measures of secret investigation in the criminal process". *Revista Brasileira de Ciências Criminais*, São Paulo, n. 92, pp. 123-153, set.-out. 2011.

ANDRADE, Manuel da Costa. "Métodos ocultos de investigação (Plädoyer para uma teoria geral)", *in:* MONTE, Mário Ferreira e outros (Coords.). *Que futuro para o direito processual penal? Simpósio em homenagem a Jorge de Figueiredo Dias, por ocasião dos 20 anos do Código de Processo Penal português*, pp. 525-551. Coimbra: Coimbra Editora, 2009.

ARANTES FILHO, Marcio Geraldo Britto. *A interceptação de comunicação entre pessoas presentes*. Brasília: Gazeta Jurídica, 2013.

AULER, Marcelo. "Aparelho de escuta cai e revela investigação da PF", *O Estado de S. Paulo*, 27.03.2010.

BACHMAIER WINTER, Lorena. "Investigación penal y protección de la privacidad: La jurisprudencia del Tribunal Europeo de Derechos Humanos", *Revista de Processo*, São Paulo, n. 152, pp. 259-278, out. 2007.

BACIGALUPO, Enrique. "La regulación de medios técnicos para la interceptación de comunicaciones privadas", *Justicia penal y derechos fundamentales*, pp. 187-200. Madrid: Marcial Pons, 2002.

CAIRES, João Gouveia de. "O registro de som e imagem e as escutas ambientais", *in:* PALMA, Maria Fernanda e outros (Coords.). *Direito da investigação criminal e da prova*, pp. 273-298. Lisboa: Almedina, 2014.

CENTRO DE ESTUDOS JUDICIÁRIOS. *Medidas de combate à criminalidade organizada e económico-financeira*. Coimbra: Coimbra Editora, 2004.

DENCKER, Friedrich. "Criminalidad organizada y procedimiento penal", *Nueva Doctrina Penal*, Buenos Aires, n. B, pp. 479-494, 1998.

DEZEM, Guilherme Madeira. *Da prova penal: Tipo processual, provas típicas e atípicas*. Campinas: Millennium, 2008.

FIGUEIREDO DIAS, Jorge de. "O novo Código de Processo Penal", *Separata do Boletim do Ministério da Justiça*, Lisboa, n. 369, pp. 5-23, 1987.

FONSECA-HERRERO, Marta Gómez de Liaño. *Criminalidad organizada y medios extraordinarios de investigación*. Madrid: Colex, 2004.

GOMES FILHO, Antonio Magalhães. "Notas sobre a terminologia da prova (reflexos sobre o processo penal brasileiro)", *in:* YARSHELL, Flávio Luiz; MORAES, Maurício Zanoide (Orgs.). *Estudos em homenagem à Professora Ada Pellegrini Grinover*, pp. 303-318. São Paulo: DPJ Editora, 2005.

GRINOVER, Ada Pellegrini. "Interceptações telefônicas e gravações clandestinas no processo penal", *Novas tendências do direito processual de acordo com a Constituição de 1988*, pp. 60-82. Rio de Janeiro: Forense Universitária, 1990.

GOMES, Luiz Flávio. "Crime organizado: Que se entende por isso depois da Lei 10.217, de 11.04.2001? (apontamentos sobre a perda de eficácia de grande parte da Lei 9.034/1995)", *Revista dos Tribunais*, São Paulo, n. 795, pp. 486-492, jan. 2002.

GONZALEZ-CUELLAR SERRANO, Nicolas. *Proporcionalidad y derechos fundamentales en el proceso penal*. Madrid: Colex, 1990.

HASSEMER, Winfried, CHIRINO SÁNCHEZ, Alfredo. *El derecho a la autodeterminación informativa y los retos del procesamiento automatizado de datos personales*. Buenos Aires: Del Puerto, 1997.

LARONGA, Antonio. *Le prove atipiche nel processo penale*. Padova: Cedam, 2002.

MALAN, Diogo. "Gravações ambientais domiciliares no processo penal", *in:* LIMA, Joel Corrêa de, CASARA, Rubens (Coords.). *Temas para uma perspectiva crítica do direito: homenagem ao Professor Geraldo Prado*, pp. 345-365. Rio de Janeiro: Lumen Juris, 2010.

Martínez Ruiz, Jesús. *Límites jurídicos a las grabaciones de imagen y el sonido*. Barcelona: Bosch, 2004.

Montoya, Mario Daniel. *Informantes y técnicas de investigación encubiertas: Análisis constitucional y procesal penal*. 2. ed. Buenos Aires: Ad-Hoc, 2001.

Muñoz Conde, Francisco. *Valoración de las grabaciones audiovisuales en el proceso penal*. 2. ed. Buenos Aires: Hammurabi, 2007.

Nunes, Daniel. *Crime organizado* (Material didático do curso de Direito Penal Econômico da FGV Direito/Rio). Rio de Janeiro: Editora FGV, 2011.

Prado, Geraldo. *Prova penal e sistema de controles epistêmicos: A quebra da cadeia de custódia das provas obtidas por métodos ocultos*. São Paulo: Marcial Pons, 2014.

_____. *Limites às interceptações telefônicas e a jurisprudência do Superior Tribunal de Justiça*. 2. ed. Rio de Janeiro: Lumen Juris, 2006.

Roxin, Claus. *La prohibición de autoincriminación y de las escuchas domiciliarias*. Buenos Aires: Hammurabi, 2008.

Ubertis, Giulio. *Principi di procedura penale europea: Le regole del giusto processo*. 2. ed. Milano: Rafaello Cortina Editore, 2009.

CAPÍTULO 3

DA AÇÃO CONTROLADA: DELIMITAÇÃO, EFETIVIDADE, LIMITES DE VALIDADE E RISCO PARA O BEM JURÍDICO

Carlos Roberto Bacila

Resumo: Este trabalho visa esboçar um estudo sobre o instituto da ação controlada. Para tanto, analisou-se o aspecto histórico desde o seu reconhecimento nas convenções internacionais. Discorreu-se também sobre o conceito e requisitos da ação controlada, bem como a validade legal no ordenamento jurídico brasileiro e de direito comparado. Em se tratando de mecanismo de investigação policial de forte ingerência nas liberdades individuais também se discute a legitimidade da *ação controlada* para afetar de tal maneira a privacidade e intimidade das pessoas. Contudo, nesta discussão, aponta-se a importância do critério da preservação do bem jurídico, afinal, a privacidade e intimidade não podem ser utilizadas como escudos absolutos para deixarem livre o caminho para o ataque organizado contra interesses relevantes para toda a sociedade, como é o caso da vida humana, economia, liberdade, saúde pública, lisura na administração da coisa pública, patrimônio, meio ambiente e outros. Sem embargo, na pluralidade de interesses em conflito há que se preservarem limites de atuação estatal para preservação dos direitos humanos. Finalmente, apresenta-se um estudo de caso no qual este signatário atuou como agente público (delegado de polícia federal) que coordenou uma operação voltada à proteção do meio ambiente no qual foi fundamental a utilização da *ação controlada*.

1. Ação controlada e direitos humanos

Existem situações que não mais se enquadram no Direito Penal Clássico, nem tampouco no Processo Penal Clássico, menos ainda na atividade clássica de polícia. Afinal, as demandas da sociedade com ampla esfera econômica e social levaram ao aparecimento do direito penal especial ou secundário (Nebenstrafrecht).[1]

Não se trata, é claro, de se enveredar para o caminho de diminuição de garantias, violação do princípio da culpabilidade, imputações coletivas ou quebra de paradigma democrático, como seria a proposta do *Interventionsrecht*.[2] O assunto está ligado a diversas liberdades reconhecidas e que entram em conflito quando se empreendem investigações de vigilância sobre pessoas. Garibaldi cita, por exemplo, a liberdade de expressão, associações, movimen-

1. Fernandes, Paulo Silva. *Globalização, "sociedade de risco" e o futuro do direito penal. Panorâmica de alguns problemas comuns*. Coimbra: Almedina, 2001, p. 24. Em nota de rodapé, Fernandes esclarece: "E assim, em síntese, diríamos que ao direito penal secundário cabe proteger, fundamentalmente, os bens jurídicos ligados aos direitos sociais e à organização econômica, havendo uma certa peculiaridade do bem jurídico na sua definição e proteção (enquanto *posterius* e não *prius*, marcadamente supra-individual), vigorando, como regra, a par da responsabilidade das pessoas individuais, a responsabilidade penal das pessoas colectivas, apontando como espaço privilegiado da 'White colar criminality', em sentido lato, sendo ainda essencialmente precário, contingente, conjuntural e pontual e, por isso também, instável, dinâmico, histórico e evolutivo. O Direito Penal secundário é campo fértil para a figura dos crimes de perigo, dotado de uma certa peculiaridade e flexibilidade ao nível das sanções e uma maior utilização de normas penais em branco. Finalmente, este direito penal especial é tendencialmente formado por legislação extravagante" (Fernandes, *op. cit.*, p. 26).

2. Fernandes, *op. cit.*, p. 25.

tação, repouso, intimidade, privacidade e prevenção contra registros irrazoáveis.[3]

Sem dúvida, uma das tarefas do Direito Penal Econômico é resolver a questão da igualdade na apuração e atribuição penal, isto é, evitar-se o processo de atingir somente pessoas que não estão na escala de comando da organização ou simplesmente atingir aqueles que sofreram no embate do poder e tornaram-se igualmente vulneráveis.[4]

Ao analisar os temas fundamentais tratados historicamente pela Suprema Corte dos Estados Unidos, Peter Irons afirma o seguinte:

> "Eu acredito firmemente que o comando básico da Constituição é que toda pessoa deve ser tratada com dignidade que ele ou ela merece como ser humano. Todas as pessoas devem ser tratadas com justiça e igualdade, sem discriminação por qualquer característica de nascimento ou por escolha que expresse sua identidade, incluindo-se raça, religião, nacionalidade, gênero, orientação sexual, política, necessidade especial e qualquer outro adjetivo diferente que nós utilizamos para estigmatizar pessoas. É o trabalho de todo oficial de governo – do policial ao presidente – tratar cada pessoa com respeito. Isto parece mais uma 'Regra de Ouro' do que uma 'regra legal', mas a ideia é a mesma em ambas."[5]

3. GARIBALDI, Gustavo E.L. "Efeitos da videovigilância e outras técnicas de rastreamento de pessoas. Prevenção ou sofisticada modalidade de aumento de repressão seletiva?" *Processo penal, Constituição e crítica. Estudos em homenagem ao Prof. Dr. Jacinto Nelson de Miranda Coutinho.* Rio de Janeiro: Lumen Juris, 2011, p. 365. "Todos eles estão em jogo de um modo ou de outro", cit., p. 365.

4. ROCHA JUNIOR, Francisco do Rego Monteiro. "Criminalização dos delitos econômicos: um direito penal igual para todos". *Processo penal, Constituição e crítica. Estudos em homenagem ao Prof. Dr. Jacinto Nelson de Miranda Coutinho.* Rio de Janeiro: Lumen Juris, 2011, p. 289-298.

5. IRONS, Peter. *A People's History of The Supreme Court.* New York: Penguin Books, 1999, Introduction, p. XV. Tradução livre: "*I believe firmly that the Constitution's basic command is that every person must be accorded the dignity he or she deserves as a human being. All people must be treated fairly and equally, without discrimination because of any characteristic they were born with or have chosen to express their identity, including race, religion, nationality, gender, sexual orientation, politics, disability, and any other distinguishing quality by which we label people. It is the job of every government official – from police officer to president – to treat each person with respect. This may sound more like the Golden Rule than the rule of law, but the same idea lies behind each*".

Afinal, historicamente a atuação da sociedade conforme estigmas (mulher, raça, pobreza, religião e outros) tem levado a um direito equivocado, desigual e injusto, o que gera críticas permanentes quanto a um sistema penal que é pesado, duro e agressivo contra os estigmatizados, porém brando, sensível e ineficaz diante dos criminosos não estigmatizados.[6]

No fundo, também não se trata de neologismos ou preciosismos jurídicos inférteis, mas sim de questões que refletem a sustentabilidade do discurso dos direitos humanos. Envolvendo completamente a corrupção como barreira do desenvolvimento humanitário, Luiz Fernando Coelho questiona:

> "É possível então definir uma sociedade relativamente ética e outra relativamente corrupta? Supõe-se que em ambas os cidadãos éticos ver-se-iam em situação de perplexidade e indignação com o conhecimento dos atos de corrupção de seus coabitantes. Admitindo-se as atuais divisões dos grupos microssociais segundo seu poderio econômico, é de admitir-se também que a indignação cresceria em intensidade na medida da ascensão dos corruptos aos patamares mais elevados. Numa sociedade concreta, as desigualdades sociais seriam em grande parte resultado da corrupção, tanto quanto ou mais que do trabalho."[7]

No mesmo sentido, após analisar o pensamento de Rousseau, Gabriel Ignacio Anitua comenta o seguinte:

> "As garantias podem e devem ser entendidas como protetoras do fraco diante da ação do estado, mas também como impulsionadores de uma ação concreta que conduz à igualdade e, por conseguinte, ao desaparecimento da posição de fraqueza."[8]

A questão é que se lidarmos timidamente e com preconceitos e barreiras com relação aos delitos econômicos e sociais, sem incorporarmos neles as conquistas de direitos humanos e os próprios insti-

6. Bacila, Carlos Roberto. *Criminologia e estigmas: um estudo sobre os preconceitos*. 4. ed. São Paulo: Atlas, 2015. Ver também: Bacila, Carlos Roberto. *A vida de Dale Carnegie e sua filosofia de sucesso*. Curitiba: Belton, 2012, p. 182 e ss.; e Bacila, Carlos Roberto. *The Life of Dale Carnegie and his Philosophy of Success*. New York: Amazon, 2015, p. 154 e ss.

7. Coelho, Luiz Fernando. *Helênia e Devília: civilização e barbárie na saga dos direitos humanos*. Curitiba: Bonijuris, 2014, p. 406.

8. Anitua, Gabriel Ignacio. *Histórias dos pensamentos criminológicos*. Trad. Sérgio Lamaran. Rio de Janeiro: Revan, 2008, p. 131.

tutos de Direito Penal clássico no que couberem, outros interessados o farão e ocuparão este espaço, de forma bastante ousada e, por que não dizer, sem compromisso com a violação dos direitos humanos. É necessário, em qualquer instituto de investigação policial ou de processo penal, o compromisso sistemático e pleno com os direitos humanos.

Inobstante, existem fortes indicativos de que a criminalidade organizada está se incrementando. Nas palavras de Luiz Rascovski:

> "(...) a criminalidade organizada se revela como uma ameaça para a estabilidade e segurança das sociedades, ao enfraquecer as instituições e os valores da democracia, da ética, da justiça e ao comprometer o desenvolvimento sustentável do Estado Democrático de Direito."[9]

De fato, as organizações criminosas possuem lucros exorbitantes e não pagam impostos, deixando de contribuir com o bem-estar da população e causam efetivo ou potencial dano ao bem jurídico tutelado. Aparentemente não há nenhuma vantagem no crime organizado, conforme veremos no final num estudo de caso.

Edwin H. Sutherland em sua obra magistral *Princípios de Criminologia* fez um comentário esplêndido que pode ser tema de nossas indagações:

> "Quando uma sociedade ou grupo menor desenvolve um interesse unificado por crimes que afetam seus valores fundamentais e comuns, ela geralmente consegue eliminar ou pelo menos reduzir grandemente o crime."[10]

É o próprio Sutherland que explica o motivo da não mobilização pelo combate ao crime: os interesses pessoais ou individuais de pequenos grupos. Os interesses imediatos se sobrepõem aos assuntos de bem-estar ou justiça.[11]

9. Rascovski, Luiz. *Entrega vigiada. Meio investigativo de combate ao crime organizado*. São Paulo: Saraiva, 2013, p. 16.

10. Sutherland, Edwin H. *Princípios de criminologia*. Trad. Asdrubal Mendes Gonçalves. São Paulo: Livraria Martins Ed., 1949, p. 17.

11. Sutherland, Edwin H. *Princípios de criminologia*, cit., p. 16. "Desde que a cultura respeitadora da lei é dominante e mais extensiva, poderia ela sobrepujar o crime sistemático, se para esse fim se organizasse. Mas a sociedade organiza-se na maioria dos pontos em torno de interesse de indivíduos e de pequenos grupos. A pessoa acatadora da

Nesse sentido, o instituto a ser estudado – a *ação controlada* – mostra-se como um meio para investigar e auxiliar a justiça no combate ao crime organizado, mas deve ater-se ao compromisso com as garantias fundamentais conquistadas historicamente.

2. Designações

A *ação controlada* também é denominada de flagrante retardado, prorrogado, diferido ou postergado,[12] ou simplesmente entrega vigiada.[13] Há autores que fazem distinção entre *ação controlada* e entrega vigiada. Para aqueles que veem diferença, a *entrega vigiada* seria a investigação relacionada ao tráfico de drogas ou outros produtos proibidos (dinheiro, armas etc.), visando acompanhá-los na sua trajetória. Assim, para a concepção diferenciadora, a entrega vigiada seria mais específica, referindo-se a objeto físico, enquanto que a *ação controlada* seria mais ampla, por exemplo, abrangendo pessoas.[14] Outros autores mencionam que a *entrega controlada* seria diferente porque necessitaria de infiltração de agente, enquanto que *ação controlada* não precisaria de tal medida.[15] Este ponto não parece correto, pois é perfeitamente possível a instalação de um chip para acompanhar o produto ilícito e monitorá-lo sem um agente infiltrado. Por outro lado, vincular a *entrega vigiada* à atuação internacional e a *ação controlada* ao âmbito nacional, consoante faz parte da doutrina brasileira,[16] também não parece adequado, afinal, estar-se-ia restringindo uma investigação ampla, enquanto que os mecanismos internacionais de tratado e de polícia não o fazem. Afinal, a incidência do crime organizado não respeita fronteiras e a sua investigação deve

lei interessa-se mais pelos projetos pessoais imediatos, do que pelo abstrato bem-estar social ou pela justiça."

12. Oliveira, Alessandro José Fernandes de. *Estudos avançados de direito aplicado a atividade policial*. Rio de Janeiro: Lumen Juris, 2014, p. 141.

13. Baltazar Junior, José Paulo. *Crimes federais*. 6. ed. Porto Alegre: Livraria do Advogado, 2010, p. 528.

14. No sentido de que os institutos são diferentes: Rascovski, Luiz. *Entrega vigiada. Meio investigativo de combate ao crime organizado*. São Paulo: Saraiva, 2013, p. 75-77.

15. Rascovski, Luiz. *Entrega vigiada. Meio investigativo de combate ao crime organizado*. São Paulo: Saraiva, 2013, p. 80. O autor menciona interessante neste sentido a posição de Flávio Cardoso Pereira.

16. Neste sentido Rascovski, Luiz. *Entrega vigiada. Meio investigativo de combate ao crime organizado*. São Paulo: Saraiva, 2013, p. 80.

também transpô-las, ressalvando-se, é claro, o respeito dos acordos entre países e normas internacionais. Outro traço distintivo feito pela doutrina brasileira é o de que a *ação controlada* não dependeria de autorização judicial, enquanto que a *entrega vigiada* sim.[17] Este traço distintivo também não é fundamental, especialmente agora no direito brasileiro com a exigência legal de autorização prévia judicial, estabelecida na recente legislação que será adiante analisada. Também não parece que seja o caso de efetuar-se a distinção de ambos os institutos que são essencialmente equivalentes. Parece correto aceitar simplesmente a classificação doutrinária para gênero e espécie entre *ação controlada* e *entrega vigiada*,[18] respectivamente. A *ação controlada* tem mais abrangência e procura verdadeira radiografia da organização criminosa, não se restringindo a acompanhar apenas o objeto material do crime (droga, arma etc.), mas os passos criminosos da organização que envolvem delitos instantâneos, habituais ou permanentes. Desta maneira tem-se uma investigação mais completa e condizente com a gravidade e proporcionalidade das ações praticadas pela organização criminosa investigada.[19]

17. Rascovski, Luiz. *Entrega vigiada. Meio investigativo de combate ao crime organizado*. São Paulo: Saraiva, 2013, p. 83.

18. Para Rascovski que faz distinção entre os dois institutos, a *entrega vigiada* "(...) é a técnica de investigação consistente em permitir que remessas ilícitas ou suspeitas de entorpecentes ou outras substâncias proibidas circulem pelo território nacional, bem como dele saiam ou nele ingressem, sem interferência impeditiva da autoridade ou seus agentes, mas sob sua vigilância. Tudo com o fim de descobrir ou identificar as pessoas envolvidas no cometimento de algum delito de elevada gravidade, bem como prestar auxílio a autoridades estrangeiras nesses mesmos fins". Rascovski, *op. cit.*, p. 110 e 111.

19. Para Gomes, "O conceito de *ação controlada* é mais amplo, pois permite o controle e vigilância (observação e acompanhamento, no texto legal) de qualquer ação criminosa e não apenas a entrega vigiada de entorpecentes e de armas, pois é instrumento de largo espectro que pode ser utilizado na repressão de organizações criminosas ligadas ao contrabando e no pagamento ou recebimento de propina, na forma da Convenção das Nações Unidas contra a Corrupção...". Gomes, Rodrigo Carneiro. "A repressão à criminalidade organizada e os instrumentos legais: *ação controlada*". *Revista dos Tribunais*, vol. 858/2007, p. 455-464, abr. 2007, p. 24. Flávio Cardoso Pereira, com razão, não vê importância prática na distinção entre *ação controlada* e entrega vigiada. Pereira, Flavio Cardoso. "Meios extraordinários de investigação criminal: infiltrações policiais e entregas vigiadas controladas". *Ciências Penais,* vol. 6, p. 199-226, jan.-jun. 2007.

3. Origem

Equivalentes os conceitos, a *ação controlada* teria a sua origem recente, com abrangência internacional no Convênio de Schengen de 14 de junho de 1985, celebrado entre Alemanha, Bélgica, França, Luxemburgo e Holanda. A ideia inicialmente do acordo era tratar da livre circulação entre as pessoas dos conveniados, o que futuramente se estenderia para os países da Comunidade Europeia.[20] Mas neste contexto, foi também deliberada a *ação controlada* para acompanhar o tráfico de drogas. Cada país controlaria a ação em seu próprio território e a oportunidade de intervir ou não (artigo 73). Não havia especificação da forma de atuar.[21] No ano de 1988 a ONU promulgou a Convenção de Viena, objetivando combater o tráfico de drogas e mencionando expressamente a *entrega vigiada.*[22] O texto deixa claro que o mecanismo depende de previsão dos ordenamentos jurídicos de cada país, do acordo mútuo e cooperação internacional.[23] Contudo, foi um importante passo para o instituto em estudo, avançando-se um pouco mais sobre a definição de *entrega vigiada* relativamente ao Convênio de Schengen.[24] O Brasil recepcionou tal texto normativo da Convenção de Viena no ano de 1991.[25] Ampliando a matéria para além do tráfico de drogas, foi aprovada em Washington em 14 de novembro de 1997 a Convenção Interamericana contra a fabricação e o tráfico ilícito de armas de fogo, munições, explosivos e outros materiais correlatos.[26] No dia 15 de novembro de 2000 estabeleceu-

20. Rascovski, Luiz. *Entrega vigiada. Meio investigativo de combate ao crime organizado.* São Paulo: Saraiva, 2013, p. 87-88.

21. Rascovski, Luiz. *Entrega vigiada. Meio investigativo de combate ao crime organizado.* São Paulo: Saraiva, 2013, p. 87.

22. Artigo 1.º, 1.

23. Conforme artigo 11, incisos 1, 2 e 3.

24. Rascovski, Luiz. *Entrega vigiada. Meio investigativo de combate ao crime organizado.* São Paulo: Saraiva, 2013, p. 91.

25. Decreto 154, de 26.06.1991 e o Decreto Legislativo 162, de 14.09.1991, conforme Rascovski, Luiz. *Entrega vigiada. Meio investigativo de combate ao crime organizado.* São Paulo: Saraiva, 2013, p. 92.

26. "Participaram do encontro representantes de 22 países do continente, entre autoridades policiais, judiciais e militares, da Organização dos Estados (OEA) que, ao final assinaram a Declaração de Bogotá, como é conhecida a CIFTA". (Rascovski, Luiz. *Entrega vigiada. Meio investigativo de combate ao crime organizado.* São Paulo: Saraiva, 2013, p. 93). A Convenção Interamericana foi também recepcionada pelo Brasil por intermédio do Decreto n. 3.229, de 29 de outubro de 1999.

se a *Convenção de Palermo*. Também designada como *Convenção das Nações Unidas contra o Crime Organizado Transnacional* teve como escopo atingir o crime organizado no aspecto financeiro, combatendo a lavagem de dinheiro, a corrupção e até a responsabilização da pessoa jurídica.[27] O artigo 20, 4, tratou da *ação controlada* da seguinte forma:

> "As entregas vigiadas a que se tenha decidido recorrer em nível internacional poderão incluir, com o consentimento dos Estados Partes envolvidos, métodos como a interceptação de mercadorias e a autorização de prosseguir o seu encaminhamento, sem alteração ou após subtração ou substituição da totalidade ou de parte dessas mercadorias."

Consoante observa Rascovski, na *Convenção de Palermo* passou-se a tratar de toda e qualquer entrega ilícita ou suspeita.[28]

4. Conceito

Ação controlada é o meio de investigação policial no qual se deixa de efetuar a prisão em flagrante com o objetivo de acompanhar a conduta criminosa sigilosamente e desta forma ter conhecimento mais amplo de outros envolvidos e de outras provas e objetos ilícitos, conhecendo assim a estrutura criminosa de maneira mais abrangente[29] para, no final, proceder-se a responsabilização criminal mais estrita.

4.1 Conceito legal

Segundo a Lei que trata de organização criminosa no Brasil, a Lei 12.850 de 2013, no artigo 8.º, *caput*, a *ação controlada* consiste em

27. O Decreto 5.015, de 12 de março de 2004, aprovou no Brasil a Convenção de Palermo.

28. RASCOVSKI, Luiz. *Entrega vigiada. Meio investigativo de combate ao crime organizado*. São Paulo: Saraiva, 2013, p. 101.

29. A Convenção de Palermo conceitua como *entrega vigiada* "a técnica que consiste em permitir que remessas ilícitas ou suspeitas saiam do território de um ou mais Estados, os atravessem ou neles entrem, com o conhecimento e sob o controle das suas autoridades competentes, com a finalidade de investigar infrações e identificar as pessoas envolvidas na sua prática" (artigo 2.º, i).

"(...) retardar a intervenção policial ou administrativa relativa à ação praticada por organização criminosa ou a ela vinculada, desde que mantida sob observação e acompanhamento para que a medida legal se concretize no momento mais eficaz à formação de provas e obtenção de informações."

5. Requisitos legais

A Lei 12.850 estabeleceu os requisitos para a *ação controlada*:

a) Presença de autoridade policial ou administrativa.

b) Crime(s) praticado(s) por organização criminosa ou a ela conexo(s)

c) Comunicação prévia ao juiz competente.

d) Sigilo da comunicação (acesso restrito a Juiz, Ministério Público e Delegado de Polícia).

e) Elaboração de auto circunstanciado.

f) Se a *ação controlada* envolver transposição de fronteiras, deverá ocorrer a cooperação das autoridades dos países relacionados, com o objetivo de reduzir os riscos de fuga e extravio do produto, objeto, instrumento ou proveito do crime.[30]

g) Observação e acompanhamento da(s) conduta(s)

h) Planejamento e atuação da medida legal (prisão, busca etc.) no momento considerado mais oportuno para obtenção de provas e informações, desde que não se coloque em risco proibido pessoas, cuja atuação evitaria o perecimento (ver comentários adiante).

i) Pode-se acrescentar a estes requisitos a situação flagrancial, isto é, existir o estado de flagrante delito.[31]

6. Características

a) A existência de um delito em curso. A inexistência de crime ou de crimes em andamento descaracteriza a *ação controlada*. Não se pode afastar a ideia de crimes continuados, isto é, delitos da

30. Artigo 8.º e parágrafos da Lei 12.850/2013.

31. Oliveira, *op. cit.*, p. 141.

mesma espécie[32] reiterados pela organização criminosa, esperando-se o momento oportuno para implementar a intervenção definitiva, ainda que esta seja precedida de intervenções intermediárias sem que a organização criminosa perceba que está sendo investigada como um todo, *v.g.*, a polícia que investiga a organização apresenta-se numa determinada situação para realizar um flagrante (*v.g.* venda de drogas), mas faz tal intervenção por intermédio de uma ação 'isolada' ou acionando outros agentes policiais que não têm conhecimento da *ação controlada*. O objetivo de intervenções ocasionais é duplo: a) redução de danos causados pela organização criminosa e b) colheita de provas que demonstrarão de forma cabal a conduta criminosa.

b) O delito a ser investigado deve ser de elevada gravidade.

Não se pode monitorar qualquer suspeição, pois, caso contrário, estar-se-ia num estado totalitário.[33] O respeito à Democracia e aos direitos humanos está inserido na ideia de que somente condutas extremamente graves ou que se suspeitem como tal podem legitimar uma intervenção estatal tão forte quanto à *ação controlada*.

c) Deve existir finalidade útil, tal como a ampliação do conhecimento de quem são os partícipes.

d) Na fase de investigação não tem sentido o contraditório.[34]

e) O vício torna a prova ilícita e inadmissível em juízo.[35]

32. Ver art. 71 do Código Penal.

33. RASCOVSKI, *op. cit.*, p. 120.

34. RASCOVSKI, *op. cit.*, p. 117. Para o citado autor, com razão a entrega vigiada: "baseia-se no fator surpresa e, portanto, não prevê a comunicação do defensor do investigado quando a técnica for utilizada na fase de investigação; d) por essa cautelaridade, configurada pela surpresa, recai sobre fatos que, por sua fugacidade, dificilmente são reproduzidos em juízo; e) por seu intermédio recolhem-se elementos probatórios preexistentes ao procedimento de sua aquisição para o processo...". RASCOVSKI, *op. cit.*, p. 117.

35. RASCOVSKI, *op. cit.*, p. 117.

7. Espécies

Do estabelecido na Convenção de Viena,[36] depreendem-se três espécies de *ação controlada*: 1) *interdição*,[37] na qual a remessa é interrompida, supondo-se que os resultados pretendidos já foram obtidos ou então que há riscos para pessoas. Parece-nos evidente que a autoridade policial que acompanha a diligência pode decidir se é o caso de interrupção imediata do acompanhamento da atividade, por motivos e fundamentos que poderá posteriormente explanar para o juiz e ministério público. 2) *substituição*, em que pode ocorrer a permuta da carga ilegal por substância inócua, objetivando diminuir os riscos da operação tais como a distribuição do material ilícito.[38] Imagine-se uma quantidade grande de explosivos sendo transportada ou então de armamentos ou drogas.[39] Seria recomendável a avaliação de substituição por objetos inofensivos na primeira oportunidade, mantendo-se o acompanhamento do itinerário e das pretensões dos envolvidos. As armas e explosivos podem ser substituídos por simulacros inofensivos e a cocaína por farinha de trigo.[40] 3) *acompanhamento*, que é a observação do objeto ilícito até o seu destino final.[41]

36. O artigo 11, 3, da Convenção de Viena estabelece: "As remessas ilícitas, cuja entrega vigiada tenha sido negociada poderão, com o consentimento das Partes interessadas, ser interceptadas e autorizadas a prosseguir intactas ou tendo sido retirado ou subtraído, total ou parcialmente, os entorpecentes ou substâncias psicotrópicas que continham".

37. Rascovski menciona tal classificação, contudo não conferindo o sentido pleno da *ação controlada*, conforme é o nosso entendimento de ser esta mais ampla que a *entrega vigiada*, cit., p. 123 e 124.

38. Rascovski, *op. cit.*, p. 125.

39. Sobre a *ação controlada* na Lei de Drogas ver: Rangel, Paulo e Bacila, Carlos Roberto. *Comentários penais e processuais penais à Lei de Drogas*. 3. ed. São Paulo: Atlas, 2015. Sobre a aplicação da imputação objetiva na Lei de Drogas e o Concurso de Pessoas ver Bacila, Carlos Roberto. *Teoria da imputação objetiva no direito penal*. Curitiba: Juruá, 2011.

40. Ver Rascovski, *op. cit.*, p. 125.

41. Rascovski, *op. cit.*, p. 128.

8. Incidentes na ação controlada

8.1 Lesão ao bem jurídico: limites

A palavra "bom senso" parece ser muito bem aplicada para a *ação controlada*. Já comentamos sobre a importância de tal instituto para desvelar organizações criminosas. Preferimos utilizar a expressão "limites" à lesão ao bem jurídico, parta tentar sopesar o quanto pode esperar a polícia para agir. Não é tema fácil na prática.

Imaginemos um caso de extorsão mediante sequestro no qual a polícia descobre a identidade e atividade de três dos sequestradores e de mais dois partícipes que fazem a retenção das vítimas no cativeiro,[42] contudo, o local preciso onde se encontram os reféns é desconhecido. Temos nesta situação a localização de cinco criminosos num crime permanente, mas a situação recomenda evidentemente aguardar a localização das vítimas no cativeiro.

Entretanto, quando os reféns forem localizados, deixa de predominar a racionalidade da *ação controlada* que é a de descobrir mais autores, mais partícipes, maiores informações, pois a prioridade agora passa a ser o salvamento das vítimas.

Portanto, não se pode mais deixar os reféns correndo riscos de serem mortos, sob o pretexto de se aguardar mais dias para o descobrimento de outros envolvidos com os delitos.

Uma ação deliberadamente omissiva neste caso, no qual se poderiam evitar danos às vidas humanas, leva os agentes responsáveis à imputação por crime omissivo impróprio.

De outro lado, o que está fora do alcance físico dos policiais ou o que escapou de suas percepções não se lhes pode atribuir. Se os policiais atuam com o máximo de dedicação e fazem tudo que está ao seu alcance, mas mesmo assim o resultado negativo ou a lesão ao bem jurídico vida humana acontece, não se lhes cabe responsabilidade alguma.[43]

42. Sabe-se que os dois criminosos vigiam o cativeiro porque se ouviu diálogos deles, mas não se localizou ainda o cativeiro mesmo, por exemplo.

43. PRADO, Geraldo e DOUGLAS, William. *Comentários à Lei Contra o Crime Organizado*. Belo Horizonte: Del Rey, 1995, p. 52.

Mas vale lembrar que na *ação controlada* não se trata de simplesmente evitar a continuação do delito ou excluir de maneira absoluta a lesão ao bem jurídico, tendo em vista que é da natureza mesma da *ação controlada* eventuais perdas. O que está em discussão é o limite da lesão ao bem jurídico, fato este que deve ser sopesado, analisado sob a ótica da proporcionalidade e aceitação de tais perdas em prol de resultados muito mais importantes e efetivos no âmbito probatório e de combate ao crime. Palavras como razoabilidade, proporcionalidade, sopesamento de bens jurídicos, e, por que não dizer, bom senso, são cruciais nesta análise.

Nos delitos de criminalidade organizada ocorre, às mais das vezes a incidência de *interesses difusos*,[44] relacionados à maioria da população, o que caracteriza o sujeito indefinido. A falta de definição do sujeito não quer dizer que ele inexiste. No dizer de Fernandes há que se saber quem são os "possíveis destinatários da ação dos infratores".[45]

Quanto aos interesses coletivos, por fazerem parte de um grupo delimitado (pessoa jurídica, meio ambiente, urbanismo, proteção de dados, informática, economia etc.), nota-se que a tutela penal se faz por meio dos tipos de perigo abstrato, o que não descaracteriza a individualização do bem jurídico. Assim, em outras palavras, corresponderia ao tipo penal em questão, um bem jurídico individual e especificado.[46]

Por conseguinte, existe bem jurídico tutelado nos tipos relacionados à sociedade de risco, o que não impede que ele deva ser melhor estudado e definido.[47]

44. Esta expressão foi utilizada pela primeira vez no Direito Penal por Filippo Sgubbi, em 1975, na obra 'Tutela Penale di Interessi Difussi'. Nas palavras de Fernandes "interesses repartidos pela maioria da população (não pela totalidade, já vimos, caso em que estaríamos, não diante de interesses difusos mas sim do próprio interesse público), não pertencentes a ninguém em particular mas aos membros de uma determinada colectividade em geral, ou seja, da pessoa enquanto sujeito social indefinido mas definível". Fernandes, *op. cit.*, p. 87 e 88.

45. Fernandes, *op. cit.*, p. 87 e 88.

46. Fernandes, *op. cit.*, p. 94.

47. Fernandes, *op. cit.*, p. 96 e 97.

Néfi Cordeiro, Ministro do Superior Tribunal de Justiça, tratou do assunto sob o título de *A Postergação do Momento* da Prisão, manifestando-se da seguinte maneira:

> "Trata-se de autorização legalmente útil, já que prevê o Código de Processo Penal (CPP) o dever de prisão em flagrante, pela autoridade policial e seus agentes, o que pode fazer presumir seja infração funcional o retardo na prisão. Entendemos porém, que mesmo sem esse permissivo legal seria de todo razoável a ação policial que retarda a prisão para o momento de maior utilidade – seja pela reunião de maior número de envolvidos, seja pela mais abrangente coleta de provas. O dever de prender em flagrante não estaria negado, mas postergado por razão justa e moral, impossibilitando a caracterização de infração pela autoridade."[48]

Seria, assim, uma relativização do dever policial de atuar imediatamente, um *long haul* ao invés do *short strike* cotidiano.[49] Trata-se de medida pragmática e que deve ser implementada quando não ocorra riscos à vida dos envolvidos acima dos riscos habituais.

8.2 Direitos fundamentais em questão

Inobstante a sua importância e necessidade para os tempos atuais, a *ação controlada* deve sempre respeitar a legalidade e os direitos humanos. Algumas intervenções parecem bem fortes quando se refere à *ação controlada*: a interceptação de conversa telefônica, de correspondência e a invasão do direito à intimidade.[50] Para além das exceções razoáveis das garantias fundamentais, a Lei 12.850 de 2013 regulamentou a matéria e tornou a investigação por intermédio da *ação controlada* um legítimo meio de atuação policial para apuração da criminalidade organizada. Evidentemente que o controle judicial e do ministério público fortalecem as garantias democráticas, seguidas da defesa que, posteriormente à conclusão da investigação por intermédio da *ação controlada*, exercerá fiscalização sobre o atendimento estrito dos preceitos legais da investigação. No caso brasileiro não há

48. CORDEIRO, Néfi. *Tráfico internacional de entorpecentes*. Tese de Doutoramento. Curitiba: Setor de Ciências Jurídicas e Sociais da Universidade Federal do Paraná, 2000, p. 150.

49. BALTAZAR JUNIOR, José Paulo. *Crimes federais*. 6. ed. Porto Alegre: Livraria do Advogado, 2010, p. 529.

50. RASCOVSKI, *op. cit.*, p. 174.

dúvida de que os tratados internacionais foram incorporados no ordenamento jurídico por decretos e leis federais, atendendo plenamente às regras limpas da intervenção pública na esfera privada.

Com efeito, os preceitos normativos relacionados à investigação da *ação controlada* encontram amparo nos documentos internacionais e também no direito brasileiro. Contudo, sem nos estendermos neste assunto que é bastante tratado pela doutrina, há igualmente necessidade de ponderação e razoabilidade. A interceptação telefônica é regulamentada pela lei (9.296/1996) e deve ser empregada nos seus exatos termos. Por outro lado, se existe proteção à privacidade das correspondências, também existe a proibição nacional (Decreto 1.789, de 12 de janeiro de 1996) e internacional de envio de substâncias ilícitas. O extremo formalismo da proteção ao direito fundamental do sigilo epistolar poderia levar a polícia a não avisar o destinatário de uma correspondência de que ele receberá uma bomba ou um vírus letal. A proteção do sigilo das comunicações visa proteger a intimidade e a vida privada das pessoas, mas não garantir o livre trânsito de explosivos, venenos, vírus, drogas, animais silvestres, documentos contendo planos de atentados terroristas e contrabando. Nas regiões de fronteira é muito comum proibir-se a remessa de objetos para outras partes do país, como política criminal para evitar-se o contrabando e o descaminho.

8.3 Transposição de fronteiras

Se houver transposição de fronteiras, deverá ser procurada cooperação do país cujo percurso suspeito tenha a maior probabilidade de ocorrer, tanto para evitarem-se os riscos de perda do acompanhamento dos suspeitos ou fuga quanto para prover de legalidade a ação policial.[51]

8.4 Atuação policial: requisitos

Para poder levar adiante tarefa tão difícil quanto a vigilância prolongada de criminosos organizados, só se pode pensar em atuar com um conjunto de policiais bem preparados e sujeitos à disciplina

51. Leão, Rodrigo Claudio de Gouvea. *Legislação especial. Delegado federal*. Coord. Moacir Martini de Araújo. São Paulo: Rideel, 2014, p. 578.

espartana,[52] uma vez que seria inconcebível conduta displicente. Ao contrário, o órgão policial incumbido da *ação controlada* deve ter organização estratégica e tática e determinação bastante acima da média para superar os obstáculos imprevisíveis que podem surgir durante a operação.

Inobstante, a investigação da criminalidade organizada precisa sair dos moldes tradicionais que sobrecarrega um investigador com uma agenda cheia de casos para verificar o que ocorreu no passado. É necessário, no dizer de Célio Jacinto Santos "desenvolver um planejamento estratégico que contemple aspectos operacionais, financeiros, logísticos e humanos...". E a polícia deve "contar com recursos humanos e materiais similares às grandes organizações privadas e as empresas multinacionais".[53]

Por outro lado, o policial deve possuir conhecimento jurídico de seus limites, respeitando acima de tudo a legalidade e os direitos humanos. Seria impensável numa investigação de natureza sofisticada como é o caso da criminalidade organizada, atuar-se com violação da legalidade e abusos das garantias fundamentais.

8.5 Meios de apoio

Neste ponto, cabe a indagação: quais seriam os meios de apoio para a *ação controlada*? Como se pode acompanhar uma organização que está praticando crimes? A resposta mais sucinta é o acompanhamento por intermédio de vigilância à distância, como seria o caso de seguir um veículo que transporta drogas, para verificar o seu itinerário. Outra possibilidade, por exemplo, é a instalação de um chip no veículo. Outro meio ocorre por intermédio do agente infiltrado que acompanha parte das atividades da organização criminosa. Também não podem ser descartadas as escutas telefônica e ambiental. Note-se que todos estes meios devem estar amparados na legalidade que pressupõe o respeito aos direitos fundamentais e, consequentemente, aos direitos humanos.

52. Sobre o tema da disciplina como fator importante no preparo para enfrentar dificuldades extremas: Kellett, Anthony. *Motivação para o combate*. Trad. Delcy Doubrawa. Rio de Janeiro: Biblioteca do Exército, 1987, p. 151 e seguintes.

53. Santos, Celio Jacinto. *Investigação criminal especial: seu regime no marco do estado democrático de direito*. Porto Alegre: Nuria Fabris, 2013, p. 92.

8.6 Mecanismos internacionais

O artigo 2.º, *i*, da Convenção das Nações Unidas Contra a Corrupção estabelece:

> "Por 'entrega vigiada' se entenderá a técnica consistente em permitir que remessas ilícitas ou suspeitas saiam do território de um ou mais Estados, ou atravessem ou entrem nele, com o conhecimento e sob a supervisão de suas autoridades competentes, com o fim de investigar um delito e identificar as pessoas envolvidas em sua ocorrência."

O artigo 50, 1, da mesma Convenção classifica a *ação controlada* como *técnica especial de investigação* e a recomenda para *combate efetivo da corrupção.* O referido artigo ressalta que se deve atentar para os princípios e leis dos estados parte, contudo, podem-se considerar outras técnicas de investigação especial tais como vigilância eletrônica ou operações secretas.[54]

O artigo 50, 4, acrescenta:

> "Toda decisão de recorrer à entrega vigiada no plano internacional poderá, com o consentimento dos Estados Partes interessados, incluir a aplicação de métodos tais como interceptar bens e fundos, autorizá-los a prosseguir intactos ou retirá-los ou substituí-los total ou parcialmente."

8.7 Competência

Tanto Portugal quanto Espanha estabeleceram competência compartilhada entre a Polícia, o Ministério Público e o Judiciário para autorizar a *ação controlada.* A legislação da Espanha se assemelha à da França e da Itália no que se refere à possibilidade por parte da Polícia de autorização da *ação controlada* especificamente sobre as drogas, em concurso com os juízes. De uma maneira geral, na França

54. Na íntegra: "A fim de combater eficazmente a corrupção, cada Estado Parte, na medida em que lhe permitam os princípios fundamentais de seu ordenamento jurídico interno e conforme as condições prescritas por sua legislação interna, adotará as medidas que sejam necessárias, dentro de suas possibilidades, para prever o adequado recurso, por suas autoridades competentes em seu território, à entrega vigiada e, quando considerar apropriado, a outras técnicas especiais de investigação como a vigilância eletrônica ou de outras índoles e as operações secretas, assim como para permitir a admissibilidade das provas derivadas dessas técnicas em seus tribunais".

cabe à Autoridade Policial informar e obter então a autorização da *ação controlada* que deve ser proveniente do Procurador da República ou do Juiz. Na Argentina somente o Juiz pode autorizar a *ação controlada.*

9. Direito comparado

9.1 Portugal

O Direito português prevê a constituição de equipe de investigação policial para acompanhamento de investigações internacionais amparadas por acordos, tratados ou convenções para cooperar nas "entregas controladas" ou "vigiadas".[55]

9.2 Espanha

A Espanha alterou sua legislação logo após a Convenção de Viena. Regulou o instituto tanto no âmbito internacional como também no caso de *ação controlada* ocorrida exclusivamente dentro de seu território.[56] Sob o nome de *entrega vigiada* a legislação espanhola prevê no artigo 263-bis da *Ley de Enjuiciamiento Penal* a possibilidade do juiz, ministério público ou chefe de polícia judiciária autorizar a entrega vigiada de drogas ou *ação controlada* para bens que afetem o meio ambiente, falsificação de moeda ou armas e explosivos ou receptação e lavagem de dinheiro (artigos 301 a 304, 368 a 373 332, 334, 386, 566, 568 e 569 do Código Penal Espanhol). Conforme já dissemos a Espanha tem a competência conjunta da Polícia, do Ministério Público e do Judiciário para autorizar a *ação controlada.*

55. Valente, Manuel Monteiro Guedes. *Teoria geral do direito policial.* 2. ed. Coimbra: Almedina, 2009, p. 524 e 525. A previsão é do artigo 160-A, da Lei de Cooperação Internacional em Matéria Penal, inserido pelo artigo 6.º da Lei 104/2001: "1 – Pode ser autorizada caso a caso, pelo Ministério Público, perante o pedido de um ou mais Estados estrangeiros, nomeadamente se previsto em instrumento convencional, a não actuação dos órgãos de polícia criminal, no âmbito de investigações criminais Transfronteiriças relativas a infrações que admitam extradição com a finalidade de proporcionar, em colaboração com o Estado ou Estados estrangeiros, a identificação e responsabilização criminal do maior número de agentes da infracção." Valente, *op. cit.*, p. 524-525.

56. Rascovski, *op. cit.*, p. 141-148.

9.3 França

Na França também existe a previsão da *ação controlada* (*livraisons surveillées*) relacionada ao tráfico de drogas, permitindo a atuação da autoridade de fronteira (aduana) e de saúde pública e de polícia judiciária, devendo-se o oficial comunicar o Ministério Público.[57]

9.4 Itália

A Lei italiana 146, de 16 de março de 2006, estabeleceu em seu artigo 9.º, para crimes tais como lavagem de dinheiro, relacionados a armas e explosivos, imigrações e terrorismo, a possibilidade de *ação controlada*, mediante comunicação prévia ao Ministério Público e informações breves sobre o curso da investigação. O nome dos policiais deve ser revelado e terceiros não policiais também podem ser empregados pela Polícia. O Decreto presidencial 309, de 9 de outubro de 1990 já tratava do acompanhamento de drogas, incluindo a cooperação internacional. Incumbe-se ao juiz o poder de atrasar a intervenção de maneira fundamentada. A Autoridade Policial pode autorizar o retardamento da intervenção relacionada ao tráfico de drogas, contudo, num prazo máximo de quarenta e oito horas deverá comunicar o juiz.[58]

9.5 Argentina

A legislação argentina também prevê a *ação controlada*, conferindo ao juiz o poder de autorizar ou até permitir a saída da substância controlada (drogas) para o país de destino.[59]

9.6 Alemanha

Na Alemanha a lei para o combate às organizações criminosas, de 15.07.1992 inseriu os parágrafos 110a e 110b no Código de

57. Lei 91-1264, de 19 de dezembro de 1991 e Decreto 92-696, de 20 de julho de 1992.

58. Rascovski, *op. cit.*, p. 156.

59. Lei 24.424/1995.

Processo Penal, regulamentando o agente infiltrado.[60] Não há regulamentação da *ação controlada*, mas se trata de medida adotada de forma discricionária pelas autoridades de persecução criminal.[61] As instruções policiais estão atribuídas nos artigos 161 a 163 do Código de Processo Penal. Em princípio, a polícia deve agir assim que tenha conhecimento da infração penal, conforme determinam as normas processuais. Johan Peter Wilhelm Hilger considera a *ação controlada* como indispensável ferramenta para a investigação do crime organizado no âmbito internacional.[62] Segundo Hilger, o princípio da intervenção rápida não especifica as medidas a serem adotadas, salvo se houver perigo para o bem protegido. O importante é que a responsabilização criminal ocorra, mas a exata medida de como intervir não está especificada na lei e depende de questões táticas da investigação. Portanto, Hilger não vê contradição, mas sim complementação entre a *ação controlada* e a obrigatoriedade da intervenção. Ainda segundo o ex-chefe da Divisão do Sistema Judicial do Ministério Federal da Justiça na Alemanha, uma intervenção muito precoce pode trazer prejuízos à investigação. Hilger enuncia os casos em que não é recomendável atuar com a *ação controlada*: a) quando a implementação da *ação controlada* possa ser muito perigosa para os policiais envolvidos; b) quando possa colocar em risco os bens que estão sendo transportados, como no caso de tráfico de seres humanos; c) quando já houver identificação dos líderes envolvidos; d) quando houver outros meios de descoberta da organização criminosa. Recomenda também Hilger que os objetos e pessoas possam ser acessados a qualquer tempo.[63] Luiz Rascovski resumiu assim as exigências do Direito alemão para a *ação controlada*:

> "a) deve ser utilizada somente no enfrentamento de delitos graves; b) não deve ser realizada sem que haja compradores; c) deve ser garantida a possibilidade de detenção ou de perseguição em qualquer momento; d) são proibidas as vendas encobertas

60. MENDRONI, Marcelo Batlouni. *Curso de investigação criminal.* 3. ed. São Paulo: Atlas, 2013, p. 123.

61. HILGER, Johan Peter Wilhelm. Controlled Delivery <http://www.unafei.or.jp/english/pdf/RS_No58/No58_10VE_Hilger1>.

62. HILGER, Johan Peter Wilhelm. Controlled Delivery <http://www.unafei.or.jp/english/pdf/RS_No58/No58_10VE_Hilger1>.

63. HILGER, Johan Peter Wilhelm. Controlled Delivery <http://www.unafei.or.jp/english/pdf/RS_No58/No58_10VE_Hilger1>.

com perigo de desaparecimento das drogas; e e) a ela se aplica o princípio da subsidiariedade."[64]

Evidentemente que tais prescrições são metas a serem seguidas, mas será que são plenamente executáveis na prática? Parece necessário estudar mais casos concretos de execução e verificar no campo as suas dificuldades reais antes de formular regras que podem ser inexequíveis na sua totalidade. De qualquer forma, as recomendações para a aceitação alemã da *ação controlada* relativamente aos estados parceiros parecem bastante razoáveis: a) assegurar o monitoramento permanente; b) assegurar o empenho na investigação dos transportadores, cabeças e compradores, apreender as drogas, armas, objetos roubados e levar adiante até a provável condenação dos criminosos e c) informar continuamente as autoridades alemãs envolvidas no procedimento.[65]

10. Estudo de caso

A seguir faremos um breve estudo de caso procurando abordar no seu relato a maioria dos temas tratados até este ponto. Para tratar deste assunto somente abordaremos questões já divulgadas pela imprensa protegendo completamente a identidade dos envolvidos.

A investigação teve início quando uma testemunha admitiu que emprestou seu nome como "laranja" para a formação de uma empresa que adquiria carvão vegetal ilegal do Estado do Paraná de uma das poucas regiões onde ainda havia uma pequena área de mata nativa. Após uma investigação preliminar constatou-se que os empresários de duas cidades ligadas na região compravam de produtores artesanais, disseminados na região, permanentemente, enormes quantidades de carvão e remetiam para Santa Catarina o produto vegetal ensacado para um depósito. Em seguida, distribuía-se o carvão para os mercados do sul.

Ora, os delitos previstos na Lei de Crimes Ambientais, praticados reiteradamente, configuravam delitos continuados. Tais condutas poderiam em tese gerar a autuação em flagrante por conta

64. Rascovski, *op. cit.*, p. 161.

65. Hilger, Johan Peter Wilhelm. Controlled Delivery <http://www.unafei.or.jp/english/pdf/RS_No58/No58_10VE_Hilger1.pdf>.

da previsão da Lei de Crimes Ambientais (Lei 9.605/1998), afinal os pequenos produtores de carvão e os adquirentes estavam suscetíveis da detenção e autuação em flagrante.

Contudo, se houvessem abordagens naquele momento, as pessoas autuadas estariam sujeitas às sanções leves do Juizado Especial Criminal (Lei 9.099/1995) e condutas mais graves não seriam esclarecidas, tais como: porque o depósito de carvão de Santa Catarina possuía documentação suficiente para todo o carvão armazenado, com DOF's (Documento de Origem Florestal) que indicavam que o carvão ali armazenado (muitas toneladas) seria proveniente do Paraguai? Quem estaria fornecendo os créditos DOF's de carvão importado ilegalmente? O que estaria ocorrendo com o carvão realmente importado? Qual a extensão do prejuízo ambiental?

Portanto, era necessário verificar a fundo o que estava acontecendo, sem simplesmente sair autuando pequenos infratores.

Ora, numa primeira avaliação do caso, tem-se em tela a potencialidade lesiva ao meio ambiente, mediante o risco de extinção de espaços verdes nativos, mas também a administração pública está vulnerável no aspecto de aquisição fraudulenta de créditos ambientais (DOF's), além, é claro, da lavagem de dinheiro e falta de contribuição para o fisco.

Diante deste quadro de suspeita de que o carvão armazenado em Santa Catarina era completamente produzido no Paraná, representou-se judicialmente pela *ação controlada*, sob as formas cabíveis, isto é, escuta telefônica, vigilância policial de perto e outros mecanismos viáveis durante a investigação. Encaminhado o procedimento ao MPF, foi proferido parecer favorável e as medidas foram deferidas.

Durante meses houve o acompanhamento das condutas dos suspeitos. Num dado momento julgou-se conveniente uma abordagem por amostragem para coletar provas. Outra finalidade tão importante quanto a coleta de provas é a diminuição dos riscos que, no caso concreto se caracteriza pela lesão efetiva ao meio ambiente que estava em curso.

Então, com a abordagem encoberta sob o manto da 'aleatoriedade' e eventualidade, efetuaram-se algumas detenções e apreensões e encaminhamento para a Delegacia local, sem que nem mesmo estes policiais soubessem que a *ação controlada* estava em curso. De fato, após a perda considerável de patrimônio ilegal (carga, caminhão etc.) os suspeitos diminuíram a atividade ilegal.

Esta medida foi útil para comprovar muitos fatos, mas ainda não possibilitava a ligação entre a aquisição do carvão ilegal e os créditos de importação (DOF's).

A *ação controlada* prosseguiu e conseguiu algumas semanas depois colher mais alguns indícios. Na fase final, novas medidas foram requeridas e desta maneira foi comprovado que uma pessoa X promovia, inicialmente, a importação legal de carvão do Paraguai, recebia DOF's de um órgão público federal (Ibama) e, em seguida, ao invés dos créditos ambientais acompanharem as cargas, ao contrário, tomavam rumo distinto: a) a carga era distribuída em locais que aceitavam o carvão sem documentação (mercados de carvão para churrasco ou para fornos de usinas no Mato Grosso do Sul, Goiás ou outros estados).

b) a documentação da carga de carvão era vendida para os empresários do Paraná que a utilizavam para documentar o carvão obtido através da derrubada de toneladas de árvores nativas do Paraná.

Destarte, a *ação controlada* possibilitou por intermédio do "controle" dos flagrantes e da observação cautelosa, a apuração de delitos muito mais graves (art. 299 do Código Penal, art. 2.º, da Lei 12.850/2013 e outros) e proteção mais abrangente do meio ambiente e da administração pública (utilização de produtos ilícitos em vários estados, documentos legais utilizados para adulterar devastação da mata nativa, mão de obra empregada com trabalho análogo ao de escravo etc.). Ressalte-se que em todos os passos da investigação acima mencionados foram respeitadas todas as garantias fundamentais: em nenhum momento excedeu-se os limites legais e constitucionais, porém, a defesa de interesses públicos sobrepôs-se às barreiras individuais de interesses criminosos. Este signatário também ouviu do mentor das atividades prejudiciais ao meio ambiente que a partir daquele momento passaria a trabalhar respeitando as regras ambientais.

11. Conclusão

A *ação controlada* é instituto legitimado por documentos internacionais acordados entre diversos países que procuram combater com eficácia o crime organizado. Por outro lado, tais países regulamentaram internamente a *ação controlada*.

Constitui-se mecanismo fundamental para, ao postergar a autuação do flagrante delito e acompanhar a atividade criminosa de maneira ampla, efetuar verdadeira radiografia da organização criminosa, tutelando com profundidade os bens jurídicos envolvidos.

Inobstante, em nenhuma hipótese se pode transigir com os direitos humanos e o procedimento da *ação controlada* deve observar a legalidade em todas as fases de implementação. Contudo, a proteção da intimidade e da privacidade não podem constituir escudo para a prática de crimes de elevada gravidade, afinal, em se tratando de *ação controlada*, somente crimes extremamente graves podem ser o foco da sua implementação, pois o aparato envolvido e os riscos para os policiais não são compatíveis com investigação de delitos inexpressivos.

No estudo de caso, pode-se vislumbrar melhor detalhes da *ação controlada* que o estudo puramente teórico não atinge. Por outro lado, no estudo ora apresentado, constatou-se a importância na tutela ambiental e da administração pública.

Bibliografia

ANITUA, Gabriel Ignacio. *Histórias dos pensamentos criminológicos*. Trad. Sérgio Lamaran. Rio de Janeiro: Revan, 2008.

BACILA, Carlos Roberto. *A vida de Dale Carnegie e sua filosofia de sucesso*. Curitiba: Belton, 2012.

_____. *Criminologia e estigmas: um estudo sobre os preconceitos*. 4. ed. São Paulo: Atlas, 2015.

_____. *Teoria da imputação objetiva no direito penal*. Curitiba: Juruá, 2011.

_____. *The Life of Dale Carnegie and his Philosophy of Success*. New York: Amazon, 2015.

BALTAZAR JUNIOR, José Paulo. *Crimes federais*. 6. ed. Porto Alegre: Livraria do Advogado, 2010.

COELHO, Luiz Fernando. *Helênia e Devília: Civilização e barbárie na saga dos direitos humanos*. Curitiba: Bonijuris, 2014.

CORDEIRO, Néfi. *Tráfico internacional de entorpecentes*. Tese de Doutoramento. Curitiba: Setor de Ciências Jurídicas e Sociais da Universidade Federal do Paraná, 2000.

FERNANDES, Paulo Silva. *Globalização, "Sociedade de risco" e o futuro do direito penal. Panorâmica de alguns problemas comuns*. Coimbra: Almedina, 2001.

GARIBALDI, Gustavo E.L. *Efeitos da Videovigilância e outras técnicas de rastreamento de pessoas. Prevenção ou Sofisticada Modalidade de Aumento de Repressão Seletiva? Processo Penal, Constituição e Crítica. Estudos em Homenagem ao Prof. Dr. Jacinto Nelson de Miranda Coutinho*. Rio de Janeiro: Lumen Juris, 2011.

GOMES, Rodrigo Carneiro. "A repressão à criminalidade organizada e os instrumentos legais: ação controlada". *Revista dos Tribunais,* vol. 858/2007, p. 455-464, abr. 2007.

HILGER, Johan Peter Wilhelm. *Controlled Delivery. in:* <http://www.unafei.or.jp/english/pdf/RS_No58/No58_10VE_Hilger1.pdf>.

IRONS, Peter. *A People's History of The Supreme Court*. New York: Penguin Books, 1999.

KELLETT, Anthony. *Motivação para o combate*. Trad. Delcy Doubrawa. Rio de Janeiro: Biblioteca do Exército, 1987.

MENDRONI, Marcelo Batlouni. *Curso de investigação criminal*. 3. ed. São Paulo: Atlas, 2013.

LEÃO, Rodrigo Claudio de Gouvea. *Legislação especial. Delegado Federal*. Coord.: Moacir Martini de Araújo. São Paulo: Rideel, 2014.

PEREIRA, Flavio Cardoso. "Meios extraordinários de investigação criminal: infiltrações policiais e entregas vigiadas controladas". *Ciências Penais,* vol. 6, p. 199-226, jan.-jun. 2007.

PRADO, Geraldo e DOUGLAS, William. *Comentários à Lei Contra o Crime Organizado*. Belo Horizonte: Del Rey, 1995.

RANGEL, Paulo e BACILA, Carlos Roberto. *Comentários penais e processuais penais* à Lei de Drogas. 3. ed. São Paulo: Atlas, 2015.

RASCOVSKI, Luiz. *Entrega vigiada. Meio investigativo de combate ao crime organizado*. São Paulo: Saraiva, 2013.

ROCHA JUNIOR, Francisco do Rego Monteiro. *Criminalização dos delitos econômicos: um direito penal igual para todos. Processo penal, Constituição e crítica. Estudos em homenagem ao Prof. Dr. Jacinto Nelson de Miranda Coutinho*. Rio de Janeiro: Lumen Juris, 2011.

SANTOS, Celio Jacinto. *Investigação criminal especial: seu regime no marco do Estado Democrático de Direito*. Porto Alegre: Nuria Fabris, 2013.

SUTHERLAND, Edwin H. *Princípios de criminologia*. Trad. Asdrubal Mendes Gonçalves. São Paulo: Livraria Martins Ed., 1949.

VALENTE, Manuel Monteiro Guedes. *Teoria geral do direito policial*. 2. ed. Coimbra: Almedina, 2009.

Anexo[66]

PF e Ibama deflagram operação para proteger matas nativas no sul do Paraná

(Foto: Divulgação/PF)

Operação Santa Clara foi deflagrada às 6h desta quinta (11) no Estado. PF cumpriu mandados judiciais em União da Vitória e em Cruz Machado (do *G1* PR).

66. <http://g1.globo.com/pr/campos-gerais-sul/noticia/2015/06/pf-e-ibama-deflagram-operacao-para-proteger-matas-nativas-no-sul-do-pr.html>.

PF investiga grupo suspeito de transformar árvores em carvão

"A Polícia Federal (PF), em conjunto com o Instituto Brasileiro do Meio Ambiente e dos Recursos Renováveis (Ibama), deflagrou a Operação Santa Clara, em União da Vitória e em Cruz Machado, no sul do Paraná, às 6h desta quinta-feira (11). O objetivo é proteger as últimas matas nativas da região.

Segundo a PF, investigações mostraram que árvores eram arrancadas das matas nativas da região de União da Vitória e transformadas em carvão.

Em seguida, de acordo com a polícia, os suspeitos burlavam as fiscalizações com documentos falsos, que diziam que o produto tinha vindo Paraguai, e, assim, conseguiam transportar o item pelas rodovias.

A operação contou com a participação de quase 40 policiais federais, além de 20 agentes do Ibama, para o cumprimento de 15 mandados judiciais – 10, de condução coercitiva e 5, de busca e apreensão. Os mandados foram cumpridos nas duas cidades do Paraná e também em Joinville, em Santa Catarina.

Durante o cumprimento dos mandados judiciais, um homem foi preso em flagrante por porte ilegal de arma de fogo. Entretanto, ele foi liberado logo após pagar fiança. Ao longo das investigações, foram apreendidos vários documentos falsos, além de caminhões e toneladas de carvão."

CAPÍTULO 4

DADOS CADASTRAIS NA LEI 12.850

RENATO STANZIOLA VIEIRA

RESUMO: Este artigo trata do acesso por entes públicos e privados aos dados cadastrais em processos penais afetos ao crime organizado no Brasil. Aborda também o dever de guarda de dados para serem acessados por agências da persecução penal. Deu-se atenção à escolha legislativa a partir da perspectiva da política criminal determinada pela Constituição brasileira. Assumiu-se que dados cadastrais fazem parte do catálogo brasileiro de direitos fundamentais. O artigo analisou o processo constituinte e, depois, do processo legislativo que redundou na Lei 12.850/2013. Ao final, seja pela opção da Constituição brasileira – sujeita a críticas -, seja pela configuração infraconstitucional, sustentou-se que o tema foi objeto do duplo equívoco: primeiro, o problemático tratamento desses dados (art. 5.º, XII, da Constituição brasileira); depois, a falta de critérios de motivação, controle, prazo, consentimento e acesso ao titular dos dados quanto à sua entrega e uso aos agentes da persecução penal (art. 5.º, X, da Constituição brasileira).

Apresentação do tema

O tratamento dos dados cadastrais na Lei 12.850/2013 deve ter como ponto de partida e de chegada a imbricação entre direito constitucional e direito processual penal. Isso possibilita ir além de cogitações tão superficiais quanto erráticas,[1] atinentes à exigência ou não, por exemplo, de "reserva de jurisdição"[2] na matéria.

1. Luiz Costa. *A Brief Analysis of Data Protection Law in Brazil.* Report presented to the Consultative Committee of the Convention for the Protection of Individuals with Regard to Automatic Processing of Personal Data (T-PD), jun. 2012, p. 8. Artigo disponível em <http://www.coe.int/t/dghl/standardsetting/dataprotection/tpd_documents/Report%20(June%204th%202012)%20-%20A%20brief%20analysis%20of%20DP%20in%20Brazil%20(updated%20version).pdf>. Acesso em 13.10.2014. O autor menciona o aspecto 'errático' do problema ao constatar que malgrado informações financeiras só possam ser devassadas no contexto de processo em andamento, leis esparsas permitem que o Banco Central, o Congresso Nacional (por suas comissões), a Receita Federal, a Advocacia-Geral da União e o Ministério Público tenham acesso a tais dados sem o consentimento do titular dos dados. Além disso, menciona-se o argumento de que o direito à privacidade pode ser sempre relativizado quando em conflito com outros valores como os da investigação criminal, interesse público e proteção da honra.

2. No Brasil, ver a respeito: Fernanda Regina Vilares (*Processo penal. Reserva de jurisdição e CPIs.* São Paulo: Onixjur, 2012, p. 66); Juliana Garcia Belloque (*Sigilo bancário. Análise crítica da Lei 105/2001.* São Paulo: Revista dos Tribunais, 2003, p. 121). O Superior Tribunal de Justiça, em caso de execução penal, apontou que dados cadastrais (aliados a dados fiscais e bancários), assim como registros de viagens, não prescindem de prévia autorização judicial (STJ, REsp 1.133.877, 6ª T., rel. Min. Néfi Cordeiro, *DJe* 02.09.2014). Em outra oportunidade, em caso que versava sobre acesso direto a dados bancários, apontou que "permitir essa prática ao alvedrio da autoridade fazendária ocasionaria inaceitável concentração de poder por legitimar que o mesmo órgão fosse, a um só tempo, responsável pela investigação, parte na relação jurídico-tributária e ordenador da quebra do sigilo bancáriocesso 8Personal Data (T-PD). ative Committee of the Convention for the Protection of Individuals with Regard to Automatic Proc". Cobrou-se, ali, clara reserva de jurisdição na "hipótese de afastamento do sigilo de dados – no caso, do sigilo bancário" (STJ, REsp 1.361.174, 5ª T., rel. Marco Aurélio Bellizze, *DJe* 10.06.2014). O Supremo Tribunal Federal enfrentou o tema do sigilo de dados ao analisar, outra vez, a questão do sigilo bancário. E, na decisão havida por seu órgão plenário, prevaleceu o entendimento de que assim como se dá com a interceptação telefônica, o acesso a "dados" deve se amparar em prévia autorização judicial (RE 389.808, rel. Min. Marco Aurélio, *DJe* 10.05.2011). O Tribunal Regional Federal da 3ª Região, em acórdão lavrado aos 05.02.2015, com menção ao precedente do STF, entendeu que "o sigilo bancário, compreendido pelo sigilo de dados, à luz da norma constitucional é direito individual protegido, somente podendo ser violado em casos excepcionais" e, por isso, cobrou a prévia apreciação judicial de seu levantamento (ApCiv 0015152-82.2012.4.03.6100, 3ª T., rel. Des. Diva Malerbi).

Assim se pode provar a pertinência da lição segundo a qual, com variações conforme os autores, o direito processual penal é direito constitucional concretizado.[3] O que está em questão é a conformação do Estado brasileiro, isto é, uma escolha política.[4]

Este estudo aborda o tema a partir das discussões na Assembleia Nacional Constituinte de 1987/1988 (doravante *ANC*) e do processo legislativo infraconstitucional que redundou na redação aos artigos 15 a 17, da Lei 12.850/2013.[5]

Cuida-se do tema a partir do ponto de vista de política criminal,[6] inclusive porque a escolha legislativa prevê no art. 15 da Lei 12.850/2013 não só o acesso direto aos dados cadastrais sem a reserva de jurisdição, como também amplia o destinatário do poder requisitório do qual desfrutam Delegados de Polícia e representantes do Ministério Público ao órgão público de armazenamento (Justiça Elei-

3. Claus ROXIN lembra que o processo penal é o "sismógrafo da Constituição do Estado" (*Derecho Procesal Penal.* Trad. da 25. ed. alemã de Gabriela E. Córdoba e Daniel Pastor, revisada por Julio Maier. Buenos Aires: Del Puerto, 2000, p. 10, tradução livre). Jorge de Figueiredo Dias lembra a passagem de H. Henkel, de acordo com a qual o processo penal é "verdadeiro direito constitucional aplicado". (*Direito processual penal.* 1974. Reimpressão. Coimbra: Coimbra Ed. 2004, p. 74).

4. Stefan TRECHSEL aponta que o tema é de natureza prevalentemente política (*Human Rights in Criminal Proceedings.* With the assistance of Sarah J. Summers. Oxford: Oxford University Press. 2006, pp. 535 e 555). Também: Winfried HASSEMER ("Procesamiento de datos y protección de datos". *El Derecho a la autodeterminación informativa y los retos del procesamiento automatizado de datos personales.* Winfried Hassemer e Alfredo Chirino Sánchez (coords.). Buenos Aires: Editores del Puerto, 1997, p. 8).

5. "Art. 15. O delegado de polícia e o Ministério Público terão acesso, independentemente de autorização judicial, apenas aos dados cadastrais do investigado que informem exclusivamente a qualificação pessoal, a filiação e o endereço mantidos pela Justiça Eleitoral, empresas telefônicas, instituições financeiras, provedores de internet e administradoras de cartão de crédito. Art. 16. As empresas de transporte possibilitarão, pelo prazo de 5 (cinco) anos, acesso direto e permanente do juiz, do Ministério Público ou do delegado de polícia aos bancos de dados de reservas e registro de viagens. Art. 17. As concessionárias de telefonia fixa ou móvel manterão, pelo prazo de 5 (cinco) anos, à disposição das autoridades mencionadas no art. 15, registros de identificação dos números dos terminais de origem e de destino das ligações telefônicas internacionais, interurbanas e locais."

6. É latente na equação entre poder e limite do direito de punir a delimitação do poder do Estado. Assim: Geraldo PRADO. *Prova penal e sistema de controles epistêmicos. A quebra da cadeia de custódia das provas obtidas por métodos ocultos.* São Paulo: Marcial Pons, 2014, pp. 49-51.

toral) e a pessoas jurídicas de direito privado (empresas telefônicas, instituições financeiras, provedores de internet e administradoras de cartão de crédito). Trata-se, pois, não só dos dados colhidos "pelos" órgãos públicos de persecução, mas também os colhidos, em alguma medida, "para" eles.

1.1 Justificativa da abordagem a partir da fundamentalidade do direito

Ainda a justificar a introdução, sustenta-se que os dados cadastrais fazem parte de rol de direitos fundamentais, no desenvolvimento da teoria do direito constitucional.

Se isso é inquestionável do ponto de vista da evolução em seu tratamento que se pode notar no cenário europeu,[7] declarações ibero-americanas específicas tomam a proteção de dados pessoais como inerentes ao exercício dos direitos fundamentais da intimidade e da privacidade.[8]

7. HASSEMER (*Procesamiento de datos...*, cit., p. 5); Gloria González FUSTER (*The Emergence of Personal Data Protection as a Fundamental Right of the EU.* Switzerland: Springer International Publishing. 2014, p. 4); Mónica Arenas Ramiro (*El Derecho Fundamental a la Protección de Datos Personales en Europa.* Valencia: Tirant lo Blanch. 2006); Maria TZANOU. ("Data Protection in EU Law: an analysis of the EU Legal framework and the ECJ Jurisprudence". *Personal Data Privacy and Protection in a Surveillance Era. Technologies and Practices.* Cristina Akrivopoulou (Democritus University or Thrace, Greece); Athanasios Psygkas (Yale Law School) – eds. Information Science Reference: Hershey, New York. 2011, p. 275); Patricia Esquinas VALVERDE (*Protección de Datos personales en la Policía Europea.* Valencia: Tirant lo Blanch. 2010, p. 20). Publicação específica da Agência dos Direitos Fundamentais da União Europeia (FRA) e do Conselho da Europa, em conjunto com a Secretaria do Tribunal Europeu dos Direitos do Homem, menciona que com o advento do Tratado de Lisboa (2009), a proteção dos dados pessoais passou a ser tido como direito fundamental autônomo (*Manual da Legislação Europeia sobre Proteção de Dados.* Agência dos Direitos Fundamentais da União Europeia; Conselho da Europa. Luxemburgo. 2014, p. 3).

8. O tratamento europeu da matéria não se reflete em julgados da Corte Interamericana de Direitos Humanos (Laurence BURGORGUE-LARSEN e Amaya Úbeda de TORRES. *The inter-american Court of Human Rights. Case law and Commentary.* Oxford: Oxford University Press. 2011, pp. 546 e ss.). Ainda assim, ecoa em algumas legislações. O Uruguai, com a Lei 18.331, de 11.08.2008 e com o Decreto 414/09, de 31.08.09, adequou-se aos ditames da Diretiva 95/46, do Conselho de Ministros da Europa. A Argentina, com a lei de proteção aos dados pessoais 25.326, de 30.10.2000, seguiu os ditames da aludida diretiva europeia. O mesmo aconteceu com o Chile, com

A propósito das últimas, o diretor da *Red Iberoamericana de Protección de Datos,* José Luis Piñar Mañas, apontou que a proteção de dados pessoais é um direito fundamental[9] e a Declaração de Santa Cruz de la Sierra expressamente, em seu item 45, tomou aludida proteção como direito fundamental.[10]

Isso convida a que se faça a reflexão à luz de um cenário ligado à tendência do processo penal preventivo, como modelo pautado por uso tendencialmente limitador do exercício de direitos fundamentais do conceito de "segurança", e seus reflexos nas relações dos cidadãos entre si e perante o Estado.[11]

Já em 1995, antes das ideias de *prevenção* e *segurança* terem se constituído em tão importantes campos de estudo para a política criminal e o processo penal, Hassemer apontava que "aos cidadãos importa pouco a liberdade se eles podem trocá-la por segurança. O Estado fortemente controlador sabe que quase todos os cidadãos estão ao seu lado, apenas deve colocar sua oferta 'troco liberdade por segurança' de uma maneira calma, controlada e ao alcance".[12]

a Lei 20.575, de 14.02.2012. No cenário comunitário latino-americano, a Declaração de Antigua (Guatemala), de 06.06.2003, sinalizou preocupação comum dos países participantes (Argentina, Brasil, Chile, Colômbia, Costa Rica, Equador, El Salvador, Espanha, Guatemala, México, Nicarágua, Paraguai, Peru, Portugal e Uruguai) quanto à proteção de dados pessoais. Da mesma forma, a Declaração de Santa Cruz de la Sierra, de 14 e 15 de novembro de 2003, a Declaração de Cartagena das Índias, de 25 a 28 de maio de 2004 e a Declaração do México, de 2 a 4 de novembro de 2005. A respeito: *La Red Iberoamericana de Protección de Datos. Declaraciones y documentos. Declarations and Documents.* Director José Luis Piñar Mañas. Coord. Ma. Ángeles Montull Cremades. Valencia: Tirant lo Blanch, 2006.

9. *La Red Iberoamericana...*, cit., p. 9.

10. "Estamos também conscientes de que a protecção de dados pessoais é um direito fundamental das pessoas e destacamos a importância das iniciativas reguladoras iberoamericanas para proteger a privacidade dos cidadãos, contidas na Declaração de Antigua, pela qual se cria a Rede Ibero-Americana de Protecção de Dados, aberta a todos os países da nossa Comunidade." Aludida declaração foi subscrita, entre outros, pelo então presidente da República Federativa do Brasil, Luiz Inácio Lula da Silva.

11. Na recente e já ampla bibliografia do tema, vale lembrar, pelo panorama e pelas referências bibliográficas, o trabalho de Lucia Zedner (*Security*. London and New York: Routledge. Taylor & Francis Group. 2009).

12. Hassemer. *Procesamiento de datos...*, cit., p. 15. Análise crítica quanto à suposta oposição entre "segurança" e "direitos de intimidade" é percebida também por Francisco Javier Álvarez Garcia: "El aceso por parte de las fuerzas y cuerpos de seguridad del Estado a ficheiros de datos personales". *Protección de Datos y Proceso Penal.* Ernesto

Se por um lado se pode dizer que o desenvolvimento de política pública de segurança, ao invés de diminuir a interferência estatal, a aumenta;[13] por outro, sob o ponto de vista da confiança que deve pautar a relação não só entre cidadãos mas entre eles mesmos e o Estado, o tema merece mais atenção do que se lhe tem dado no Brasil.

Mais do que a divisão entre público e privado no âmbito das condutas motivadoras da atuação repressiva estatal ("crime organizado"), a escolha político-criminal brasileira que dá sustentação à devassa de dados cadastrais é problemática na raiz.

A expansão da esfera de vigilância, como lembra Benjamin Goold com menção específica aos dados cadastrais (sensíveis), tem um custo potencial muito maior do que se imagina ao se pensar na questão da privacidade e liberdade.

A vigilância tem o potencial de mudar a maneira de comportamento dos cidadãos e de sua interação com as instituições públicas, e a maneira como os cidadãos analisam a operação do governo e o exercício do próprio poder governamental.[14]

Independentemente do discurso promissor de guardião não só dos direitos de todos (o direito difuso de segurança), a promessa de guarda (pelo Estado e, em razão dos arts. 15 a 17 da Lei 12.850/2013, também por entes privados) dos dados cadastrais dos cidadãos patrocina, ao contrário do que parece, uma desconfiança do Estado nos cidadãos.

Se, uma vez mais com Benjamin Goold, se pode lembrar que, mesmo com a mensagem de que o Estado não abusará da tecnologia em questão para dar uso indevido às informações amealhadas, não

Pedraz Penalva (Coord.). Madrid: La Ley, Grupo Wolters Kluwer. 2010, pp. 53-8). Também: Maria Tzanou. *Data Protection in EU Law...*, cit., p. 273. Mesmo no âmbito específico de direitos civis, há quem sustente ser falaciosa a relação entre *segurança* e *privacidade*. É o caso de, no Brasil, Anderson Schreiber (*Direitos da personalidade*. 3. ed. São Paulo: Atlas, 2014, p. 142).

13. Lucia Zedner. *Too much security? Crime and Security. The international library of criminology, criminal justice & penology*. Benjamin Goold and Lucia Zedner (eds.). Oxford: Ashgate, Hampshire, England, 2006, p. 184. (Originalmente publicado em *International Journal of the Sociology of Law*, 31, 2003, pp. 155-84.)

14. "Technologies of surveillance and the erosion of institutional trust". *Technologies of Insecurity. The surveillance of everyday life*. Edited by Katja Franko Aas, Helene Oppen Gundhus, Heidi Mork Lomell. Oxford: Routledge-Cavendish, 2009, p. 214.

se evita a erosão da confiança e do que ele mesmo chama de "public confidence" entre cidadãos e Estado.[15]

O cenário é de *insegurança.* O tema é repleto de dificuldades do ponto de vista da escolha constitucional e infraconstitucional brasileiras.

1.2 Estrutura dos argumentos do texto

Quando se cuida de dado cadastral, deve-se partir da redação dos artigos 5.º, X e XII, do texto constitucional brasileiro. O processo legislativo que culminou na redação dos referidos dispositivos será abordado na primeira parte do trabalho.

Na segunda parte se tratará dos dados cadastrais em lei com temática semelhante (a Lei 12.683/2012, que alterou os dispositivos da Lei 9.613/1998, sobre a lavagem de dinheiro) à Lei 12.850/2013, e nela própria.

Na terceira parte se verá o tema a partir do cenário do direito processual comparado, especialmente em razão do desenvolvimento da matéria no âmbito do continente europeu, sem a pretensão de esgotar as nuances do tratamento dado seja no âmbito das normas editadas pelo Conselho da Europa, seja no outro âmbito, mais específico da União Europeia.[16]

15. "Technologies...", artigo citado, pp. 213-4. Segundo o autor, "trust and privacy are also closely related" (*idem, ibidem*).

16. A partir da previsão do art. 8.º da Convenção Europeia dos Direitos do Homem de 1950, sucederam-se tratamentos específicos no tema. Mesmo que não seja o escopo deste texto a abordagem profunda das nuances jurídicas europeias, é oportuno lembrar de alguns parâmetros. No âmbito da atuação do Conselho da Europa foram criadas a Convenção CETS 108/1981. No âmbito do Conselho de Ministros da Comunidade Europeia – que juridicamente deixou de existir com o advento do Tratado de Lisboa (art. 1.º, § 3.º, do Tratado da União Europeia), havia sido criada a Diretiva 95/46, de 1995. Depois, ainda no âmbito da União Europeia, a Decisão-Quadro 2008/977/JAI, de 27.11.2008, cuidou da proteção de dados pessoais no âmbito da cooperação policial e judiciária em matéria penal. O Conselho da União Europeia propôs, em 27 de janeiro de 2012, uma revisão do regulamento da proteção das normas daquele continente sobre proteção de dados (Dossiê interinstitucional 2012/0011 (COD). Naquela proposta se esmiúçam algumas das particularidades do sistema jurídico europeu e, também, os motivos que levaram a União Europeia a refletir sobre a superação da Diretiva 95/1946 e a Decisão-Quadro 2008/977/JAI. Evidencia-se, outra vez, a centralidade do tema e, também, justifica-se a limitação da pretensão deste texto, que não é a de entrar em pormenores do sistema jurídico europeu.

No final serão sumariadas algumas conclusões e se tentará justificar as razões que levam a se concluir por interpretação diversa da majoritária no Brasil na temática. O que se propõe a fazer não é a crítica desligada da reflexão sobre outro tratamento do tema. Imagina-se, em cenário adverso ao predominante na doutrina e precedentes brasileiros, contribuir para o debate da questão com um novo parâmetro de interpretação. O tema é relevante a partir das escolhas políticas do país e aqui se faz uma escolha que, como se espera, seja tida por sustentável a partir das premissas e argumentos do texto.

2. Primeiro problema: questão constitucional (a redação do art. 5.º, XII)

Nos debates da *ANC* instituída por meio da Emenda Constitucional 26/1985, a redação do que veio a se tornar o artigo 5.º, inciso X, da Constituição Federal de 1988,[17] não foi alvo de grandes discussões.

Situação distinta se viu quanto à redação final do artigo 5.º, inciso XII, assim redigido na Constituição de 1988: "é inviolável o sigilo da correspondência e das comunicações telegráficas, de dados e das comunicações telefônicas, salvo, no último caso, por ordem judicial, nas hipóteses e na forma que a lei estabelecer para fins de investigação criminal ou instrução processual penal".

Em discurso proferido em Munique, aos 22.01.2012, a comissária europeia de Justiça, Direitos Fundamentais e Cidadania e vice-presidente da Comissão Europeia (EU Justice Commissioner), Viviane Reding, asseriu, a propósito do plano de reforma aqui citado, que "transparency is the name of the game." (*The EU Data Protection Reform 2012: Making Europe the Standard Setter for Modern Data Protection Rules in the Digital Age).* A manifestação pode ser consultada no seguinte link: <http://europa.eu/rapid/press-release_SPEECH-12-26_pt.htm> (Acesso em 23.02.2015. A expressão utilizada se encontra em p. 5 do texto).

17. "Art. 5.º Todos são iguais perante a lei, sem distinção de qualquer natureza, garantindo-se aos brasileiros e aos estrangeiros residentes no País a inviolabilidade do direito à vida, à liberdade, à igualdade, à segurança e à propriedade, nos termos seguintes: (...) X – são invioláveis a intimidade, a vida privada, a honra e a imagem das pessoas, assegurado o direito a indenização pelo dano material ou moral decorrente de sua violação."

Nesse ponto, com a inédita amplitude da proteção constitucional,[18] Ada Pellegrini Grinover e Tércio Sampaio Ferraz Júnior deram interpretações que justificam as análises que seguem. Ambos opinaram sobre os contornos da proteção constitucional aos "dados", como prevista no aludido art. 5.º, XII, da Constituição Federal.

2.1 Inconstitucionalidade do art. 5.º, XII (Ada Pellegrini Grinover)

Em texto voltado ao conteúdo da Lei brasileira de interceptações telefônicas (Lei 9.296/1996),[19] a então Professora Titular de direito processual penal da Faculdade de Direito da Universidade de São Paulo entendeu que a redação do dispositivo seria "formalmente inconstitucional, por vício de competência e afronta ao processo legislativo".[20]

Sua tese se resume à constatação de que, durante o processo constituinte, a redação final do dispositivo constitucional não foi a aprovada em Plenário da *ANC*.

A autora se apega ao texto constante do chamado "Projeto A" da Constituição, entregue à mesa da *ANC* para votação em primeiro turno em 24 de novembro de 1987. Pelo texto (art. 6.º, § 12), era "inviolável sigilo da correspondência e das comunicações telegráficas, telefônicas e de dados, salvo por ordem judicial, nos casos e na forma que a lei estabelecer, para fins de investigação criminal e instrução processual".[21] Permitia-se a quebra de sigilo "não apenas

18. Constituição do Império de 1824 (art. 179, XXVII), Constituição da República de 1891 (art. 72, § 18), Constituição da República de 1934 (art. 113, 8), Constituição da República de 1937 (art. 122), Constituição da República de 1946 (art. 141, § 6.º), Constituição da República de 1967-69 (art. 150, § 9.º, e art. 152, § 9.º).

19. "O regime brasileiro das interceptações telefônicas". *in:* Ada Pellegrini Grinover. *Provas ilícitas, interceptações e escutas*. Brasília: Gazeta Jurídica, 2013, pp. 429 e ss. Texto originalmente publicado na *Revista Brasileira de Ciências Criminais*, São Paulo: Revista dos Tribunais, 17, jan.-mar. 1997, pp. 112-126.

20. "O regime brasileiro...", cit., p. 429.

21. O texto do chamado "Projeto A" e os demais que redundaram em amplo – e confuso – debate na *ANC*, encontram-se transcritos na obra *A Gênese do Texto da Constituição de 1988*. Volume 1 – quadros, de autoria de João Alberto de Oliveira Lima, Edilenice Passos, João Rafael Nicola, que conta com alentado prefácio de José Afonso da Silva (Brasília, Senado Federal, 2013, p. 71).

com relação às comunicações telefônicas, mas também às telegráficas e de dados".[22]

Vista a diversidade de redação (ao final, excluiu-se a possibilidade de quebra de sigilo de dados, ao contrário do que se projetava nos debates constituintes), a processualista penal fiou-se no procedimento previsto na Emenda Constitucional 26/1985 e na Emenda Regimental 2, de 1987 (que era o Regimento Interno da *ANC*[23]) para se bater contra o que entendeu ser inconstitucional por vício de tramitação.

Acontece que se, por um lado, não prevaleceu a tese segundo a qual a Emenda Constitucional 26/1985 poderia embasar a nova ordem constitucional, por outro o procedimento da *ANC* sofreu alteração em 1988, quando o citado Regimento Interno foi superado por outro com a Resolução 3/1987.[24]

Pelo primeiro aspecto, ressalvada a opinião da citada professora e outros[25] que atrelaram o procedimento constituinte à norma advinda da ordem jurídica ligada ao crepuscular regime ditatorial, prevaleceu a tese segundo a qual a Emenda Constitucional 26/1985 "material-

22. Ada Pellegrini Grinover. "O regime...", cit., p. 429.

23. A aludida emenda constitucional, que "convocou a Assembleia Nacional Constituinte, determinou que a votação das novas normas seria feita em *dois turnos*, dependendo a aprovação da maioria absoluta da Assembleia. E, evidentemente, o Regimento Interno não previu – nem o poderia – que a Comissão de Redação pudesse mudar o sentido das normas aprovadas." (Ada Pellegrini Grinover. *O regime...*, cit., p. 430). A emenda constitucional previa também, em seu art. 3.º: "A Constituição será promulgada depois da aprovação de seu texto, em dois turnos de discussão e votação, pela maioria absoluta dos Membros da Assembleia Nacional Constituinte". De seu lado, a previsão interna da *ANC* quanto aos procedimentos, até o advento da Resolução 3/87, era a Resolução 2/87, de 25 de março daquele ano.

24. A Resolução 3/87, de 6 de janeiro de 1988, em seu artigo 12, previu que: "Concluída a votação, com ou sem emendas, a matéria será encaminhada a uma Comissão de Redação integrada por Constituintes a serem designados pelo Presidente, incluído dentre estes, o Relator. Parágrafo único. Apresentada a redação final, far-se-á a sua publicação no *Diário da Assembleia Nacional Constituinte* e em avulsos, sendo incluída em Ordem do Dia para votação em turno único no prazo de 24 (vinte e quatro) horas. No encaminhamento da votação, poderão usar da palavra uma única vez, por 5 (cinco) minutos, 2 (dois) representantes de cada Partido."

25. Manoel Gonçalves Ferreira Filho (*O Poder Constituinte.* 4. ed. São Paulo: Saraiva, 2005, p. 164); Saulo Ramos (*A Assembleia Constituinte. O que pode e o que não pode: natureza, extensão e limitação dos seus poderes.* Rio de Janeiro: Alhambra. 1987). Com premissa e argumentação distintas: Goffredo Telles Júnior (*A Constituição, a Assembleia Constituinte e o Congresso Nacional.* 2. ed. Saraiva. 2014, pp. 59-71).

mente, constituiu-se em ato político, destinado a pôr cobro ao regime constitucional pretérito, e não a manter a Constituição emendada".[26]

O posicionamento aqui criticado escraviza o procedimento constituinte aos termos da Emenda Constitucional promulgada na ditadura. A interpretação, assim, desmerece a atividade constituinte porque, ao desligá-la do poder constituinte originário, amesquinha-a como poder derivado, limitado à norma que o convoca.[27]

Não se encampa a tese segundo a qual o ferimento à forma proposta pela Emenda Constitucional 26/1985 redunda em inconstitucionalidade. A fundação da nova ordem constitucional[28] rompe com a ordem constitucional anterior.

E, falando-se em sigilo de dados como alheios ou não à possibilidade de quebra com ou sem a necessidade de autorização judicial prévia, mesmo antes das emendas de redação que ocorreram no âmbito dos trabalhos da *ANC* (emendas que redundaram no "Projeto D" de Constituição Federal, votado em 22 de setembro de 1988, na vigência da Resolução 3/1987, como regimento da *ANC*), debatia-se outra redação ao dispositivo que viria a se tornar o art. 5.º, XII, do texto constitucional.

De fato, como consta do "Projeto B" (submetido à votação em Plenário em 5 de julho de 1988), o então art. 5.º, XIII, teria a seguinte redação:

> "(...) é inviolável o sigilo da correspondência e das comunicações telegráficas, de dados e telefônicas, salvo, no último caso, por

26. Ingo Wolfgang SARLET, Luiz Guilherme Marinoni e Daniel Mitidiero. *Curso de direito constitucional.* São Paulo: Revista dos Tribunais. 2012, p. 239.

27. No sentido deste texto, Daniel SARMENTO. *Por um constitucionalismo discursivo: história constitucional brasileira, teoria da Constituição e direitos fundamentais.* Rio de Janeiro: Lumen Juris, 2010, p. 84. E também, na doutrina constitucional brasileira que se formou: José Afonso da SILVA (*Poder constituinte e poder popular.* São Paulo: Malheiros, 2000, pp. 78-81); Luis Roberto BARROSO ("Vinte anos da Constituição Federal de 1988: o Estado a que chegamos". *Revista de Direito do Estado*, 10, abr.-jun. 2008, p. 33); Virgílio Afonso da SILVA ("Ulisses, as sereias e o poder constituinte derivado". *Revista de Direito Administrativo*, 226, 2001, pp. 13-4 e 27-8); Paulo BONAVIDES (*Curso de direito constitucional.* 7. ed. São Paulo: Malheiros, 1997, pp. 145-6).

28. Detalhes do procedimento constituinte podem ser vistos em Adriano Pilatti. *A Constituinte de 1987-1988. Progressistas, conservadores, ordem econômica e regras do jogo.* Rio de Janeiro: Editora PUC-RIO; Lumen Juris. 2008.

ordem judicial, nas hipóteses e na forma que a lei estabelecer para fins de investigação criminal e instrução processual."

Ali se notava que, antes das emendas de redação, o dispositivo vedava a quebra do sigilo das "comunicações" "de dados" e "telefônicas" sem prévia autorização judicial.

Com as alterações redacionais, elas redundaram na submissão à votação, em sessão unicameral e plenária, do que veio a ser o texto submetido à aprovação final pelos constituintes brasileiros, a saber: o "Projeto D".

Tal votação teve lugar em 22 de setembro de 1988,[29] e o texto que foi promulgado em 5 de outubro é este:

> Art. 5.º, "XII – é inviolável o sigilo da correspondência e das comunicações telegráficas, de dados e das comunicações telefônicas, salvo, no último caso, por ordem judicial, nas hipóteses e na forma que a lei estabelecer para fins de investigação criminal ou instrução processual penal."[30]

Assim se chega a outro complicador do procedimento da *ANC*: o das emendas de redação. E, no ponto, adstrito à alteração regimental da *ANC*, em discurso de 23 de setembro de 1988, seu Presidente, após a votação nominal do texto aprovado pela Comissão de redação final, asseriu que: "o Regimento é meio e não fim. O fim, em qualquer texto legal, a Constituição, principalmente, é a verdade, é o bem, é justiça".[31]

Depois, em entrevista a periódico nacional, pontuou o Presidente da *ANC*, que "da maneira como foi feita a votação, ficou cumprida a exigência de que todos os dispositivos fossem submetidos a dois

29. *A gênese do texto...*, cit., p. 30. A comissão de redação final foi instalada em 21 de abril de 1988 e teve o assessoramento do filólogo Celso Ferreira da Cunha e do constitucionalista José Afonso da Silva.

30. A votação, por parte dos constituintes, ao "Projeto D", seguiu o previsto no art. 12, parágrafo único, da Resolução 3/87. Essa votação, aliás, no plenário da *ANC*, foi a 1021ª, acontecida em sua 340ª sessão. Foi a última votação antes da promulgação do texto constitucional (*A gênese...*, cit., p. 50).

31. *Diário da Assembleia Nacional Constituinte*, 23.09.1988, p. 14319. Citado em *A gênese*, cit., p. 7.

escrutínios. Mesmo as mudanças da comissão de redação já tinham sido aprovadas uma vez no fundamental, e foram ratificadas hoje".[32]

Surgiu o art. 5.º, XII, da Constituição do Brasil. Mas a alteração da Comissão de Redação tem outro detalhe, visto por Tércio Sampaio Ferraz Júnior.

2.2 Abrangência da proteção dos dados (Tércio Sampaio Ferraz Júnior)

O então professor Titular de Filosofia do Direito da Universidade de São Paulo escreveu influente[33] opinião dos incisos X e XII do art. 5.º da Constituição Federal.[34]

Segundo sua concepção, que liga a expressão "comunicação" aos "dados" e às "comunicações telefônicas" (art. 5.º, XII, Constituição Federal), o dispositivo merece leitura bipartida: de um lado encontram-se as "correspondências e as comunicações telegráficas" e, de outro, os "dados e as comunicações telefônicas".[35]

32. *Folha de S.Paulo,* 23.09.1988, p. A-6. *A gênese...,* cit., p. 51. Em entrevista, um dos líderes na *ANC*, pelo PMDB, o constituinte e futuro Ministro do Supremo Tribunal Federal, Nelson Jobim, mencionou que: "só poderia se fazer alteração na comissão de redação, se, e somente se, a unanimidade de todos os membros concordasse. (...) E, aí, terminado o trabalho da comissão de redação, surgiu o problema de que a comissão de redação tinha introduzido textos que não tinham sido votados no plenário. Aí o Dr. Ulysses o que é que fez? O Dr. Ulysses, no final, quando foi votar o texto final, ele decidiu então fazer uma votação não simbólica, uma votação com maioria absoluta e nominal para ratificar tudo o que aconteceu na comissão e no 2º turno. A constituinte da época era soberana, tudo o que ela decidisse, ela podia decidir da forma que bem entendesse. O texto de 1988 é o texto da comissão de redação, que foi aprovado por maioria absoluta" (*A gênese...,* cit., pp. xxxii-xxxiii).

33. A ela fazem menção, por exemplo, o parecer da Procuradoria-Geral da República na Ação Direta de Inconstitucionalidade 5063, ora em curso no STF, que questiona os dispositivos dos arts. 15 a 17, entre outros, da Lei 12.850. Também a ela se reporta o trabalho de delegado do Departamento de Polícia Federal no Brasil, Bruno Titz de Rezende ("Sigilo de dados cadastrais bancários e telefônicos e o Poder Geral de Polícia". *Segurança Pública & Cidadania,* vol. 3, n. 1, jan.-jun. 2010, pp. 34 e ss.).

34. "Sigilo de dados: o direito à privacidade e os limites à função fiscalizadora do Estado". *in:* Reinaldo Pizolio, Jayr Viégas Gavaldão Jr. (coords.), *Sigilo fiscal e bancário.* São Paulo: Quartier Latin, 2005. p. 15-40.

35. "Sigilo de dados: o direito à privacidade...", cit., p. 25.

Por conta disso, entendeu que "o que fere a liberdade de omitir pensamento é, pois, entrar na *comunicação* alheia, fazendo com que o que devia ficar entre sujeitos que se comunicam privadamente passe ilegitimamente ao domínio de um terceiro".[36] E "o objeto protegido no direito à inviolabilidade do sigilo não são os dados em si, mas a sua comunicação restringida (liberdade de negação). A troca de informações (comunicação) *privativa* é que não pode ser violada por sujeito estranho à comunicação". Na sequência citou que "o inciso XII (proteção à comunicação de dados) impede o acesso à própria ação comunicativa, mas não aos dados comunicados".[37]

Tal interpretação, que primeiro separa em dois blocos o dispositivo constitucional (de um lado, "correspondências e comunicações telegráficas" e de outro, "dados e comunicações telefônicas") para ampliar a possibilidade de limitação ao sigilo, não é a encampada neste estudo. Isso, por duas razões.

A primeira, de interpretação da norma de direito fundamental que é a da garantia do sigilo, impõe ao intérprete que confira ao dispositivo interpretado a maior incidência protetiva possível. A leitura criticada reduz o âmbito de proteção da norma, na medida em que alarga a possibilidade de quebra de sigilo de dados por interpretação do dispositivo, ao invés de restringi-la. Parece ser razoável se ver o dispositivo constitucional como cláusula de barreira *contra* a intromissão estatal nos "dados", e não, ao contrário, como permissivo da limitação do exercício de direito constitucional.

E a segunda, indicada pelos debates da *ANC*, impõe uma interpretação consentânea ao texto, tal qual configurado após a citada alteração na Comissão de Redação Final.

Como já dito, no "Projeto B" a redação conferida ao dispositivo era a seguinte: "das comunicações telegráficas, de dados e telefônicas". Mas, como constou do texto final da Constituição brasileira,

36. "Sigilo de dados: o direito à privacidade...", cit., p. 25.

37. "Sigilo de dados: o direito à privacidade...", cit., respectivamente, pp. 26 e 32. A expressão "liberdade de negação" foi retirada de conhecido jurista brasileiro, Pontes de Miranda, como "direito fundamental de "negação", uma liberdade de "negação": liberdade de não emitir pensamento exceto para um número reduzido ou exceto para um. Trata-se de uma "liberdade de "negação" de comunicação do pensamento ("Sigilo de dados: o direito à privacidade...", cit., p. 22).

depois veio a dicção "das comunicações telegráficas, de dados e das comunicações telefônicas", A mudança no texto indica que não merece prestígio a opinião aqui criticada.

E o propósito da alteração foi o de excluir os "dados" do âmbito normativo circunscrito pelas "comunicações". Isso se vê, até mesmo, pela proposta de redação surgida nos trabalhos da *ANC*.

Tal alteração decorreu da proposta de redação n. 495-1, de autoria do constituinte Hilário Braun, apresentada em 17 de setembro de 1988, que tinha essa justificativa: "o que este inciso pretende fixar é a inviolabilidade do sigilo de dados e não precipuamente o sigilo das comunicações de dados. Tal como está redigido, ela determina a inviolabilidade das comunicações de dados".[38]

Por isso, exposta a mudança na redação nos trabalhos da *ANC* e, explicitamente, seus motivos, não é possível se concordar com a opinião segundo a qual a proteção constitucional seria voltada às "comunicações" de dados e não aos "dados".

O sigilo de dados, pois, mereceu a proteção constitucional como reconhecimento de algo inato à personalidade, isto é, os dados "são" (não propriamente no sentido de propriedade, e sim no sentido de esfera de entidade, de autodeterminação[39]) de alguém; e não na

38. O texto da emenda de redação proposta e a sua justificativa pode ser consultado por documento disponível no site da Câmara dos Deputados do Brasil, pelo seguinte link: <http://www.camara.gov.br/internet/constituicao20anos/DocumentosAvulsos/vol-315.pdf (acesso em 16.12.14)>. A citada emenda e sua justificativa se encontram na p. 75 do documento em pdf.

39. Desde o julgamento, pelo Tribunal Constitucional Alemão, de 1983, sobre a lei de censos daquele país, cunhou-se a expressão, agora largamente difundida, de que o que está em questão quando se trata dos dados pessoais é o chamado "direito de autodeterminação informativa". (Hassemer. *Procesamiento...,* cit., p. 5). Desse autor, na mesma obra, e em outro capítulo, a consagração do termo aparece novamente: *El derecho a la protección de datos personales. Concepto, praxis y política.*, cit., p. 32); Gloria González Fuster (*The Emergence...,* cit., pp. 176-8); Patricia Esquinas Valverde (*Protección de datos...,* cit., p. 19). Ernesto Pedraz Penalva fala em "mesmidade", no sentido de "pertencimento" dos dados a alguém ("La utilización en el proceso penal de datos personales recopilados sin indicios de comisión delictiva", em *Protección de datos y proceso penal...,* cit., p. 33). Francisco Javier Álvarez Garcia. *El acceso por parte...,* cit., p. 64 (nota de rodapé). O Tribunal Constitucional alemão voltou a usar a expressão "autodeterminação informativa" em julgado de 24 de janeiro de 2012, quando apreciou a constitucionalidade de lei de telecomunicações alemã que tratava de processamento automático de informações de usuários de telefonia (BvR1299/05, §§ 102 e 121 e ss.).

dependência de que a sua violação mereceria tutela apenas se os dados fossem transmitidos de alguém a alguém, por intermédio de aparatos de comunicação.

No sentido deste texto se situa o aludido constitucionalista brasileiro que integrou a comissão de redação final da *ANC*, José Afonso da Silva, que leciona:

> "(...) o sigilo de dados não se refere necessariamente aos dados das comunicações telefônicas. (...) o que não nos parece conformar-se com um bom entendimento da norma é entender que o *sigilo de dados* só se refere aos registros de uma comunicação telefônica que atestam sua existência, duração, destino etc. Entendemos que *sigilo de dados* se refere a cadastros de dados em geral, inclusive os utilizados pela ciência da informática e dados dos cadastros bancários."[40]

Malgrado a discordância neste texto dos dois autores acima referidos (itens 2.1. e 2.2), prevaleceu o entendimento segundo o qual o sigilo de "dados" pode ser afastado.

As nuances das razões pelas quais se consagrou esse ponto de vista se resumem a uma apriorística prevalência do interesse público (o combate à criminalidade, a segurança pública) sobre o interesse privado (o do titular do sigilo devassado).[41]

40. *Comentário contextual* à Constituição. São Paulo: Malheiros. 2005, pp. 105-6. No sentido do texto, ainda que admita a quebra do sigilo de dados, Regina Maria Macedo Nery Ferrari. *Direito constitucional.* São Paulo: Revista dos Tribunais, 2011, p. 618. Também: André Augusto Mendes Machado e Andre Pires de Andrade Kehdi ("Sigilo das comunicações e de dados". *in:* Antonio Scarance Fernandes, José Raul Gavião de Almeida, Maurício Zanoide de Moraes (coords.). *Sigilo no processo penal. Eficiência e garantismo.* São Paulo: Revista dos Tribunais. 2008, p. 243); Rogério Lauria Tucci (*Direitos e garantias individuais no processo penal brasileiro.* 2. ed. São Paulo: Revista dos Tribunais. 2004, p. 404); Miguel Reale Júnior ("Incompetência do Ministério Público para a quebra de sigilo bancário". *Questões de direito público.* São Paulo: Saraiva, 1997, p. 124); Antonio Scarance Fernandes (*Processo penal constitucional.* 4. ed. São Paulo: Revista dos Tribunais. 2005, p. 100).

41. Rogério Lauria Tucci, conquanto ressalve opinião sustentada em edição anterior da obra citada, curvou-se ao "entendimento pretoriano no tocante ao sigilo acerca de *dados*", fazendo-o "mesmo tendo em conta a inexistência de edição de lei específica, a teor do mandamento constitucional autorizante" (*Direitos e garantias...,* cit., pp. 410-11). Por outra perspectiva, sem mencionar a posição jurisprudencial que se formou, José Afonso da Silva, na obra citada, admite como válidas duas interpretações: uma segundo a qual o sigilo de dados estaria infenso ao sigilo, mesmo que por autorização

Problematizada[42] a questão constitucional – que voltará a ser analisada ao final – passa-se a analisar o processo legislativo que redundou nos arts. 15 a 17 da Lei 12.850/2013.

3. O processo legislativo que redundou nos arts. 15 a 17 da Lei 12.850/2013

Como dito, o fundo da questão atinente a dado cadastral e seu tratamento na Lei 12.850/2013 é uma opção política. Uma opção de atribuição, com maior ou menor limitação, de poderes ao Estado (ou a entes privados) no cumprimento de política pública. A análise dessa atribuição de poder é feita, aqui, para que se reflita sobre os seus limites.

Nisso é importante notar o processo legislativo que redundou na redação conferida aos arts. 15 a 17 da Lei 12.850. Seja pelo procedimento havido no Senado Federal, que foi a Casa Legislativa onde a tramitação da matéria se iniciou pelo PLS 150/2006, seja pela alteração que sofreu na Câmara dos Deputados, em que a matéria se atrelou à já debatida conformação da alteração na Lei de Lavagem de Dinheiro (que redundou na Lei 12.682/2012, especialmente em seu art. 17-B).

judicial; e outra que liga os "dados" às "comunicações telefônicas" no bloco interpretativo, justificando o levantamento do sigilo para ambos os casos. Curioso que o autor aponta uma interpretação constar da obra referida (*Comentário contextual...*, cit., p. 105-6) e a outra, também por ele encampada, em outra obra de sua autoria (*Curso de direito constitucional positivo*, 23. ed. São Paulo: Malheiros, 2004, p. 436). Regina Maria Macedo Nery Ferrari reconhece de início que o constituinte brasileiro "primeiramente declara inviolável o sigilo da correspondência, das comunicações telegráficas e de dados, e sobre eles não estende a ressalva que reserva para as comunicações telefônicas, no caso de quebra por ordem judicial e na forma que a lei estabelecer para fins de investigação criminal ou instrução processual penal. Parece protegê-los de modo absoluto". Páginas adiante, por conta da prevalência no aspecto da "comunicação" (e não dos "dados") e por atrelar-se à "necessidade de proteção da segurança pública, de preservação da ordem jurídica e do bem-estar da população", situa-se favorável à relativização do sigilo de dados, desde que sua suspensão venha por ordem judicial (*Direito constitucional...*, cit., pp. 614 e 617, respectivamente).

42. "Some rights were designated long ago as absolutes precisely because of the temptation to rethink them or relativize them in times of panic, insecurity, and anger" (Jeremy Waldron. *Torture, Terror, and Trade-Offs. Philosophy for the White House*. New York: Oxford University Press. 2010, p. 12).

3.1 Tramitação do PLS 150/2006, até a publicação da Lei 12.850

No projeto de Lei 150/2006, de autoria da Senadora Serys Slhessarenko, tanto o "acesso a registro de ligações telefônicas, dados cadastrais, documentos e informações eleitorais, comerciais e de provedores de internet" quanto a "quebra dos sigilos financeiro, bancário e fiscal" dependiam de "prévia autorização judicial".[43]

Daquele primeiro esboço do que viria a ser a Lei 12.850/2013, nota-se separação entre os "sigilos" (financeiro, bancário e fiscal), de um lado, e "acesso a documentos e informações eleitorais, comerciais e de provedores da internet", de outro.

Tratava-se, no início – e ao contrário das discussões que redundaram na conformação do majoritário entendimento jurisprudencial e doutrinário na matéria –, de campos separados. Os dados de movimentação bancária e financeira (dinâmicos e atrelados a aspectos probatórios) teriam tratamento jurídico distinto do dispensado aos dados cadastrais (estáticos e de cunho informativo da qualificação dos sujeitos). Um não poderia ser visto como sinônimo dos outros em matéria de permissão constitucional e legal de quebra.[44]

Tanto que, ainda conforme a redação do citado PLS, havia previsão específica à obtenção dos dados cadastrais:

> "(...) a autoridade policial ou o Ministério Público, no curso da investigação policial ou da ação penal, poderão requerer, de forma fundamentada, a autorização do juiz para a obtenção de registros de ligações telefônicas, dados cadastrais, documentos e informações eleitorais, comerciais e de provedores de internet."[45]

Nas justificativas do citado Projeto de Lei constava, quanto à exigência de reserva de jurisdição, que:

> "Quanto ao acesso a dados cadastrais, registros, documentos e informações, o projeto pautou-se pela estrita obediência aos preceitos constitucionais, notadamente ao art. 5.º, X, XI e XII,

43. PLS 150/2006, art. 3.º, IV, V e parágrafo único.

44. A distinção desponta pelo próprio texto do art. 15, da Lei 12.850/2013, que limita o poder requisitório de Delegados e Promotores aos aspectos "exclusivamente de qualificação pessoal, filiação e endereço".

45. PLS 150/2006, art. 9.º. Na hipótese de recusa, conforme o parágrafo único do mesmo artigo, o juiz poderia, inclusive de ofício, expedir mandado de busca e apreensão para a captura de tais dados.

da CF. Em que pese inexistir garantia absoluta em nosso ordenamento jurídico, caberá ao órgão judicial ponderar, no caso concreto, o conflito entre os direitos individuais e o interesse coletivo. Tal responsabilidade não poderia ficar a cargo do órgão policial ou do Ministério Público, cujas funções, na persecução criminal, são bem outras. A fórmula adotada é, seguramente, a mais adequada para evitar devassas injustificadas e medidas afoitas (art. 3.º, parágrafo único)."[46]

Mesmo que a Comissão de Constituição e Justiça do Senado tivesse, em 25 de novembro de 2009, resguardado a reserva de jurisdição na obtenção dos dados cadastrais, o artigo 16 do texto que acabou sendo remetido à Casa Revisora separava as hipóteses de "informações bancárias, comerciais, eleitorais, telefônicas e de provedores da rede mundial de computadores – *Internet*" dos dados cadastrais.

E isso porque, pelo texto enviado à Câmara dos Deputados em dezembro de 2009,[47] no art. 16, § 2.º, fez-se constar que, diferentemente das primeiras informações, "a exigência de autorização judicial não se aplica a dados de natureza cadastral, que deverão integrar o inquérito policial, os autos de peças de informação ou a denúncia".

Já naquela Casa, em março de 2011, um parlamentar apresentou voto que propunha a supressão do § 2.º do art. 16, porque:

> "Os dados de natureza cadastral se inserem no conjunto de direitos fundamentais do cidadão, e o acesso a eles requer prévia ordem judicial ordenatória da quebra do sigilo. Tal entendimento tem sido proferido em reiteradas decisões do STF que compre-

46. Justificativas que acompanharam o PLS 150/2006, p. 14.

47. Texto recebido pela Mesa Diretora da Câmara dos Deputados em 09.12.2009 pelo ofício 2987/2009, e lá renumerado para PL 6578/2009. Logo no início, o relator designado pela Câmara dos Deputados, João Campos, asseverou, quanto à redação do art. 16, que "com respeito ao acesso a registros, dados cadastrais, documentos e informações, lamentamos a não legitimação da autoridade policial e do Ministério Público para solicitar diretamente os dados de natureza cadastral de quem os detenha, buscando inspiração no dispositivo aprovado por esta Casa no PL 3731/1997 (PLS 67/1996), como art. 20, bem como no PL 3.443/2008, que versa sobre lavagem de dinheiro. Deixo de apresentar Emenda de Mérito com o propósito de abreviar o Processo Legislativo e por considerar que o assunto já consta de outro Projeto em tramitação." (PL 6578/2009 – Comissão de Segurança Pública e Combate ao Crime Organizado – p. 11-12).

> endem os dados cadastrais como inseridos nas garantias fundamentais relativas à privacidade (art. 5.º, X, da CF)."[48]

O entendimento ficou vencido. Em nova manifestação, quando a Câmara havia encaminhado a matéria à Comissão de Segurança Pública e Combate ao Crime Organizado, novo Relator entendeu que "quando se tratar de organizações criminosas, a exigência de autorização judicial não se aplica a dados de natureza cadastral, que deverão integrar o inquérito policial, os autos de peças de informação ou a denúncia".[49]

Ainda nos debates da Câmara, propôs-se nova redação ao dispositivo:

> "Art. 15. Ressalvados os sigilos constitucionais, todos os dados cadastrais, registros, documentos e informações referentes ao investigado serão acessíveis ao Delegado de Polícia e ao Ministério Público, independentemente de autorização judicial, para a apuração dos crimes previstos nos arts. 1.º e 2.º."[50]

A partir daí, importante mudança veio após a redistribuição do Projeto de Lei à Comissão de Constituição, Justiça e Cidadania, motivada por claro – malgrado não atentado – interesse.

O Relator da Comissão, Deputado Vieira da Cunha, em justificativa de parecer de 20 de setembro de 2012, lembrou que a partir de "reunião realizada no dia 5 de setembro, com o colega Deputado João Campos e representantes do Ministério da Justiça, definimos nova redação ao inciso (...)" e ainda, "assim como procedemos, de comum acordo, a pequenos ajustes de redação ao texto anterior".

No mesmo texto aquele deputado disse que:

> "(...) por sugestão do Ministério da Justiça, por mim e pelo Deputado João Campos acatada na data de hoje, foram feitas as seguintes alterações no substitutivo apresentado no último dia 5 de setembro: (...) nova redação do artigo 15, para adequá-la ao

48. Voto em separado 2, CSPCCO (Deputado Arnaldo Faria de Sá).

49. Voto, com parecer, do Deputado João Campos, pela aprovação do PL 6578/2009, com emendas, apresentado em 03.08.2011.

50. Parecer do relator 1, CCJC, Deputado Vieira da Cunha, de 14.06.2012.

> que dispõe a Lei 12.683/2012, editada para tornar mais eficiente a persecução penal dos crimes de lavagem de dinheiro."[51]

A matéria foi discutida em turno único no Plenário da Câmara dos deputados em 05 de dezembro de 2012. Aprovada, voltou ao Senado renumerada como PL 6578-B/2009. Ali não sofreu alterações até a publicação da Lei 12.850/2013.

Nota-se que a partir da menção ao processo legislativo do PLS 150/2006 até a sanção presidencial da Lei 12.850/2013, houve na Câmara dos Deputados tratamento distinto do que vinha sendo dado pelo Senado aos dados cadastrais, em aproveitamento das discussões quando que se debateu o teor da alteração na lei de lavagem de dinheiro.

Por isso, esclarecida a questão político-criminal de fundo na discussão sobre dados cadastrais, é útil entender os próprios debates havidos até a edição da Lei 12.683/2012.

3.2 Tramitação do PLS 209/2003, até a publicação da Lei 12.683

O tratamento dos dados cadastrais, desde o Projeto de Lei de iniciativa do Senador Antonio Carlos Valadares, sempre foi central. No texto inicial constava (art. 15, § 2.º) que "informações meramente cadastrais de clientes e usuários podem ser fornecidas às autoridades competentes sem a necessidade de prévia autorização judicial".

A justificativa era de pura conveniência:

> "(...) vários são os empecilhos práticos, objeto de preocupação por parte da presente proposta, os quais o Judiciário, o Ministério Público e a polícia têm encontrado no combate ao crime de lavagem de dinheiro. Entre eles, podem ser citados: a renitência das instituições bancárias e outros órgãos, tais como empresas telefônicas, Receita Federal, entre outros, em fornecer informações, mesmo que somente cadastrais, sobre clientes e/ou usuários,

51. Parecer do relator 3, CCJC, Deputado Vieira da Cunha, de 20 de setembro de 2012, p. 5. A redação então conferida ao art. 15 passou a ser a seguinte: "Art. 15. O Delegado de Polícia e o Ministério Público terão acesso aos dados cadastrais do investigado que informam qualificação pessoal, filiação e endereço, independentemente de autorização judicial, mantidos pela Justiça Eleitoral, pelas empresas telefônicas, pelas instituições financeiras, pelos provedores de internet e pelas administradoras de cartão de crédito."

> sob a repisada alegação de sigilo; o encaminhamento de informações, objeto de quebra de sigilo, incompletas e ilegíveis, ensejando reiteradas cobranças; a inflexibilidade da quebra do sigilo bancário, pois para cada requisição de documentos ou informação é necessária nova quebra de sigilo, o que torna a persecução penal insuportavelmente morosa."[52]

Ainda no Senado, na Comissão de Assuntos Econômicos, o parecer oferecido pelo Senador Pedro Simon, acrescendo o artigo 17-B ao projeto de lei, foi aprovado. Assim, passou-se a ter o seguinte texto de lei projetada:

> "Art. 17-B: A autoridade policial e o Ministério Público terão acesso, exclusivamente, aos dados cadastrais do investigado que informam qualificação pessoal, filiação e endereço, independentemente de autorização judicial, mantidos pela justiça eleitoral, pelas empresas telefônicas, pelas instituições financeiras, provedores de internet e administradoras de cartão de crédito."[53]

Com a redação final do texto, de 8 de maio de 2008, encaminhou-se o projeto de lei à Câmara dos Deputados, o que se deu pelo ofício SF n. 710, encaminhado em 20 de maio. Na Câmara, o projeto recebeu o número PL 3443/2008, tendo sido encaminhado às Comissões de Segurança Pública e Combate ao Crime Organizado e de Constituição, Justiça e Cidadania. O relator da primeira das comissões se pronunciou com cautela quanto à constitucionalidade do dispositivo projetado no art. 17-B.[54]

Na Comissão de Constituição, Justiça e Cidadania da Câmara, dos dois relatores que se sucederam no tema, nenhum vislumbrou

52. PLS 209, de 28 de maio de 2003, p. 3.

53. Parecer oferecido em 27 de março de 2007.

54. Pelo texto do parecer relator PRL 1 CSPCCO, "Será da competência da Comissão de Constituição e Justiça e de Cidadania analisar a constitucionalidade do art. 17-B, por dispensar autorização judicial por parte da autoridade policial e do Ministério Público ao acesso dos dados cadastrais do investigado mantidos pela Justiça Eleitoral, pelas empresas telefônicas, pelas instituições financeiras, provedores de internet e administradoras de cartão de crédito" (pp. 8-9). Naquela comissão, houve dois votos em separado (um do deputado Lincoln Portela, em 16.12.2008 – VTS 1 CSPCCO) e outro, do deputado Geraldo Pudim, de 01.12.2009, pela inconstitucionalidade do citado dispositivo. Entendiam os dois parlamentares que o dispositivo "fere o inciso XII do art. 5.º da CF/1988".

vício de inconstitucionalidade. Vale destacar, da última manifestação, que:

> "(...) além de constituírem-se tais informações em ferramentas necessárias ao sucesso da investigação criminal, são elas de caráter meramente identificatório, e não de conteúdo. O que a Lei Maior garante no inciso XII, do seu art. 5.º, é a inviolabilidade do conteúdo da correspondência, das comunicações telegráficas, telefônicas e de dados."[55]

Em 25 de outubro de 2011, discutiu-se o texto em turno único no Plenário da Câmara dos Deputados e o Relator da Comissão de Segurança Pública e Combate ao Crime Organizado, Deputado Miro Teixeira, ofereceu parecer que foi aprovado.

Em seu texto, consta a seguinte passagem:

> "(...) aqui não está, como se pensou no momento, o poder para quem quer que seja – quer seja político, quer seja delegado, quer seja juiz, quer seja promotor, quer seja procurador – obter diretamente, por conta própria, acesso a dados cadastrais do cidadão de modo geral. Só com ordem judicial, sim. É preciso dar essa garantia aos cidadãos, até porque nós, Parlamentares, personalidades da vida pública, a começar da nossa declaração do Imposto de Renda, temos tudo disponibilizado nos órgãos de controle."[56]

Após a votação, o texto voltou ao Senado, pelo ofício 349/11/S-GSE, de 1.º de novembro de 2011. Em 9 de julho de 2012, foi publicada a Lei 12.683/2012.

Nem mesmo no âmbito do processo legislativo concernente à alteração na lei de lavagem de dinheiro a matéria de dados cadastrais foi consensual.

A conformação do tema, mais uma vez, foi pautada por argumentos de política criminal, conveniência da investigação (celeridade na recepção das informações), pela matéria (criminalidade organizada), e pressuposta pequena importância da garantia (dados

55. Parecer do relator Colbert Martins. PRL 1 CCJC, 09.11.2009, p. 7.

56. Parecer pela aprovação da emenda substitutiva global de plenário 1 e pela rejeição da emenda de plenário 2, p. 2.

sem conteúdo probatório[57]). Isso foi transposto fielmente para a Lei 12.850/2013.

Diagnosticado o cenário, e como antecipado na introdução, são úteis breves menções ao contexto europeu da proteção de dados pessoais em persecuções penais. Seja para se perceber eventuais similitudes com o tratamento brasileiro, seja para, nas diferenças, atingir-se proposta de reconfiguração.

4. O sigilo de dados no sistema de persecução penal europeu

Na Europa, a partir da perspectiva da Convenção Europeia dos Direitos do Homem, a proteção à privacidade pode ser vista pela interpretação conferida ao art. 8.º da Convenção Europeia dos Direitos do Homem.[58] Já, pela perspectiva das normativas mais específicas e internas da União Europeia, deve-se ter atenção às diretivas e decisões-quadro do Conselho da Europa. De qualquer forma, lá a proteção aos dados cadastrais tem nuances que ora contrariam o sistema brasileiro, ora dele se aproximam.

A contrariedade está no escopo de proteção e, em medida distinta do que se vê na Lei 12.850/2013, na atenção à fundamentação prévia para o acesso aos dados, aos limites para o emprego das informações neles contidas, na previsão de normas quanto ao consenso do seu titular em sua utilização, no direito de o titular ser informado do armazenamento de seus dados e também nas previsões de controle

57. Essa interpretação restritiva do dispositivo é encampada, na doutrina brasileira, por Gustavo Henrique Righi Ivahy Badaró e Pierpaolo Cruz Bottini. *Lavagem de dinheiro. Aspectos penais e processuais penais. Comentários à Lei 9.613/1998, com as alterações da Lei 12.683/2012.* São Paulo: Revista dos Tribunais, 2012, p. 356.

58. "1. Qualquer pessoa tem direito ao respeito da sua vida privada e familiar, do seu domicílio e da sua correspondência. 2. Não pode haver ingerência da autoridade pública no exercício deste direito senão quando esta ingerência estiver prevista na lei e constituir uma providência que, numa sociedade democrática, seja necessária para a segurança nacional, para a segurança pública, para o bem-estar económico do país, a defesa da ordem e a prevenção das infracções penais, a protecção da saúde ou da moral, ou a protecção dos direitos e das liberdades de terceiros" (tradução para o português da Convenção Europeia dos Direitos do Homem com as modificações introduzidas pelos Protocolos ns. 11 e 13, do site da Convenção: <http://www.echr.coe.int/Documents/Convention_POR.pdf> – acesso em 03.11.2014).

(das justificativas, dos usos e do descarte dos dados armazenados) por entidades alheias às investigações criminais.[59]

As aproximações, particularmente pelas interpretações em julgados do Tribunal Europeu dos Direitos do Homem[60] e pela interpretação doutrinária correlata, ficam por conta da permissividade de tal armazenamento no atendimento de situações justificadas em critérios do direito doméstico de cada país integrante da comunidade europeia.[61-62]

59. Gloria González Fuster fala, a partir do advento da *Datenschutz,* de 07.10.1970 (The Data Protection Act of the German Federal State of Hesse) de 1970, em seis componentes básicos: (a) o princípio do processamento justo, (b) o princípio do propósito específico; (c) o princípio da necessidade de base legítima, que poderá ser o consenso do titular dos dados; (d) o direito de acesso do titular aos dados; (e) o direito de retificação dos dados; (f) o princípio de supervisão independente. (*The Emergence...,* cit., p. 4).

60. Há, também, manifestações do Tribunal de Justiça da Comunidade Europeia (ex: *Promusicae* (C-275/06), j. 29.01.2008; Österreicher Rundfunk and Others (C-465/00, C-138/01, C-139/01), j. 20.05.2003; *Lindqvist* (C-101/01), j. 06.11.2003). Como já explicitado, a proposta deste texto não é se aprofundar em todas as nuances que aquele continente dá à matéria, e sim, aos seus traços essenciais.

61. Mesmo que pareça estranha a aproximação a partir dos contextos tão variáveis (múltiplas ordens nacionais, ou uma só), as justificativas para as limitações às proteções de dados cadastrais em matéria processual penal servem de critério político-criminal uniformizador dos dois discursos. Na Europa e no Brasil as ideias de prevenção de crimes e tutela de segurança do Estado reverberam de maneira parecida.

62. A permissividade se nota na utilização do conceito da chamada "margem de apreciação" que o Tribunal Europeu dos Direitos do Homem reconhece a cada país integrante da comunidade europeia, como justificativa plausível para o tratamento do tema. O conceito de "margem de apreciação", problemático até porque suscita a potencialidade de esvaziamento da impositividade das normas convencionais europeias e se aproxima de uma noção de "judicial self-restraint", não será aqui explorado. De toda forma, nesse aspecto vale lembrar da observação de Trechsel, segundo quem "this discretion is indeed very broad, as matters of security are highly political and the Court is extremely reluctant to say that in a particular case certain measures could not have been regarded as 'necessary'". (*Human Rights in criminal...,* cit., p. 555). Com alguma variação, atentos ao problema da "margem de apreciação" no tratamento do Tribunal na matéria, David J. Harris, M. O'Boyle, C. Warbrick, *Law of the European Convention on human rights.* London: Butterworths, 1995, pp-290-1. Ainda, com ampla citação de precedentes do Tribunal, Jacobs, White & Ovey. *The European Convention on Human Rights.* 6. ed. Oxford, United Kingdom; New York, NY: Oxford University Press. 2014, pp. 325-33 (especialmente notas de rodapé ns. 133 e 134). E também Maria Tzanou. *Data protection in the EU Law...,* cit., pp. 282-3.

4.1 Tratamento do tema pelo Conselho da Europa (a Convenção de Estrasburgo)

Na Europa[63] importa tratar do tema a partir da década de 80 do século passado, com o advento da Convenção de Estrasburgo de 1981, adotada pelos integrantes do Conselho da Europa,[64] e dos documentos que a ela se seguiram. Isso, sem prejuízo de tratamento mais específico das interpretações dadas ao art. 8.º da Convenção Europeia dos Direitos do Homem.[65]

63. De acordo com Têmis Limberger, houve três fases de amadurecimento do tratamento do tema naquele continente. A primeira fase teria tido início com o "rigor na criação dos arquivos informatizados", inaugurada na década de 70 com a lei do Estado de Hesse, na Alemanha; a segunda fase seria a de menor rigor na tutela dos direitos fundamentais envolvidos com criações de arquivos e se citaram como exemplos leis da França (06.01.1978), Islândia (26.05.1981) e Luxemburgo (30.03.1979). A terceira fase foi inaugurada com a convenção já citada neste texto, de 1981 – Convenção CETS 108/1981, doravante chamada de "Convenção de Estrasburgo" ("Direito e informática: o desafio de proteger os direitos do cidadão", *in:* Ingo Wolfgang Sarlet (coord.), *Direitos fundamentais, informática e comunicação. Algumas aproximações.* Porto Alegre: Livraria do Advogado, 2007, pp. 202-3). Na doutrina brasileira, conferir também, quanto ao aspecto "geracional" pelo qual passou o tratamento do tema na Europa, Danilo Doneda: *Da privacidade à proteção de dados pessoais.* Rio de Janeiro: Renovar, 2006, pp. 206-217). Filippo Donati, sem dizer em "fases" pelas quais o tratamento da matéria passou na Europa, entende que a primeira preocupação, no âmbito comunitário, deu-se com a Resolução do Conselho de Ministros 22(73), de 26 de setembro daquele ano, seguida pela Resolução 29(74), de 29 de setembro daquele ano (*Article 8. Protection of personal data.* In *Human Rights in Europe. Commentary on the charter of fundamental rights of the European Union.* Edited by William B.T. Mock & Ginmario Demuro. Durham: Carolina Academic Press. 2010, p. 54). Sobre a evolução legislativa europeia no tema, ver ainda: Gloria González Fuster. *The Emergence...*, cit.

64. Em 2013, o Conselho da Europa era constituído por 47 Estados-membros, sendo que deles, 28 eram também Estados-Membros da União Europeia. Todos os Estados-Membros da União Europeia ratificaram a Convenção, e, inclusive, em 1999, admitiu-se inclusive a adesão aos seus termos da União Europeia (*Manual da Legislação Europeia...*, cit., pp. 15-17).

65. Na intrincada convivência de normas de direito comunitário e direito nacional europeias, indica-se não só que o Conselho da Europa tem papel de destaque como "organização intergovernamental" que impulsiona a aplicação dos ditames advindos da Convenção Europeia dos Direitos do Homem (Maria Luísa Duarte. "O Tratado de Lisboa e o sistema de protecção dos direitos fundamentais". *A União Europeia segundo o Tratado de Lisboa. Aspectos centrais.* Nuno Piçarra (coord.). Coimbra: Almedina. 2011, p. 96), como há quem afirme que, até hoje, essa Convenção é único instrumento internacional com força vinculativa no campo de proteção de dados ("the only legally Binding international instrument in the data protection field") (*Mass Surveillance.* Report.

Pela Convenção de Estrasburgo, "dados pessoais" foram conceituados como "qualquer informação relativa a um indivíduo identificado ou identificável"; "arquivo de dados automático" significa "qualquer conjunto de dados que possam ser automaticamente gerados"; e, por fim, "controlador do arquivo" é "a pessoa natural ou legal, autoridade pública, agência ou qualquer outro corpo que é competente conforme a legislação nacional para decidir qual deve ser o propósito de arquivo de dados automáticos, que categorias de dados pessoais devem ser armazenados e quais operações devem ser dirigidas a eles".[66]

Depois, os dispositivos dos artigos 5.º, 6.º, 8.º e 9.º da Convenção trataram das garantias específicas e sua derrogação. Pelo art. 5.º, no que diz respeito à "qualidade dos dados", eles devem ser (a) obtidos e processados com justiça e nos termos da lei,[67] (b) armazenados para fins especificados e legítimos e não usados de maneira incompatível com esses fins, (c) adequados, relevantes e não excessivos em relação aos fins para os quais eles são armazenados, (d) exatos e, se necessário, atualizados[68] e (e) preservados de forma que permita a identificação dos sujeitos dos dados por tempo não superior ao requerido para os fins aos quais aqueles dados são armazenados.

No artigo 6.º se cuidou dos "dados especiais", como aqueles pelos quais se revela a origem racial, a opinião política ou religiosa ou outras crenças, assim como dado concernente à saúde ou vida sexual. Estes não podem ser processados automaticamente a não ser que leis internas prevejam garantias apropriadas. O mesmo cuidado se exige com dados atinentes às condenações criminais.

Rapporteur: Mr. Pieter Omtzigt. Committee on Legal Affairs and Human Rights. Council of Europe. Parliamentary Assembly. Documento referendado pelo comitê em 26.01.2015, p. 24, item 94. Visto em: <http://website-pace.net/documents/19838/1085720/20150126-MassSurveillance-en.pdf>, acesso em 27.07.2015). Assim também, na afirmação de que "a Convenção 108 era, e ainda é, o único instrumento internacional juridicamente vinculativo no domínio da proteção de dados", *Manual da Legislação Europeia...*, cit., p. 16).

66. Convenção de Estrasburgo: art. 2, "a", "b" e "d".

67. Tradução do autor para "fairly and lawfully" (art. 5, "a").

68. Tradução do autor para "accurate and, where necessary, kept up to date" (art. 5, "d").

No artigo 8.º a Convenção cuidou das garantias adicionais aos sujeitos dos dados, valendo citar, entre outras a (a) de estabelecer a existência de um arquivo de dados automático, seus fins principais, assim como a identidade e domicílio do controlador do arquivo, (b) a de obter, em intervalos de tempo razoáveis e sem atrasos ou custos excessivos, confirmação de que dados pessoais relacionados ao sujeito estão armazenados nos arquivos automáticos, assim como a comunicação dos dados de forma inteligível, (c) obter, se for o caso, retificação ou cancelamento dos dados se eles tiverem sido processados contrariamente às previsões de direito interno, (d) remédio para o pedido de confirmação ou, se o caso, comunicação, retificação ou cancelamento do dado.

O artigo 9.º tratou das restrições às garantias. Ali se vê que as normas dos artigos 5.º, 6.º e 8.º podem ter a incidência afastada se, conforme lei do Estado-parte, a derrogação for "medida necessária em sociedade democrática no interesse de (a) proteção da segurança do Estado, segurança pública, interesses monetários do Estado ou a supressão de crimes; (b) proteção de sujeitos dos dados ou direito e liberdades de outros".[69]

4.2 Evolução do tratamento do tema na União Europeia (da Diretiva 95/46 até a Decisão-Quadro DQ – 2008.977/JAI)

Na esteira das definições e regras gerais da licitude da obtenção e armazenamento dos dados contidas no art. 5.º da Convenção de Estrasburgo, em 1995[70] o Conselho de Ministros da União Europeia decidiu levar a efeito a Diretiva 95/46.[71]

De acordo com esse documento, se por um lado adotou como premissas aquelas segundo a qual "os sistemas de tratamento dos dados estão a serviço do Homem" (item 2) e "o objetivo das legislações nacionais relativas ao tratamento de dados pessoais é assegurar

69. Tradução livre de "protecting State security, public safety, the monetary interests of the State or the suppression of criminal offences" e "protecting the data subject or the rights and freedoms of others" (art. 9, 2, "a" e "b").

70. Diretiva 95/1946, item 28.

71. Aponta-se que tal diretiva "visa dar corpo aos princípios do direito à privacidade já consagrados na Convenção 108 e alargar sua aplicação" (*Manual da Legislação Europeia...*, cit., p. 19).

o respeito dos direitos e liberdades fundamentais, nomeadamente do direito à vida privada, reconhecido não só no artigo 8º da Convenção europeia para a proteção dos direitos do homem e das liberdades fundamentais" (item 10), por outro cuidou de limitações à garantia da privacidade.[72]

Assim, por exemplo, no item 13, entendeu que as atividades relativas "à segurança pública, à defesa, à segurança do Estado ou às atividades do Estado no domínio penal" não estão abrangidas pela norma de direito comunitário.

Já nos itens 30 e 38, a Diretiva tratou do consenso do sujeito fornecedor dos dados para armazenamento sob duas perspectivas. A primeira, no art. 30, cuidou do consenso como pré-requisito da licitude da obtenção e armazenamento de dados pessoais, ao lado de situações que o excluem, como por exemplo, o armazenamento do dado "ser necessário para o cumprimento de uma obrigação legal, ou para a execução de uma missão de interesse público ou para o exercício da autoridade pública". E a segunda, como pré-requisito à lealdade no tratamento dos dados, em que se previu o necessário "conhecimento da existência dos tratamentos", possibilitando ao titular dos dados armazenados "obter, no momento em que os dados lhe são pedidos, uma informação rigorosa e completa das circunstâncias dessa recolha".

Aquela diretiva cuidou, também, nos itens 62 e 63 (com reflexos no art. 29) das autoridades de controle, com total independência, como elemento essencial das pessoas no que se refere ao tratamento dos dados pessoais.

Depois disso, e especificamente com vistas à proteção de dados pessoais em persecuções penais, novamente o Conselho da União Europeia, em 2008, editou norma de armazenamento de dados cadastrais dos cidadãos. Isso foi o que se deu com a edição da Decisão-Quadro – doravante *DQ* – 2008.977/JAI de 27 de novembro, relativa

72. De acordo com Filippo Donati essa diretiva introduziu em definitivo na União Europeia a preocupação com a proteção da privacidade e o processamento de dados pessoais (*Article 8...*, cit., p. 55).

à "proteção dos dados pessoais tratados no âmbito da cooperação policial e judiciária em matéria penal".[73]

Logo no primeiro dos *considerada* da *DQ*, apontou-se que o pretendido "nível de segurança" a ser garantido aos cidadãos europeus dependeria de implemento de ações estatais em prol da cooperação interestatal. E, no item 3, previu-se que "critérios comuns em matéria de proteção e tratamento de dados pessoais" poderiam "contribuir para a prossecução dos objetivos de prevenção e combate ao crime".

Assim, como consta do item 6 daquela *DQ*, sua aplicação se dá nos casos de "prevenção, investigação, detecção, repressão de infrações penais e execuções de sanções penais".[74] De toda forma, como consta no item 10, o tratamento no âmbito nacional da proteção de dados pessoais "não deverá implicar uma diminuição da proteção", mas, ao contrário, deve ter "por objetivo garantir um elevado nível da sua proteção na União".

A *DQ* especifica os "objetivos da proteção de dados no quadro das atividades policiais e judiciárias" e por isso cobra o estabelecimento de "regras relativas à licitude no tratamento de dados pessoais, a fim de garantir que quaisquer informações eventualmente transmitidas foram tratadas licitamente e em conformidade com princípios fundamentais respeitantes às qualidades dos dados" (Item 11).[75] E tratou dos "direitos dos titulares" dos dados em questão (item 28).

73. Reitera-se a intenção de não descer às minúcias do quadro normativo da Europa. De toda forma, essa *DQ* insere-se no sistema legislativo da União Europeia, assim como a anterior Diretiva 95/1946; e ambas são inconfundíveis entre e si e, também, com a Convenção de Estrasburgo – essa última, adstrita ao Conselho da Europa. Ainda assim, "a decisão-quadro relativa à proteção de dados baseia-se, em grande parte, nos princípios e definições constantes da Convenção 108 e da Diretiva de Proteção de Dados" (*Manual da Legislação...*, cit., p. 160).

74. Por aquele *considerandum*, deixa-se aos Estados a possibilidade de determinarem com exatidão quais as finalidades que devem ser consideradas incompatíveis com as que determinaram a recolha. Previu-se, também, que o tratamento posterior para fins históricos, estatísticos ou científicos não deverá ser considerado incompatível com a finalidade originária do tratamento.

75. Tal como visto na Convenção de Estrasburgo e também na Diretiva 95/1946, previu-se, no item 27, a necessidade de o Estado-Membro garantir ao titular do dado que ele seja informado de que os dados estão recolhidos, tratados ou transmitidos a outro Estado-Membro, ou podem vir a sê-lo, para efeitos de prevenção, investigação, detecção e repressão de infrações penais ou execução de sanções penais.

As definições que ela trata, diversamente das vistas na Convenção de Estrasburgo e na Diretiva 95/1946, são mais amplas, desde o que ela toma por "dados pessoais",[76] até o "tratamento de dados pessoais",[77] e chega a cuidar do "consentimento".[78]

No que diz respeito aos fins pelos quais se armazenam dados pessoais, a *DQ* dispôs, no art. 3.º, item 1, que:

> "(...) os dados pessoais podem ser recolhidos pelas autoridades competentes apenas para finalidades especificadas, explícitas e legítimas, no âmbito das suas funções, e podem ser tratados exclusivamente para a finalidade para que foram recolhidos. O tratamento dos dados deve ser lícito e adequado, pertinente e não excessivo em relação à finalidade para que foram recolhidos."[79]

A *DQ* também previu, no que tange à previsão dos direitos dos titulares de dados, no art. 16, que eles devem ser informados, pelo Estado-Membro, "da recolha ou tratamento de seus dados pessoais pelas autoridades competentes, em conformidade com a legislação nacional respectiva" (art. 16).

Mas o próprio direito de ciência, garantido em "intervalos razoáveis, sem entraves, sem demora indevida e sem custos" (art. 17, 1) de que os dados foram recolhidos para alguma finalidade inata à persecução penal, sofre restrições. Elas aparecem se seu fornecimento signifique (a) entrave aos inquéritos, investigações ou procedimentos oficiais ou legais; (b) risco de prejuízo à prevenção, detecção, inves-

76. Art. 2.º, "a": Dados pessoais são "qualquer informação relativa a uma pessoa singular, identificada ou identificável (titular); é considerado identificável todo aquele que possa ser identificado, direta ou indiretamente, nomeadamente por referência a um número de identificação ou a um ou mais elementos específicos da sua identidade física, fisiológica, psíquica, econômica, cultural ou social".

77. Art. 2.º, "b": "Tratamento de dados pessoais" e "tratamento" são considerados como qualquer operação ou conjunto de operações efetuadas sobre dados pessoais, com ou sem meios automatizados, tais como a recolha, o registro, a organização, a conservação, a adaptação ou alteração, a recuperação, a consulta, a utilização, a divulgação por transmissão, difusão ou qualquer outra forma de disponibilização, a comparação ou interconexão, o bloqueio, o apagamento ou a destruição.

78. Art. 2.º, "g": "Consentimento do titular", qualquer manifestação de vontade, livre, específica e informada, que aceita que os dados pessoais que lhe dizem respeito sejam objeto de tratamento.

79. As alíneas "a" a "c" tratam de extensão permitida no armazenamento dos dados, seja por outra finalidade, seja por legislação de cada país que preveja pormenores na matéria, seja por proporcionalidade e necessidade a depender da específica finalidade.

tigação ou repressão de infrações penais ou à execução de sanções penais; (c) risco à proteção à segurança pública; (d) à proteção da segurança nacional; ou por fim (e) à proteção de dados ou direitos e liberdades de terceiros (art. 17, 2, alíneas "a" a "e").[80]

Na decisão quadro, também se previu a atuação de "autoridades nacionais de controle" (art. 25), outorgando a seus membros a "total independência no exercício das funções que lhes são atribuídas", destacadamente para conhecer os dados coletados, intervir com a emissão de pareceres antes de se proceder ao tratamento dos dados, ordenar seu bloqueamento, apagamento ou destruição, proibir temporária ou definitivamente o tratamento e até de advertir ou censurar o responsável pelo seu tratamento.

Como se notou das menções às normas europeias (sejam do Conselho da Europa, sejam da União Europeia), o tema de armazenamento e transmissão de dados cadastrais dos cidadãos, se, por um lado (como diz Stefan Trechsel), é mais ligado à segurança e à polícia do que aos processos penais, ainda assim, é bastante próximo dos últimos.[81] Isso é o que se vê, inclusive, pela interpretação conferida ao art. 8.º da Convenção Europeia dos Direitos do Homem.

> Afinal, se "a informação sobre uma pessoa que é normalmente limitada à essa própria pessoa se torna aberta aos 'outsiders', e essa pessoa acaba por parecer como se feita de vidro, largamente transparente, a autonomia como aspecto da privacidade demanda uma autodeterminação na área da informação. O indivíduo basicamente precisa ser apto a decidir que informações revelar e a quem".[82]

80. Nem mesmo a comunicação das justificativas da negativa do acesso ao titular dos dados, "que é simultaneamente informado dos motivos factuais ou legais em que se baseia a decisão tomada" é exigível se ocorrer alguma das hipóteses listadas acima, nas alíneas "a" a "e" do art. 17, 2.

81. *Human Rights...*, cit., p. 552.

82. Trechsel. *Human Rights...*, cit., p. 553. A metáfora do "homem de vidro" foi tratada por Anderson Schreiber ao apontar que "a oposição entre privacidade e segurança revela-se, assim, enganosa, na medida em que ter menos privacidade significa que certos entes – públicos ou privados – terão acesso e controle sobre dados pessoais, expondo o titular dessas informações a novos riscos que não podem ser sequer conhecidos, na medida em que o modo de utilização dessas informações não são revelados" ("Direito à privacidade no Brasil: avanços e retrocessos em 25 anos de Constituição". *in:* Clèmerson Merlin Clève e Alexandre Freire (Coords.), *Direitos fundamentais e jurisdição constitucional*, São Paulo: Revista dos Tribunais, 2014, p. 195). Hassemer usa metáfora distinta,

4.2 Interpretações em julgados do Tribunal Europeu dos Direitos do Homem

Basicamente se pode situar a questão, a partir de agora, no art. 8.º, item 2, da Convenção Europeia dos Direitos do Homem, no que ali se veem como justificativas para a ingerência estatal na privacidade: não só a legalidade estrita, mas a exigência de se cuidar de providência em "sociedade democrática", e ser a ingerência "necessária para a segurança nacional, para a segurança pública, para o bem-estar econômico do país, a defesa da ordem e a prevenção das infrações penais".

Trocando em miúdos, para o Tribunal Europeu dos Direitos do Homem, o tripé legitimador da intervenção é exigência da legalidade, o fim legítimo a se atingir, e a proporcionalidade entre a medida e sua necessidade em sociedade democrática.[83]

Quanto à legalidade, em *Leander vs. Sweden,* o Tribunal entendeu que a lei deve ser acessível ao cidadão que seja o "alvo" do armazenamento de seus dados cadastrais e deve trazer, com clareza, as consequências de tal armazenamento para o cidadão implicado.[84] Além disso, deve indicar com clareza as circunstâncias e condições pelas quais autoridades públicas obtiveram a prerrogativa de proceder a tal ingerência.[85]

Depois o Tribunal passou a exigir que a lei doméstica indicasse também o objetivo que autorizaria às autoridades públicas proceder ao armazenamento dos dados, a maneira com que eles são armazenados, e explicitasse o fim da medida e previsse o tempo de duração do arquivo que então se formaria.[86]

mas de mesma carga retórica: "cidadão de cristal". Para ele, o cidadão de cristal é o "o fantasma no moderno Estado faminto de informação" (*El Derecho a la protección...*, cit., p. 33).

83. Trechsel. *Human Rights...*, cit., p. 554. D. J. Harris, M. O'Boyle, C. Warbrick. *Law of the European Convention...*, cit., pp. 286-291. Jacobs, White & Ovey, *The European Convention...*, cit., p. 309.

84. Com essa extensão na interpretação: Carlo Russo e Paolo M. Quaini. *La Convenzione europea dei diritti dell´uomo e la giurisprudenza della corte di Strasburgo.* Milão: Giuffrè, 2006, p. 162. Jacobs, White & Ovey, *The European...*, cit., p. 312.

85. TEDH, caso Leander *vs.* Sweden. Appl. 9248/81, j. 26.03.1987, §§ 50 e 51.

86. TEDH, Caso Rotaru *vs.* Romania (Appl. 28341/95, j. 04.05.2000), §§ 55, 57, 61. No § 58 a Corte entendeu que deve haver também previsões em leis domésticas que

No que comporta ao fim legítimo a se perseguir, aparece complexidade que motiva distintas interpretações.

Isso porque, malgrado Stefan Trechsel lembre que o Tribunal jamais tenha colocado em xeque este ponto e seria nítido que esse fim estaria na prevenção de desordem,[87] há como se entender que os fins colocados no art. 8.º, "2", da Convenção Europeia dos Direitos do Homem são colocados em *numerus clausus* e, assim, medidas de armazenamento de dados cadastrais que fujam daqueles fins não seriam admitidas.[88]

Mas, ainda aí, há outra nuance. É que as expressões são tão vagas (prevenção de crimes, proteção de ordem pública, interesses de segurança nacional) que, como dizem D. J. Harris, M. O'Boyle e C. Warbrick, os Estados podem usualmente tornar plausíveis suas defesas perante o Tribunal sem boa razão que justifique a interferência.

Isto é: pode se dar o caso de não haver fim legítimo algum a ser *realmente* o justificador da interferência na privacidade, ou até se tratar de uma alegação *de má-fé* por parte do Estado para legitimá-la. Mais que isso, uma justificativa amparada num dos fins previstos no art. 8.º, "2" da Convenção Europeia dos Direitos do Homem pode ser desconectada de outro de seus fins. E com isso se propõe que se o Tribunal se julgar satisfeito com o atendimento de *um* dos fins, isso já serviria à legitimação da interferência; mas que, caso *um* dos fins não tivesse sido adequadamente justificado, deveria a Corte passar à análise dos *outros* fins previstos e alegados pelo Estado.[89]

protejam o cidadão contra abusos, porque "um sistema de vigilância secreta designado para proteger a segurança nacional comporta o risco de minar ou até destruir a democracia com base na razão de sua própria defesa". Mais recentemente: caso Shimovolos *vs.* Russia. Appl. 30194/09, j. 28.11.2011, § 68.

87. *Human Rights...*, cit., p. 540 e 555. Há precedente do Tribunal (*Lambert vs. France* – app. 88/1997/872/1084, j. 24.08.1998) no qual se entendeu que "the interference was designed to establish the truth in connection with criminal proceedings and therefore to prevent disorder" (§ 29). Assim também, Jacobs, White & Ovey. *The Convention...*, cit., p. 314.

88. Como interpretam, por exemplo, Carlo Russo e Paolo M. Quaini. *La Convenzione...*, cit., p. 162.

89. *Law of the Convention...*, cit., p. 289.

No que concerne à proporcionalidade, preocupa-se o Tribunal com a análise entre a interferência no direito à privacidade e a sua necessidade numa sociedade democrática. A expressão utilizada aqui é a "necessidade social premente".[90] Cuida-se não só de dizer que a interferência é necessária, mas que ela "tinha de haver".[91] Afirma-se, neste texto: mais do que "may do", importa o "must do".

Com mais detalhamento, e pelos precedentes da Corte, pode-se concluir que a "necessidade" significa, em verdade, uma "estrita necessidade", o que é mais rígido do que mero juízo de "útil" ou "desejável".[92] Aliás, a própria proporção entre meio (interferência) e fim (premente necessidade social) é interpretada de forma restritiva.

Nesse ponto, como dizem Jacobs, White & Ovey, se o processamento automático dos dados estiver em questão, a proteção deve ser maior. Isso, não só por se cuidar de uso com propósitos policiais dos dados, mas também porque os dados armazenados – de identificação dos sujeitos – devem ser utilizados apenas pelo tempo durante o qual eles foram armazenados, em consonância aos fins propostos.[93]

5. Dados cadastrais na Lei 12.850/2013: críticas e conclusões

Em retorno ao tratamento conferido pela Lei 12.850/2013 aos dados cadastrais, vê-se que sua proteção não é firme. As justificativas para tanto são ou de pretendidas eficácia e comodidade na investigação, ou amparadas no entendimento de que as informações não

90. Tradução livre de "pressing social need". Tal expressão é repetida em Trechsel (*Human Rights...*, cit., pp. 536; 540), Carlo Ruso e Paolo Quaini (ali se fala em "bisogno sociale imperativo" – *La Convenzione...*, cit., p. 162), D. J. Harris, M. O'Boyle, C. Warbrick (*Law of the European...*, cit., p. 290), Jacob, White & Ovey (*The European Convention...*, cit., pp. 325 e ss.). Francisco Javier Álvarez Garcia fala em "necesidad imperiosa" (*El acceso...*, cit., p. 69).

91. Trechsel. *Human Rights...*, cit., p. 536.

92. TEDH, caso Handyside *vs.* The United Kingdom, Appl. 5493/72, j. 07.12.1976, § 48; caso Silver and Others *vs.* The United Kingdom, Appl. 5947/72; 6205/73; 7052/75; 7061/75; 7107/75; 7113/75; 71367/75, j. 25.03.1983, § 97; caso Klass and Others *vs.* Germany, Appl. 5029/71, j. 06.09.1978, § 42.

93. *The European...*, cit. pp. 378-9.

induzem valoração quanto à prática de ilícitos penais – já que seriam "meramente" informativas de alguém.[94]

Por qualquer delas se nota interpretação guiada por escolha de política criminal despreocupada com a efetiva necessidade (leia-se: imprescindibilidade) da invasão à privacidade no âmbito de persecuções penais afetas à criminalidade organizada.

Nota-se falta de sintonia do tratamento dado à matéria seja quando se compara a proteção aos dados cadastrais em investigações criminais que não digam respeito ao tipo penal de organização criminosa (figura típica inaugurada com a nova legislação),[95] nem ao de lavagem de dinheiro (cuja alteração legislativa foi a força motriz da inserção do tratamento dos dados cadastrais na Lei 12.850/2013).

E se percebe interpretação constitucional que fragiliza a garantia da privacidade. Prova disso é, como noticiado em 29 de outubro de 2014,[96] que delegados de polícia têm se valido do dispositivo do art. 15 da Lei 12.850/2013 para requisitar às empresas de telefonia as "bilhetagens das últimas chamadas efetuadas e recebidas, com as respectivas ERBs (estações rádio-base)", ou os dados cadastrais de "pessoas titulares que tenham algum número cadastrado" com

94. Vicente Greco Filho (*Comentários à Lei de Organização Criminosa. Lei 12.850/2013.* São Paulo: Saraiva, 2014, pp. 64-65); Guilherme de Souza Nucci (*Organização criminosa. Comentários à Lei 12.850, de 2 de agosto de 2013.* São Paulo: Revista dos Tribunais, 2013, pp. 41-42); Marcelo Batlouni Mendroni (*Comentários à Lei de Combate ao Crime Organizado. Lei 12.850/2013.* São Paulo: Atlas, 2014, p. 87); Eduardo Araujo da Silva (*Organizações criminosas. Aspectos penais e processuais da Lei 12.850/2013.* São Paulo: Atlas, 2014, p. 107). Cezar Roberto Bitencourt e Paulo César Busato, se por um lado analisam a questão sob o ponto de vista da agilidade da investigação, por outro veem o fornecimento de tais dados como "mecanismos eficazes de produção probatória", ligados à "produção de prova documental". Por outro, ainda, entendem que "se trata de dados que servem somente para a identificação das pessoas e a identificação para as autoridades públicas é dever de todo o cidadão" (*Comentários à Lei de Organização Criminosa. Lei n. 12.850/2013.* São Paulo: Saraiva, 2014, pp. 188-190).

95. Ressalva-se a opinião de Vicente Greco Filho, segundo quem "apesar de a norma estar inserida na lei relativa à organização criminosa, é válida também para o processo penal em geral, tendo em vista os poderes investigatórios inerentes às autoridades policiais e ao poder de requisição do Ministério Público" (*Comentários...*, cit., p. 65).

96. Notícia veiculada no *site* "Consultor Jurídico": <http://www.conjur.com.br/2014-out-29/telefonicas-reclamam-quebras-sigilo-pedidas-delegados>. Acesso em 04.12.2014. Pelo acesso à aludida matéria é possível se chegar ao texto integral de ofícios subscritos por delegados de polícia.

operadoras de celular ou, até, o "histórico de ligações dos últimos seis meses".

Com isso se volta a dois problemas centrais à temática no Brasil. Primeiro, à interpretação do art. 5.º, XII, da Constituição Federal. Depois, à escolha legislativa que não levou em conta a fundamentalidade do direito envolvido e, assim, não tratou de aspectos como justificativa inicial da medida, necessidade de consentimento do titular dos dados ou sua ciência da colheita e nem de um órgão imparcial com a responsabilidade de fiscalizar os procedimentos da colheita e armazenamento dos dados cadastrais.

O tema não é só constitucionalmente (e no caso brasileiro, em particular) difícil, mas mesmo no direito infraconstitucional, merece tratamento mais adequado que, parece, justificaria legislação própria e não ligada ao nicho específico da chamada criminalidade organizada.[97] A escolha brasileira foi, pois, duplamente infeliz.

5.1 Interpretação constitucional: as três possíveis (art. 15, Lei 12.850)

No âmbito estrito do artigo 5.º, XII, da Constituição da República, debateu-se a indevassabilidade dos dados cadastrais. Isso convida a tratar de três interpretações possíveis.

A posição que desfruta das conclusões dos autores consultados, que aqui se toma como representativos de parcela respeitável do entendimento no tema, é a de que não há inconstitucionalidade no art. 15 da Lei 12.850/2013. Isso porque é objetivo do Estado a garantia de segurança aos cidadãos; porque tecnicamente dados cadastrais não se constituem como "fonte de prova" no processo penal;[98] e porque

97. Como, para citar dois exemplos, ocorreu na Espanha, com o advento, em 1999, da Lei Orgânica de Proteção aos Dados Pessoais (Lei orgânica 15/1999, de 13 de dezembro), e do Canadá, com o "Security Intelligence Review Committee" (SIRC), que tratou do órgão independente de controle desses dados, a partir do "Canadian Security Intelligence Service Act" de 1984 (Nór Ní Loideain. "The EC Data Retention Directive: Legal Implications for Privacy and Data Protection". *Personal Data and Protection in a Surveillance Era...*, cit., pp. 268).

98. Conquanto prestigiem a constitucionalidade da matéria, Cezar Roberto Bitencourt e Paulo César Busato entendem que além da eficácia investigativa propiciada, o princípio da "unidade do Estado e do seu escopo de bem comum" impõem a rápida

assim se dá a pretendida celeridade na colheita de informações na persecução penal.

Uma segunda posição subordina a obtenção dos dados cadastrais à prévia autorização judicial.[99] Tal perspectiva parece razoável inclusive pelo bloco de matérias tratadas no inc. XII, do art. 5.º, da Constituição Federal, na medida em que otimiza a pesquisa de dados cadastrais em paralelo ao que existe em matéria de interceptação de comunicações telefônicas. A interpretação uniformiza o tratamento de temas correlatos e é fiel à lição de que não há direitos fundamentais de cunho absoluto.

Por fim, uma terceira perspectiva veda o acesso aos dados cadastrais por se amparar na interpretação próxima à literalidade do art. 5.º, XII, do texto constitucional. Por ela, qualquer outra interpretação do dispositivo constitucional, de forma a prestigiar o art. 15 da Lei 12.850/2013, significa sua ruptura.

5.1.1 A interpretação escolhida

Nesse texto não se prestigia nem a primeira das interpretações, e nem a segunda.

comunicação entre os dados (a partir de cadastros públicos e privados) e autoridades requisitantes, sem prévia autorização judicial. Os autores entendem, quanto ao dever de guarda e entrega direta dos dados aos requisitantes por parte dos entes privados, que se "todas as atividades descritas operam por concessão do Poder Público", "não é nenhum excesso determinar-lhes a obrigação referida" (*Comentários...*, cit., p. 190). Por outro lado, conhece-se ponto de vista que caminha em sentido distinto, como é o caso do argumento de Anderson Schreiber. Para esse autor, "os dados pessoais não podem ser tratados como bens patrimoniais, que, uma vez fornecidos, podem ser livremente utilizados pelo destinatário ou retransmitidos para quem quer seja. O fato de alguém fornecer seu endereço ou número de telefone, ao realizar cadastramento que o *site* de uma companhia aérea impõe como etapa necessária para a aquisição do bilhete, não significa que o passageiro 'cedeu' aqueles dados para a empresa ou concordou com sua utilização para quaisquer fins. Muito ao contrário: a presunção é a de que concordou tão somente com aquele uso específico e imediato, confiando no armazenamento seguro da informação e na limitação da sua utilização ao exclusivo propósito daquela operação econômica" (*Direitos da personalidade*, cit., p. 141).

99. Assim: Luiz Gustavo Grandinetti Castanho de Carvalho, "Direito à privacidade". *Revista da EMERJ*, vol. 1, n. 2, 1998, pp. 54-60, e também em *Processo penal e Constituição. Princípios constitucionais do processo penal.* 6. ed. São Paulo: Saraiva, 2014, pp. 115-7.

Ou seja, a partir da interpretação do art. 5.º, XII, do texto constitucional vigente, nem parece possível se dizer que os dados cadastrais podem ser acessados diretamente sem qualquer controle jurisdicional, e nem tampouco basta a prévia autorização judicial para serem eles acessados por Juízes e Promotores, em persecuções penais. O art. 15 da Lei 12.850/2013, portanto, é inconstitucional.

Parece que a maior concessão que se poderia fazer à eficácia das investigações seria interpretar os dados como integrantes do chamado "segundo bloco" (conforme o entendimento de Tércio Sampaio Ferraz Júnior), ao lado das interceptações de comunicações telefônicas.

Mas algo distinto se dá. É que o sigilo reservado à matéria de dados cadastrais não foi previsto tendo em mira eficácia na investigação criminal ou a comunicação interpessoal. Quando o constituinte se preocupou em decidir dessa forma, previu claramente a cláusula de reserva de jurisdição como o mínimo resguardo contra o que seria, na linguagem de Anderson Schreiber, um "totalitarismo informacional".[100]

E o fato de as informações cadastrais não se constituírem como fontes de prova no processo penal não desmerece o argumento. Não há permissão para que – diversamente do que se deu com as interceptações telefônicas, em matéria regrada expressamente pelo constituinte e legislador infraconstitucional brasileiros – se levante o sigilo de dados; quando menos sem nem sequer a autorização judicial prévia.

E isso leva a que se reflita sobre as duas outras interpretações. É sedutora a tese segundo a qual a reserva de jurisdição prevista na Lei 9.296/1996 supre a lacuna do tratamento dos dados cadastrais, previsto no mesmo dispositivo constitucional (art. 5.º, XII). Por esse caminho, a leitura constitucional seria aquela pela qual o intérprete estaria diante de uma *interpretação* sobre os requisitos para a suspensão do exercício do sigilo dos dados cadastrais *conforme* a dicção constitucional endereçada às interceptações telefônicas. Em outras palavras, analisa-se o dispositivo legal (art. 15, Lei 12.850/2013) como se integrante da matéria regrada para as interceptações telefônicas, a partir de sua conexão à parte final do art. 5.º, XII, da Constituição Federal.

100. "Direito à privacidade...", artigo cit., p. 195.

Acontece que tal maneira de se integrar as matérias que são correlatas mas não idênticas traz problemas constitucionais.

Um é a integração, por extensão, em matéria que, ainda que indiretamente (pois se diz não servir como fonte de prova no processo penal), redunda em limitação ao exercício de direito fundamental. Tal leitura da norma do art. 5.º, XII, da Constituição brasileira redunda em mais implementos ao Estado para (identificar, localizar e com isso) perseguir um cidadão, sem autorização constitucional expressa ou implícita.

Isso, com o detalhe de a matéria (dado cadastral) ser tomada como inerente ao exercício de direito fundamental, ou seja: a reclamar interpretação que a proteja, mas não a que – mesmo indiretamente – a comprima, sem permissão constitucional clara e sem o endereçamento feito, pelo constituinte, como se viu com a matéria de comunicações telefônicas.[101] Faz-se coro às palavras do Ministro do Supremo Tribunal Federal, Luis Roberto Barroso, no sentido de que "fazer um exercício hermenêutico elaborado para exacerbar o poder punitivo não corresponde ao meu modo de ver a vida".[102]

E o outro, por analogia ou pelas técnicas de interpretação do dispositivo infraconstitucional,[103] apegado às razões político-criminais ligadas à agilidade na colheita das informações dos cidadãos. Há quebra do conteúdo semântico do art. 5.º, XII, da Constituição Federal, a partir de interpretação de norma constitucional assumindo como parâmetro uma lei infraconstitucional (Lei 9.296/1996), que se prestou a concretizar objeto constitucional diverso (comunicações telefônicas).

101. Daí a discordância quanto aos pontos de partida e de chegada de Marcelo Batlouni Mendroni, quando menciona "bom-senso" e "interpretação ampliativa analógica" por conta da premissa segundo a qual "as informações que exigem autorização judicial devem ser necessariamente previstas na Constituição Federal ou em Lei, para que assumam a característica de sigilosas pelo Direito Positivo" (*Comentários...*, cit., pp. 87-88).

102. STF, AP 565, Pleno, rel. Min. Carmen Lúcia, j. 08.08.2013, p. 308 do acórdão.

103. A referência, para os limites deste texto, é a da distinção entre *interpretação conforme à Constituição* e *declaração de nulidade parcial sem redução de texto*. Se a primeira é técnica de interpretação, a segunda é resultado de controle de constitucionalidade (Virgílio Afonso da Silva. "Interpretação conforme a Constituição: entre a trivialidade e a centralização judicial". *Revista DireitoGV* 3, vol. 2, n. 1, pp. 191-210. jan.-jun. 2006).

Como, mais uma vez, lembra professor brasileiro de Direito Constitucional e Ministro do Supremo Tribunal Federal, "se o texto não comporta a interpretação pretendia, não é possível chegar a ela".[104]

Em outras palavras, não sem perceber que a interpretação gramatical é, frequentemente, vista como o primeiro dos *topoi* interpretativos: "a mesma linguagem que confere abertura ao intérprete há de figurar como limite máximo de sua atividade criadora. As palavras têm sentidos mínimos que devem ser respeitados, sob risco de se perverter o seu papel de transmissoras de ideias e significados. É a interpretação gramatical ou literal que delimita o espaço dentro do qual o intérprete vai operar".[105]

O ponto de vista assumido neste texto, minoritário, pode ser criticado por propiciar uma perplexidade. E é preciso, inclusive, que se reflita responsavelmente sobre isso.

Afinal, qual o sentido do constituinte em, no mesmo dispositivo, estatuir a reserva de jurisdição como condição para a suspensão do sigilo em matéria probatória (comunicações telefônicas), mas permitir a leitura segundo a qual o sigilo de dados (que não tem carga probatória) seria indevassável?

Destacadamente, à luz do cenário comparado visto neste texto, a perplexidade pode incomodar até mais do que a mera análise de dispositivos constitucionais. Afinal, se o mote da política criminal securitária, como se viu, é o de implementar, a tempo e modo variáveis de país para país, mais expeditos meios de se fiscalizar as condutas dos cidadãos, teria o constituinte brasileiro andado na contramão?

Mas o texto do art. 5.º, XII, da Constituição Federal, vigente desde 1988, seja pelo processo da *ANC* que culminou com sua redação, seja pela interpretação que sobre ele foi vista até aqui, veda interpretação que estenda a relativização do sigilo inata às comunicações telefônicas, aos dados cadastrais.

104. STF, MC em Mandado de Segurança 32.326, rel. Min. Luis Roberto Barroso, j. 02.09.2013.

105. Luis Roberto Barroso. *Interpretação e aplicação da Constituição*. 2. ed. São Paulo: Saraiva. 1998, p. 122.

Enfim, a interpretação que cabe ao dispositivo constitucional parece ser esta: a ressalva feita pelo constituinte ao "último caso" refere-se apenas e tão-somente às "comunicações telefônicas", sendo impossível estender o seu alcance para os "dados".

A solução do constituinte pode não ter sido a melhor. Talvez nem tenha mesmo sido a mais adequada para o equilíbrio pretendido entre as medidas de celeridade e proteção aos direitos dos cidadãos. Quiçá a pretendida conformação do tema fosse mais atenta ao desenvolvimento da matéria no direito comparado.

Talvez devesse ter o constituinte permitido estender a suspensão do sigilo das comunicações telefônicas às questões de dados cadastrais. Talvez tivesse a Constituição brasileira andado melhor se tivesse tratado uniformemente das matérias que, além de correlatas como são, guardam inclusive entre si a mesma razão constitucional: proteção à esfera de autodeterminação informativa de qualquer pessoa (o direito de dizer *a quem o que* se pretender acerca de dados pessoais). Mas não foi o que aconteceu.

Daí, em paráfrases extraídas de assunto tormentoso – o que denota, também, a dificuldade da discussão – quando debatido no Supremo Tribunal Federal,[106] que podem ser aqui reproduzidas, "qualquer pessoa pode achar que não é boa a solução", "é possível criticar tal decisão política" e, enfim, "esta não era a única solução possível e, provavelmente, não é a melhor. Mas esta foi a decisão política do constituinte".[107]

Como dito, em questão havida no Supremo Tribunal Federal,

106. A interpretação segundo a qual os Deputados Federais e Senadores condenados criminalmente pelo STF com decisão transitada em julgado deveriam automaticamente perder seus mandatos em razão da decisão judicial ou se, ao contrário, a perda do mandato demandaria ainda uma votação na respectiva casa, assegurada ampla defesa (art. 55, VI, § 2.º, CF). Até o julgamento da AP 470 inclusive, o Supremo Tribunal Federal entendia que a decisão judicial era já o título que habilitava que o parlamentar condenado, automaticamente, perdesse seu mandato. Com o julgamento da AP 565, por maioria de 6 a 4, o Supremo Tribunal Federal passou a entender de forma diferente. A síntese dos argumentos, de índole constitucional, obedece à concepção semântica do art. 55, VI, § 2.º. Dali se extrai, por exemplo, como *ratio decidendi* dos votos vencedores, que: "*A Constituição não é o que eu quero. A Constituição é o que eu posso fazer dela*" (STF, AP 565, Pleno, rel. Min. Carmen Lúcia, j. 08.08.2013, p. 298).

107. STF, Medida Cautelar em Mandado de Segurança 32.326, cit., pp. 11-12.

> "(...) o Direito tem possibilidades e limites, e o intérprete não deve – como ninguém deve, nessa vida – presumir demais de si mesmo, transformando-se em constituinte ou legislador. É certo que interpretar nem sempre é uma função de puro conhecimento técnico, envolvendo, muitas vezes, uma parcela de vontade e de criação. Mas se o texto inequívoco da norma não funcionar como limite ao intérprete, o Direito se diluirá na política, e os tribunais perderão o seu papel de árbitros imparciais."[108]

A opinião defendida aqui, contramajoritária, é respeitosa às discordâncias. É também, crítica à escolha do Constituinte. Mas a *escolha* foi feita. Pode se tratar, como parece, de escolha *mal feita;* mas ela é que está no texto constitucional.

E não se trata de analisar, só, o processo legislativo da *ANC* ou da Lei 12.850/2013, mas o texto vigente da Constituição da República e interpretá-lo da forma que melhor proteja o direito fundamental envolvido, dentro dos limites e possibilidades dados especificamente pelo texto constitucional.

Quiçá possível reforma constitucional possa reconfigurar os contornos dos limites ao exercício do direito à privacidade no Brasil, de forma a se prever a imprescindível reserva de jurisdição para o acesso aos dados cadastrais, da mesma forma com que se escolheu fazer para as comunicações telefônicas.

A cogitação não esbarraria em cláusula pétrea da Constituição brasileira, na medida em que prestar-se-ia a uma melhor conformação da proteção da privacidade.[109] E, se não há direitos fundamentais absolutos no âmbito da teoria constitucional prevalecente, não menos certo é que a distorção aqui percebida seria corrigida inclusive porque

108. STF, Medida Cautelar em Mandado de Segurança 32.326, cit., pp. 13-14.

109. Decididamente não há espaço neste texto para se descer às minúcias sobre as teorias de direitos fundamentais que tocam com suas limitações, restrições, critérios de mensuração do que seja o "núcleo essencial" de cada direito. Para os fins deste trabalho segue-se a chamada "teoria externa", trazida ao Brasil, principalmente, por Virgílio Afonso da Silva. Assim, a distinção entre violação e conformação do direito fundamental se dá a partir de situações que lhe são externas, isto é, na relação conflituosa entre os próprios direitos fundamentais (ex.: privacidade e publicidade). E, quanto aos limites da restrição do direito fundamental, segue-se a "teoria relativa", que apregoa que tais limites não são prefixados, mas sim flexíveis e atingidos mediante novo sopesamento com outros direitos fundamentais (*Direitos fundamentais: conteúdo essencial, restrições e eficácia*. São Paulo: Malheiros, 2009, pp. 128-130; 138-139; 196).

matéria que não ostenta relevância probatória (acesso aos dados cadastrais) no processo penal seria alçada à importância da que a ostenta (interceptações telefônicas).

Ou seja: seria superada a estranha (mas consagrada no direito positivo brasileiro) distinção entre a medida *mais limitadora* ao exercício de direito fundamental (a produção de meio de pesquisa de prova no processo penal) ser permitida, ao contrário da *menos limitadora* (o acesso aos dados qualificativos, como filiação e endereço).

O caso seria, pois, de emenda constitucional que alterasse o dispositivo do art. 5.º, XII, da Constituição da República, para que lá passasse a constar:

> "(...) é inviolável o sigilo da correspondência e das comunicações telegráficas, de dados e das comunicações telefônicas, salvo, nos dois últimos casos, por ordem judicial, nas hipóteses e na forma que a lei estabelecer para fins de investigação criminal ou instrução processual penal."

5.2 Interpretação legal (arts. 15 e 17, da Lei 12.850)

Há, ainda, na temática, o cuidado com os arts. 15 e 17 da Lei 12.850/2013, nos quais se prenuncia a tendência, no Brasil, de processo penal preventivo.

E isso se nota no alcance dos destinatários dos poderes requisitórios mencionados no art. 15, da Lei 12.850/2013, como inclusive no dever de guarda imposto às "empresas de transporte", por cinco anos, acessíveis a juiz, membros do Ministério Público ou delegado de polícia, dos "bancos de dados de reservas e registro de viagens" (art. 16), como no dever de guarda, pelo mesmo tempo, por parte de "concessionárias de telefonia fixa ou móvel" e disponibilidade às "autoridades mencionadas no art. 15, dos registros de identificação dos números de terminais de origem e de destino das ligações telefônicas internacionais, interurbanas e locais" (art. 17).

Tais disposições se combinam com uma vertente do discurso político-criminal da segurança, outorgando ao Estado (e também aos entes privados) maior poder de controle aos dados dos cidadãos. Daí porque se lembrar da ideia da securitização inerente à conformação legislativa comentada.

Aqui, pelo visto dos dispositivos referidos, além de se prever atividade que pode ser financeira e logisticamente dispendiosa às entidades privadas mencionadas nos arts. 16 e 17, sem justificativa plausível para – o que seria de se esperar – o aperfeiçoamento dos órgãos públicos de armazenamento de dados da Lei 12.850/2013 (como, p. ex., a Justiça Eleitoral), não há qualquer medida de segurança do cidadão quanto ao uso indevido de seus dados cadastrais, seja pelo Estado, seja pelos próprios entes privados aos quais se atribuiu a tarefa legal de guarda (por cinco anos) de informações diversas.[110]

Os dispositivos, pois, ante o discurso da segurança, paradoxalmente geram insegurança aos cidadãos – sejam aos investigados (que surpreendentemente podem ser alvos de devassa sem critério e nem amparo em permissão constitucional), sejam àqueles que, ao firmarem um negócio jurídico, sem ciência, cedem seus dados para armazenamento em órgãos privados que podem, no futuro, ter de disponibilizá-los diretamente a órgãos de persecução penal, sem consentimento no negócio jurídico.[111-112]

110. Para citar outro exemplo da enganosa aparência de "segurança" que a medida de coleta e armazenamento de dados significa, lembre-se do caso da *Transportation Security Administration*, agência de segurança em transportes dos Estados Unidos, que possibilitou, após os ataques de 11.09.2001, o compartilhamento direto dos dados de viajantes tidos como "potenciais violadores" de regras de segurança no transporte, com entidades de coleta de débitos para fins de cobrança de dívidas (Anderson Schreiber, *Direito à privacidade...*, cit., p. 196). Reportagem sobre este assunto foi publicada no jornal *The New York Times*, de 21.10.2013 (http://www.nytimes.com/2013/10/22/business/security-check-now-starts-long-before-you-fly.html?pagewanted=all&_r=0>, acesso em 22.12.2014). Interessante ponto de vista, aqui, o de Cezar Roberto Bitencourt e Paulo César Busato, segundo quem a leitura que resguardaria a intimidade dos envolvidos, nos termos do disposto no art. 16 da Lei 12.850/2013, é aquela que atrela o tal "acesso direto e permanente" à "prévia existência de uma denúncia ou indiciamento" (*Comentários...*, cit., p. 191).

111. E chama a atenção, aqui, que mesmo que os autores citados (Vicente Geco Filho, Guilherme de Souza Nucci, Cezar Roberto Bitencourt e Paulo César Busato) tenham entendido como *constitucional* a primeira parte do art. 15 da Lei 12.850/2013, reputam como imprescindível a prévia autorização judicial para a entrega dos dados previstos no art. 17, da mesma lei (a respeito, ver, respectivamente, *Comentários...*, cit., p. 67; *Organização...*, cit., p. 42, e *Comentários...*, cit., pp. 191-2). A interpretação de todos é que, no que tange ao conteúdo do art. 17, cuida-se de desdobramento de informações inerentes às comunicações telefônicas e, por isso, impor-se-ia a reserva jurisdicional. Distinta é a opinião de Marcelo Mendroni, segundo quem os próprios "números pesquisados – *números dos terminais de origem e de destino das ligações,* também se incluem em dados cadastrais" (*Comentários...*, cit., p. 88). No ponto, assume

Pior: pela legislação aqui comentada, sem controle judicial ou mesmo administrativo, de instância independente, quanto às justificativas para a colheita, uso, e duração do acesso aos dados.

Pelo que se pode perceber, o legislador brasileiro cuidou muito mal da proteção – e limites – aos dados cadastrais, mesmo que em investigações criminais.

Na disciplina prevista na Lei 12.850/2013, não houve qualquer preocupação quanto às (i) finalidades que devem ser declaradas para a pretensão do acesso e armazenamento dos tais dados; (ii) ao tempo em que os próprios dados podem ser utilizados para os fins declarados na Lei; (iii) à informação que seria de se exigir ao próprio titular dos dados em questão, de que seus dados foram coletados para determinada investigação; (iv) às previsões específicas sobre o consenso do próprio titular dos dados, e mesmo, de sua inexigibilidade, a depender das situações concretas; e, por fim (v) ao controle por órgão externo à investigação, quanto aos procedimentos seguidos, desde a colheita dos dados, até seu uso e descarte.

O tema, como se viu, extravasa a importância que lhe foi dada nos poucos artigos da Lei 12.850/2013. Por isso a equivocada colocação do legislador pode ser corrigida se a matéria for incorporada ao Anteprojeto de Lei, ora submetido a consulta e participação pública, pelo Ministério da Justiça do Brasil, que cuida da Proteção de Dados Pessoais.

o último autor que "a mera chamada para outro número é apenas indício ou um elemento de prova, que pode se converter em parte de um contexto probatório (sentido amplo)" (*Comentários...*, cit., p. 89).

112. O chamado "marco civil da internet" no Brasil (Lei 12.965/2014) prevê, como direitos do usuário, o de "não fornecimento a terceiros de seus dados pessoais, inclusive registros de conexão, e de acesso a aplicações de internet, salvo mediante consentimento livre, expresso e informado ou nas hipóteses previstas em lei;" e de "informações claras e completas sobre coleta, uso, armazenamento, tratamento e proteção de seus dados pessoais, que somente poderão ser utilizados para finalidades que: (a) justifiquem sua coleta; (b) não sejam vedadas pela legislação; e (c) estejam especificadas nos contratos de prestação de serviços ou em termos de uso de aplicações de internet"; e ainda "consentimento expresso sobre coleta, uso, armazenamento e tratamento de dados pessoais, que deverá ocorrer de forma destacada das demais cláusulas contratuais" (art. 7.º, VII, VIII e IX).

No citado anteprojeto, em boa medida se seguem os conceitos idealizados no continente europeu desde a Diretiva 95/46 como se trata de todos os aspectos aqui lembrados.

Malgrado se tenha cuidado de regras inerentes ao consentimento do titular de dados em seu fornecimento (arts. 7.º a 11), não se notaram ali, ainda, previsões expressas quanto às autoridades imparciais de controle dos dados como se viu no contexto europeu.

De toda forma se cogita, no citado Anteprojeto, de criação de "órgão competente a fiscalizar o impacto na privacidade das operações de tratamento de dados" (art. 39, § 2.º), a "dispor sobre formato, estrutura e tempo de guarda do registro das operações de tratamento de dados pessoais" (art. 40), "estabelecer normas complementares acerca de critérios e padrões mínimos de segurança" (art. 47) e, também, estabelecer sanções tais como multa, dissociação dos dados pessoais, bloqueio, suspensão da operação de tratamento de dados pessoais, cancelamento dos dados pessoais e outras (art. 50).

Defende-se, neste texto, e justamente por se entender que a matéria mereceria ser encampado no citado Anteprojeto de Lei, que a finalidade da colheita e armazenamento dos dados cadastrais deve seguir os critérios definidos no citado anteprojeto de lei, nos termos de seu art. 4.º.[113]

Trata-se, já se percebeu a essa altura, de problema que extravasa os limites de um específico tipo penal (o da criminalidade organizada) e mereceria ser tratado em legislação própria ao direito fundamental envolvido, até porque se cuida de garantir o exercício do direito fundamental; mas não o de – a depender das razões de conveniência – torná-lo menos protegido quando em jogo determinada política pública de segurança.

113. "Art. 4.º Os tratamentos de dados pessoais para fins exclusivos de segurança pública, defesa, segurança do Estado, ou atividades de investigação e repressão de infrações penais, serão regidos por legislação específica, observados os princípios gerais de proteção e os direitos do titular previstos nesta Lei." A íntegra do anteprojeto de lei de proteção de dados pessoais pode ser consultada diretamente no site do Ministério da Justiça da República Federativa do Brasil pelo link: <http://participacao.mj.gov.br/dadospessoais/texto-em-debate/anteprojeto-de-lei-para-a-protecao-de-dados-pessoais/> (acesso em 01.06.2015).

Como apresentada a matéria nos arts. 15 a 17 da Lei 12.850/2013, também sob a perspectiva aqui vista, não só o art. 15 da Lei 12.850/2013, mas também os arts. 16 e 17 são materialmente inconstitucionais, eis que, agora, ofendem o art. 5.º, X, da Constituição Federal.

Bibliografia

AKRIVOPOULOU, Cristina; PSYGKAS, Athanasios (coords.). *Personal Data Privacy and Protection in a Surveillance Era. Technologies and Practices.* Hershey, New York: Information Science Reference. 2011.

BADARÓ, Gustavo Henrique Righi Ivahy; BOTTINI, Pierpaolo Cruz. *Lavagem de dinheiro. Aspectos penais e processuais penais. Comentários à Lei 9.613/1998, com as alterações da Lei 12.683/2012.* São Paulo: Revista dos Tribunais, 2012.

BARROSO, Luis Roberto. *Interpretação e Aplicação da Constituição.* 2. ed. São Paulo: Saraiva. 1998.

______. "Vinte anos da Constituição Federal de 1988: o Estado a que chegamos". *Revista de Direito do Estado*, n. 10, abr.-jun. 2008.

BELLOQUE, Juliana Garcia. *Sigilo Bancário. Análise crítica da Lei 105/2001.* São Paulo: Revista dos Tribunais, 2003.

BITENCOURT, Cezar Roberto; BUSATO, Paulo César. *Comentários à Lei de Organização Criminosa. Lei n. 12.850/2013.* São Paulo: Saraiva, 2014.

BONAVIDES, Paulo. *Curso de direito constitucional.* 7. ed. São Paulo: Malheiros, 1997.

BURGORGUE-LARSEN, Laurence; TORRES, Amaya Úbeda de Torres. *The inter-american Court of Human Rights. Case law and Commentary.* Oxford: Oxford University Press, 2011.

CARVALHO, Luiz Gustavo Grandinetti Castanho de. "Direito à privacidade". *Revista da EMERJ,* vol. 1, n. 2, 1998.

______. *Processo penal e Constituição. Princípios constitucionais do processo penal.* 6. ed. São Paulo: Saraiva, 2014.

COSTA, Luiz. *A Brief Analysis of Data Protection Law in Brazil.* Report presented to the Consultative Committee of the Convention for the Protection of Individuals with Regard to Automatic Processing of Personal Data (T-PD). June 2012. Disponível em <http://

www.coe.int/t/dghl/standardsetting/dataprotection/tpd_documents/Report%20(June%204th%202012)%20-%20A%20brief%20analysis%20of%20DP%20in%20Brazil%20(updated%20version).pdf>. Acesso em 13.10.2014

DONATTI, Filippo. *Article 8. Protection of personal data.* In *Human Rights in Europe. Commentary on the charter of fundamental rights of the European Union.* Edited by William B.T. Mock & Ginmario Demuro. Durham: Carolina Academic Press, 2010.

DONEDA, Danilo. *Da privacidade à proteção de dados pessoais.* Rio de Janeiro: Renovar, 2006.

DUARTE, Maria Luísa. "O Tratado de Lisboa e o sistema de protecção dos direitos fundamentais". *A União Europeia segundo o Tratado de Lisboa. Aspectos centrais.* Nuno Piçarra, coord. Coimbra: Almedina, 2011

FERNANDES, Antonio Scarance. *Processo penal constitucional.* 4. ed. São Paulo: Revista dos Tribunais, 2005.

FERRARI, Regina Maria Macedo Nery. *Direito constitucional.* São Paulo: Revista dos Tribunais, 2011.

FILHO, Vicente Greco. *Comentários à Lei de Organização Criminosa. Lei n. 12.850/2013.* São Paulo: Saraiva, 2014.

FUSTER, Gloria González. *The Emergence of Personal Data Protection as a Fundamental Right of the EU.* Switzerland: Springer International Publishing, 2014.

GOOLD, Benjamin. "Technologies of surveillance and the erosion of institutional trust". *Technologies of Insecurity. The surveillance of everyday life.* Edited by Katja Franko Aas, Helene Oppen Gundhus, Heidi Mork Lomell. Oxford: Routledge-Cavendish, 2009.

GRINOVER, Ada Pellegrini. "O regime brasileiro das interceptações telefônicas". *in:* Ada Pellegrini Grinover. *Provas ilícitas, interceptações e escutas.* Brasília: Gazeta Jurídica, 2013.

HARRIS, D. J.; O'BOYLE, M.; WARBRICK, C. *Law of the European Convention on human rights.* Londres, Dublin, Edinburgo: Butterworths, 1995.

HASSEMER, Winfried; SÁNCHEZ, Alferdo Chirino. *El Derecho a la autodeterminación informativa y los retos del procesamiento automatizado de datos personales.* Buenos Aires: Editores del Puerto, 1997.

JACOBS, WHITE & OVEY. *The European Convention on Human Rights.* 6. ed. Oxford: Oxford University Press. 2014.

JÚNIOR, Miguel Reale. "Incompetência do Ministério Público para a quebra de sigilo bancário". *Questões de direito público.* São Paulo: Saraiva, 1997.

JÚNIOR, Tércio Sampaio Ferraz. *Sigilo de dados: o direito à privacidade e os limites à função fiscalizadora do Estado.* In *Sigilo fiscal e bancário* (Reinaldo Pizolio, Jayr Viégas Gavaldão Jr., coords.). São Paulo: Quartier Latin, 2005.

LIMA, João Alberto de Oliveira; PASSOS, Edilenice; NICOLA, João Rafael. *A gênese do texto da Constituição de 1988.* Volume 1 – quadros. Brasília. Senado Federal, 2013.

LIMBERGER, Têmis. "Direito e informática: o desafio de proteger os direitos do cidadão". *Direitos fundamentais, informática e comunicação. Algumas aproximações.* Ingo Wolfgang Sarlet, coord. Porto Alegre: Livraria do Advogado, 2007.

MACHADO, André Augusto Mendes; KEHDI, Andre Pires de Andrade. "Sigilo das comunicações e de dados". *Sigilo no processo penal. Eficiência e garantismo* (Antonio Scarance Fernandes, José Raul Gavião de Almeida, Maurício Zanoide de Moraes, Coords.). São Paulo: Revista dos Tribunais, 2008.

MENDRONI, Marcelo Batlouni. *Comentários à Lei de Combate ao Crime Organizado. Lei n. 12.850/2013.* São Paulo: Atlas, 2014.

NUCCI, Guilherme de Souza. *Organização criminosa. Comentários à Lei 12.850, de 2 de agosto de 2013.* São Paulo: Revista dos Tribunais, 2013.

OMTZIGT, Pieter. *Mass Surveillance* (Rapporteur). Committe on Legal Affairs and Human Rights. Council of Europe. Parliamentary Assembly. Visto em: <http://website-pace.net/documents/19838/1085720/20150126-MassSurveillance-en.pdf>.

PENALVA, Ernesto Pedraz. (Coord.) *Protección de Datos y Proceso Penal.* Madrid: La Ley. Grupo Wolters Kluwer, 2010.

PILATTI, Adriano. *A Constituinte de 1987-1988. Progressistas, conservadores, ordem econômica e regras do jogo.* Rio de Janeiro: Editora PUC-Rio; Lumen Juris, 2008.

PIÑAR MAÑAS, José Luis. *La Red Iberoamericana de Protección de datos. Declaraciones y documentos. Declarations and documents.* Valencia: Tirant lo Blanch, 2006.

PRADO, Geraldo Mascarenhas. *Prova penal e sistema de controles epistêmicos. A quebra da cadeia de custódia das provas obtidas por métodos ocultos.* São Paulo: Marcial Pons, 2014.

RAMIRO, Mónica Arenas. *El derecho fundamental a la protección de datos personales en Europa.* Valencia: Tirant lo Blanch, 2006.

RAMOS, Saulo. *A Assembleia Constituinte. O que pode e o que não pode: natureza, extensão e limitação dos seus poderes.* Rio de Janeiro: Alhambra, 1987.

REZENDE, Bruno Titz de. "Sigilo de dados cadastrais bancários e telefônicos e o Poder Geral de Polícia". *Segurança Pública & Cidadania,* vol. 3, n. 1, jan.-jun. 2010.

ROXIN, Claus. *Derecho Procesal Penal.* Trad. da 25. ed. alemã de Gabriela E. Córdoba e Daniel Pastor, revisada por Julio Maier. Buenos Aires: Del Puerto, 2000.

RUSSO, Carlo; QUAINI, Paolo M. *La Convenzione europea dei diritti dell'uomo e la giurisprudenza della corte di Strasburgo.* Milão: Giuffrè, 2006.

SARLET, Ingo Wolfgang; MARINONI, Luiz Guilherme; MITIDIERO, Daniel. *Curso de direito constitucional.* São Paulo: Revista dos Tribunais, 2012.

SARMENTO, Daniel. *Por um constitucionalismo discursivo: história constitucional brasileira, teoria da Constituição e direitos fundamentais.* Lumen Juris, 2010.

SCHREIBER, Anderson. "Direito à privacidade no Brasil: avanços e retrocessos em 25 anos de Constituição". *Direitos fundamentais e jurisdição constitucional.* Clèmerson Merlin Clève e Alexandre Freire. Coords. São Paulo: Revista dos Tribunais, 2014.

______. *Direitos da personalidade.* 3. ed. São Paulo: Atlas, 2014.

SILVA, Eduardo Araujo da. *Organizações criminosas. Aspectos penais e processuais da Lei n. 12.850/2013.* São Paulo: Atlas, 2014.

SILVA, José Afonso da. *Poder Constituinte e poder popular.* São Paulo: Malheiros, 2000.

______. *Curso de direito constitucional positivo.* 23. ed. São Paulo: Malheiros, 2004.

______. *Comentário contextual* à Constituição. São Paulo: Malheiros, 2005.

SILVA, Virgílio Afonso da. "Ulisses, as sereias e o poder constituinte derivado". *Revista de Direito Administrativo*, n. 226, 2001.

______. "Interpretação conforme a Constituição: entre a trivialidade e a centralização judicial". *Revista Direito GV* 3, vol. 2, n. 1, pp. 191-210, jan.-jun. 2006.

______. *Direitos fundamentais: conteúdo essencial, restrições e eficácia*. São Paulo: Malheiros, 2009.

TELLES JÚNIOR, Goffredo. *A Constituição, a Assembleia Constituinte e o Congresso Nacional*. 2. ed. São Paulo: Saraiva, 2014.

TRECHSEL, Stefan. *Human Rights in Criminal Proceedings. With the assistance of Sarah J. Summers*. Oxford: Oxford University Press, 2006.

TUCCI, Rogério Lauria. *Direitos e garantias individuais no processo penal brasileiro*. 2. ed. São Paulo: Revista dos Tribunais, 2004.

UNIÃO EUROPEIA, Agência dos Direitos Fundamentais da; Conselho da Europa. *Manual da legislação europeia sobre proteção de dados*. Luxemburgo, 2014.

WALDRON, Jeremy. *Torture, Terror, and Trade-Offs. Philosophy for the White House*. Oxford University Press, 2010.

VALVERDE, Patricia Esquinas. *Protección de datos personales en la policía europea*. Valencia: Tirant lo Blanch, 2010.

VILARES, Fernanda Regina. *Processo penal. Reserva de jurisdição e CPIs*. São Paulo: Onixjur, 2012.

ZEDNER, Lucia. *Too much security? Crime and Security. The international library of criminology, criminal justice & penology*. Benjamin Goold and Lucia Zedner (eds.). Oxford: Ashgate. Hampshire. England, 2006.

______. *Security*. London and New York: Routledge. Taylor & Francis Group, 2009.

CAPÍTULO 5

INTERCEPTAÇÃO TELEFÔNICA E TELEMÁTICA NA JURISPRUDÊNCIA BRASILEIRA

MARIA THEREZA DE ASSIS MOURA

RESUMO: O presente estudo apresenta um panorama do tema da interceptação telefônica e telemática, expondo o entendimento doutrinário e especialmente jurisprudencial acerca dessas técnicas de investigação no ordenamento jurídico brasileiro. Nesse contexto, após o estabelecimento de algumas premissas terminológicas, examinam-se pontos como a finalidade, os requisitos, os fundamentos e a duração das medidas, a validade das provas encontradas casualmente, a possibilidade de compartilhamento das provas obtidas com outras autoridades e a eficácia probatória dos diálogos resguardados por sigilo profissional.

1. Introdução

O crime organizado é tradicionalmente definido por suas características típicas, como a estrutura organizacional profissionalizada e permanente, a divisão de tarefas e a existência de hierarquia entre seus membros para a prática de delitos com finalidade lucrativa.

Sejam organizações criminosas violentas ou de caráter empresarial, o amplo acesso que possuem a recursos financeiros, materiais e técnicos lhes permitem dissimular ou apagar os rastros de sua atuação criminosa. Por isso, os crimes por elas praticados apresentam substanciais dificuldades probatórias se comparadas com a criminalidade tradicional, representando justamente um aumento na capacidade dos autores dos crimes.[1]

Essa circunstância exige que os órgãos de persecução penal tenham à sua disposição mecanismos mais eficientes e invasivos de investigação. Por essa razão é que o item 8 da Declaração de Princípios do Programa das Nações Unidas de Prevenção ao Crime e Justiça Criminal estabeleceu a necessidade dos Estados de "assegurar que para qualquer aumento na capacidade e na habilidade dos perpetradores do crime também haja aumentos similares na capacidade e na habilidade das autoridades de aplicação da lei e da justiça criminal".[2]

A apuração eficiente de crimes praticados por organizações criminosas em ambientes fechados, fundados na confiança e sem deixar rastros físicos de materialidade, depende, via de regra, da utilização de técnicas especiais de investigação.

Nesse sentido, o artigo 20.1 da Convenção das Nações Unidas contra o Crime Organizado Transnacional (Convenção de Palermo de 2000), internalizada no ordenamento jurídico brasileiro pelo Decreto 5.015/2004, previu que, se os princípios fundamentais do seu ordenamento jurídico nacional o permitirem, cada Estado Parte, tendo em conta as suas possibilidades e em conformidade com as condições prescritas no seu direito interno, adotará as medidas necessárias para

1. Baltazar Jr., José Paulo. *Crime organizado e proibição da insuficiência*. Porto Alegre: Livraria do Advogado, 2010. p. 170.

2. *Normas e Princípios das Nações Unidas sobre Prevenção ao Crime e Justiça Criminal*. Brasília: Secretaria Nacional de Justiça, 2009. p. 204.

permitir o recurso às técnicas especiais de investigação, a fim de combater eficazmente a criminalidade organizada.

Essa obrigação internacional assumida pelo Brasil veio a se concretizar de forma mais detalhada com o advento da Lei de Organização Criminosa (Lei 12.850/2013), que, em seu capítulo II, trata da investigação e dos meios de obtenção de prova.

O artigo 3.º da referida lei prevê os seguintes meios de obtenção de prova: a) colaboração premiada; b) captação ambiental de sinais eletromagnéticos, ópticos ou acústicos; c) ação controlada; d) acesso a registros de ligações telefônicas e telemáticas, a dados cadastrais constantes de bancos de dados públicos ou privados e a informações eleitorais ou comerciais; e) interceptação de comunicações telefônicas e telemáticas, nos termos da legislação específica; f) afastamento dos sigilos financeiro, bancário e fiscal, nos termos da legislação específica; g) infiltração por agentes policiais; e h) cooperação entre instituições e órgãos federais, distritais, estaduais e municipais na busca de provas e informações de interesse da investigação ou da instrução criminal.

Alguns desses mecanismos foram disciplinados pela lei, como a colaboração premiada (artigos 4.º a 7.º), a ação controlada (artigos 7.º e 8.º) e a infiltração de agentes (artigos 10 a 14). No que se refere à interceptação de comunicações telefônicas e telemáticas, no entanto, houve apenas remissão à legislação específica.

Nesse ponto, numa primeira análise parece ter andado bem o legislador. A interceptação de comunicações telefônicas e telemáticas está regulamentada no Brasil desde o advento da Lei 9.296/1996 e, desde então, as autoridades de persecução penal, os órgãos jurisdicionais e os advogados já tiveram ampla oportunidade de discutir e testar na prática a eficácia e as limitações desse meio de obtenção de prova.

Isso não significa dizer que a própria lei regulamentadora da interceptação telefônica não mereça alterações pontuais, através, por exemplo, da fixação de um prazo máximo de duração da medida que se mostre razoável ou da limitação da sua utilização para a investigação de crimes mais graves.

De qualquer sorte, como dito, a compreensão dos limites e das possibilidades desse mecanismo investigativo já se apresenta como substancialmente consolidada na jurisprudência brasileira, conferindo razoável segurança jurídica aos profissionais que com ele lidam. Essa estabilidade de entendimento é valiosa e não deve ser desprezada, num país marcado, a um só tempo, pela baixa eficácia da persecução penal relacionada às organizações criminosas e pelo abuso de autoridades policiais na utilização de meios invasivos de obtenção de provas.

É no embate entre a intimidade das pessoas e a efetividade do combate ao crime (organizado), renovado à luz dos modernos meios de comunicação, que se situa o debate acerca das técnicas contemporâneas de investigação.

O objetivo deste artigo é procurar, à luz da doutrina e, especialmente, da jurisprudência brasileiras, uma posição de equilíbrio entre *eficiência* e *garantismo* no exame da interceptação telefônica e telemática.[3]

2. Distinção de figuras afins

2.1 Interceptação telefônica, obtenção de registros telefônicos e acesso a dados cadastrais

No capítulo dos direitos fundamentais, a Constituição brasileira previu a inviolabilidade do "sigilo da correspondência e das comunicações telegráficas, de dados e das comunicações telefônicas, salvo, no último caso, por ordem judicial, nas hipóteses e na forma que a lei estabelecer para fins de investigação criminal ou instrução processual penal" (artigo 5.º, XII).

Quando do advento da Constituição, a redação dada ao texto constitucional foi objeto de controvérsia doutrinária.

Alguns autores defenderam que a exegese da norma indicava que somente as comunicações telefônicas seriam passíveis de quebra de sigilo, pois a expressão "salvo, no último caso" diria respeito apenas ao conteúdo dessas. A correspondência, os dados e as comunicações telegráficas estariam, assim, cobertos por sigilo absoluto,

3. Sobre a tensão entre esses dois valores no processo penal, cf. FERNANDES, Antonio Scarance. "O equilíbrio entre a eficiência e o garantismo e o crime organizado". *Revista Brasileira de Ciências Criminais*. São Paulo: RT, ano 16, n. 70, jan.-fev. 2008. pp. 229-268.

abrindo o Constituinte exceção apenas relativamente à comunicação telefônica.[4]

Outros sustentaram que a inviolabilidade absoluta somente albergaria o sigilo das correspondências, e não das demais formas de comunicação (telegráfica, de dados e telefônicas).[5] Sob este enfoque, haveria duas situações de sigilo: de um lado, o das correspondências; de outro, o das comunicações telegráficas, de dados e telefônicas, sendo possível a quebra somente "no último caso", isto é, apenas para o segundo grupo.

Em outro viés, entendeu-se que a ressalva constitucional abrangeria todas as hipóteses elencadas no artigo, ou seja, todos os modos de comunicação intersubjetiva previamente elencados, relativizando-se a presunção do sigilo desde que diante da falta de outras medidas menos invasivas.[6]

Finalmente, sustentou-se que a norma constitucional teria contemplado apenas dois casos: o primeiro, de vedação absoluta de interceptação, abrangendo a correspondência e as comunicações telegráficas; o segundo, enquadrado na exceção do dispositivo, a envolver dados e comunicações telefônicas.[7]

4. SILVA, José Afonso. *Curso de direito constitucional positivo*. 36. ed. São Paulo: Malheiros, 2013, p. 440; GRINOVER, Ada Pellegrini; FERNANDES, Antonio Scarance; GOMES FILHO, Antonio Magalhães. *As nulidades no processo penal*. 12. ed. São Paulo: RT, 2011. p. 169.

5. NERY JUNIOR, Nelson. *Constituição Federal comentada e legislação constitucional*. Nelson Nery Junior e Rosa Maria de Andrade Nery. São Paulo: RT, 2006. p. 129.

6. MORAES, Alexandre de. *Constituição do Brasil interpretada e legislação constitucional*. 9. ed. São Paulo: Atlas, 2013, p. 179. Pontua o autor que a interpretação do referido inciso deve ser feita de modo a entender que "a lei ou a decisão judicial poderão, excepcionalmente, estabelecer hipóteses de quebra das inviabilidades da correspondência, das comunicações telegráficas e de dados, sempre visando salvaguardar o interesse público e impedir que a consagração de certas liberdades públicas possam servir de incentivo à prática de atividades ilícitas".

7. Cf. STF, QO na Pet 577, Pleno, rel. Min. Carlos Velloso, j. 25.03.1992, *DJ* 23.04.1993, voto do Min. Marco Aurélio de Mello. Tendo como ponto de partida este enfoque, o Ministro rechaçou a possibilidade de se ter o sigilo relativo a "dados" como inafastável. Afirmou em seu voto: "O sigilo, a meu ver, pode ser afastado mediante a aplicação do que se contém na parte final do preceito, conforme a expressão: 'salvo, no último caso, por ordem judicial, nas hipóteses e na forma que a lei estabelecer para fins de investigação criminal ou instrução processual penal'." Embora o Ministro, em relação ao primeiro caso, tenha afirmado a inviolabilidade do sigilo da correspondência, o STF

Prevaleceu o entendimento de que a cláusula final do dispositivo se refere apenas às *comunicações telefônicas*, ou seja, ao *processo* que envolve a transmissão e a recepção de mensagens entre um emissor e um destinatário receptor por via telefônica. Significa dizer que o dispositivo impede, salvo autorização judicial, a captação da própria conversa no momento em que ela está ocorrendo. A interceptação telefônica incide sobre *o que está acontecendo*; a obtenção do registro de dados telefônicos está voltada a informações ocorridas no passado. Dessa forma, é possível concluir que a parte final do artigo 5.º, XII, protege a *comunicação de dados*, não os *dados em si mesmos*.[8]

Assim sendo, outros dados relacionados à comunicação – como o número dos terminais de origem e de destino das ligações, a hora e a duração das chamadas etc. – não têm sido entendidos como abrangidos por esta garantia constitucional específica.[9]

De toda sorte, tratando-se os registros de ligações telefônicas de dados inerentes à privacidade, estão protegidos pela cláusula geral de resguardo da intimidade, estatuída no artigo 5.º, X, da Constituição. Não havendo direitos absolutos, sua restrição deve obediência do princípio da proporcionalidade.[10] É necessário que haja justa causa para a quebra do sigilo de dados, devendo ser demonstrada, no caso concreto, a existência fundada de indícios de prática criminosa e a

já se manifestou no sentido de que a quebra do sigilo da correspondência para deslindar a prática de homicídio não é ilícita: HC 70814, 1ª Turma, rel. Min. Celso de Mello, j. 01.03.1994, *DJ* 24.06.1994. De igual modo decidiu o STJ: HC 203371, 5ª Turma, rel. Min. Laurita Vaz, j. 03.05.2012, *DJe* 17.09.2012.

8. A Lei 12.850/2013, ao enumerar, em seu artigo 3.º, meios de obtenção de prova relacionados a organizações criminosas, prevê em incisos separados o "acesso a registros de ligações telefônicas e telemáticas, a dados cadastrais constantes de bancos de dados públicos ou privados e a informações eleitorais ou comerciais" (inciso IV) e a "interceptação de comunicações telefônicas e telemáticas, nos termos da legislação específica" (inciso V).

9. De acordo com a jurisprudência do STF, "não se confundem comunicação telefônica e registros telefônicos, que recebem, inclusive, proteção jurídica distinta. Não se pode interpretar a cláusula do artigo 5.º, XII, da CF, no sentido de proteção aos dados enquanto registro, depósito registral. A proteção constitucional é da comunicação de dados e não dos dados" (HC 91867, rel. Min. Gilmar Mendes, 2ª Turma, j. 24.04.2012, *DJe* 19.09.2012).

10. Mendes, Gilmar Ferreira; Branco, Paulo Gustavo Gonet. *Curso de direito constitucional*. 9. ed. São Paulo: Saraiva, 2014. pp. 293-294.

pertinência da obtenção dos dados para o aprofundamento da investigação.

Nessa linha de raciocínio, deve-se entender que a obtenção de informação sobre os registros de identificação dos números dos terminais de origem e de destino das ligações telefônicas pela autoridade policial e pelo Ministério Público, prevista no artigo 17 da Lei das Organizações Criminosas (Lei 12.850/2013), depende de autorização judicial.

Não estando, porém, protegida por expressa cláusula de reserva da jurisdição, é possível, desde que respeitados os requisitos legais, a quebra desses dados por Comissão Parlamentar de Inquérito, conforme entendimento do Supremo Tribunal Federal.[11]

Diferente é o caso dos meros dados cadastrais do investigado, mantidos pelas empresas de telefonia, que informem exclusivamente sua qualificação pessoal, filiação e endereço. O direito fundamental à intimidade abrange as informações individuais restritas a um núcleo íntimo de relações de convivência privada, não se estendendo a toda e qualquer menção a informações pessoais, nomeadamente quando constantes de bancos de dados. Os elementos de identificação são protegidos de forma instrumental, apenas quando integrantes dessas relações de convivência privada; são essas relações que são protegidas, não os dados em si mesmos. Em consequência, simples cadastros de elementos identificadores (nome, endereço, RG, filiação

11. MS 23652, rel. Min. Celso de Mello, Tribunal Pleno, j. 22.11.2000, *DJ* 16.02.2001. De acordo com o STF, "o postulado da reserva constitucional de jurisdição importa em submeter, à esfera única de decisão dos magistrados, a prática de determinados atos cuja realização, por efeito de explícita determinação constante do próprio texto da Carta Política, somente pode emanar do juiz, e não de terceiros, inclusive daqueles a quem se haja eventualmente atribuído o exercício de 'poderes de investigação próprios das autoridades judiciais'. A cláusula constitucional da reserva de jurisdição – que incide sobre determinadas matérias, como a busca domiciliar (CF, art. 5.º, XI), a interceptação telefônica (CF, art. 5.º, XII) e a decretação da prisão de qualquer pessoa, ressalvada a hipótese de flagrância (CF, art. 5.º, LXI) – traduz a noção de que, nesses temas específicos, assiste ao Poder Judiciário, não apenas o direito de proferir a última palavra, mas, sobretudo, a prerrogativa de dizer, desde logo, a primeira palavra, excluindo-se, desse modo, por força e autoridade do que dispõe a própria Constituição, a possibilidade do exercício de iguais atribuições, por parte de quaisquer outros órgãos ou autoridades do Estado" (MS 23452, rel. Min. Celso de Mello, Tribunal Pleno, j. 16.09.1999, *DJ* 12.05.2000).

etc.) não merecem especial proteção.[12] Essa constatação se robustece, notadamente, se o requerente do acesso a tais dados está no exercício de sua função de persecução penal e a medida é pertinente à sua atividade.

Não estando estes dados cadastrais, portanto, inseridos no âmbito do direito fundamental à intimidade, parece razoável, nos termos do previsto nos artigos 17-B da Lei 9.613/1998 e 15 da Lei 12.850/2013, que a autoridade policial e o Ministério Público os acessem sem autorização judicial prévia.

Veja-se, então, que existem três graus de crescentes exigências constitucionais, conforme se verifique (mais profunda) intromissão no direito fundamental à intimidade: a) para a obtenção de dados cadastrais pelos órgãos de persecução penal, basta que haja investigação formalizada em curso e que a medida seja instrumental a tal apuração, sendo prescindível autorização judicial; b) para a obtenção dos registros telefônicos, é preciso, ademais, a existência fundada de indícios de prática criminosa e autorização judicial; e c) para a interceptação da própria comunicação telefônica, a Constituição – e, em sua concretização, a Lei 9.296/1996 – estabelece formalidades e requisitos rígidos a serem a seguir examinados.

2.2 Comunicação telefônica, telemática e ambiental

Existem diversos meios de comunicação. No presente artigo se objetiva examinar apenas a possibilidade de captação – e utilização como prova em processos penais – das mensagens transmitidas por dois desses meios: o telefônico e o telemático. Não se tratará, aqui, portanto, da comunicação ambiental, ou seja, do processo de transmissão e recepção de mensagens que se dá direta e pessoalmente entre os interlocutores, sem que haja utilização de meios físicos ou artificiais, como fios elétricos e cabos óticos.[13]

12. Ferraz Junior, Tércio Sampaio. "Sigilo de dados: o direito à privacidade e os limites à função fiscalizadora do Estado". *Revista da Faculdade de Direito da USP*. São Paulo, vol. 88, jan.-dez. 1993, p. 449.

13. Mais uma vez, a Lei 12.850/2013 aponta a existência de diferença entre as figuras, ao prever em seu artigo 3.º, como meios de obtenção de prova relacionados a organizações criminosas, num inciso a "captação ambiental de sinais eletromagnéticos,

Como antes mencionado, o artigo 5.º, XII, da Constituição se refere apenas ao sigilo das comunicações telefônicas, não mencionando comunicações telemáticas. A interceptação telemática vem mencionada apenas em sede infraconstitucional, no art. 1.º, parágrafo único, da Lei 9.296/1996, o qual dispõe que as normas ali estatuídas se aplicam "à interceptação do fluxo de comunicações em sistemas de informática e telemática".[14]

Nos termos da parte final do artigo 4.º do Código Brasileiro de Telecomunicações (Lei 4.117/1962), "telefonia é o processo de telecomunicação destinado à transmissão da palavra falada ou de sons". Já o artigo 60, § 1.º, da Lei 9.472/1997, dispõe que "telecomunicação é a transmissão, emissão ou recepção, por fio, radioeletricidade, meios ópticos ou qualquer outro processo eletromagnético, de símbolos, caracteres, sinais, escritos, imagens, sons ou informações de qualquer natureza". Daí se vê que a telefonia é apenas uma das formas de telecomunicação, qual seja, aquela destinada à transmissão da palavra falada ou de sons.[15]

A telemática, por sua vez, abrange o conjunto de serviços informáticos fornecidos através de uma rede de telecomunicações para a transmissão, a longa distância, de informação computadorizada, conjugada ou não com a utilização de telefonia. Parece coerente, numa interpretação progressiva da norma constitucional, admitir que o legislador, levando em conta o desenvolvimento tecnológico, tenha compreendido que as mesmas razões que justificam a interceptação telefônica autorizem, igualmente, a interceptação telemática.[16]

ópticos ou acústicos" (inciso II) e, em outro, a "interceptação de comunicações telefônicas e telemáticas, nos termos da legislação específica" (inciso V).

14. A previsão legal, embora tenha tido sua constitucionalidade questionada no Supremo Tribunal Federal, nunca foi afastada do nosso ordenamento jurídico e tem sido regularmente aplicada. A ação direta de inconstitucionalidade ajuizada contra o referido dispositivo teve indeferida a medida cautelar pleiteada e, depois, foi extinta sem julgamento de mérito, por ilegitimidade ativa do requerente (ADIn 1488 MC, rel. Min. Néri da Silveira, Tribunal Pleno, j. 07.11.1996, *DJ* 26.11.1999).

15. Outras formas de telecomunicação mencionadas, ao lado da telefonia, no art. 69, parágrafo único, da Lei 9.472/1997 são a telegrafia, a comunicação de dados e a transmissão de imagens.

16. Nesse sentido, cf. Lima, Renato Brasileiro de. *Manual de processo penal*. 3. ed. Salvador: Juspodivm, 2015. p. 733.

Mencionem-se, sobre esse ponto, as considerações de Gustavo Badaró:[17]

> "Uma interpretação que feche os olhos para o avanço da técnica possibilitará o desenvolvimento de uma criminalidade moderna, em especial para a prática de crimes mais sofisticados, que poderá planejar livremente seus delitos pela troca de correspondência eletrônica ou mediante transferência de dados por sistemas de telemática. O problema pode ser mais grave, ao se imaginar que, futuramente, será cada vez mais reduzida a utilização da comunicação telefônica tradicional, que será substituída pela comunicação de vozes por computadores, como já ocorre por meio do VoIP, bem como por *palmtops* e *smartphones* cada vez menores, que permitem utilização da internet e de tecnologia de comunicação de voz por sistema de telemática, e não apenas telefônica. Nesse contexto, dar ao inciso XII do art. 5.º da CR uma interpretação meramente literal – de que a ressalva, 'no último caso', possibilitaria a interceptação apenas das comunicações telefônicas – e historicamente descontextualizada – ignorando os avanços da tecnologia de comunicação eletrônica e, principalmente, telemática –, levaria à conclusão de que seria absoluta a liberdade de comunicação informática e telemática, sendo vedada qualquer restrição a tais formas de comunicação."

É dizer que a Lei 9.296/1996 se aplica não apenas aos meios antigos de comunicação telefônica, mas, também, a todos os mecanismos mais modernos de comunicação – ainda que não conjugados com a via telefônica, como sistemas de conversação instantânea escrita –, através de símbolos, caracteres, sinais, escritos, imagens, sons ou informações de qualquer natureza, como *Messenger*, *Skype*, *Facetime*, *Whatsapp* etc.[18]

17. "Interceptação de comunicações telefônicas e telemáticas: limites ante o avanço da tecnologia", *in:* Lima; Joel Corrêa de; Casara, Rubens R. R. (coords.). *Temas para uma perspectiva crítica do Direito: homenagem ao Professor Geraldo Prado.* 2. ed. Rio de Janeiro: Lumen Juris, 2012. p. 473.

18. Mais controversa é a interpretação a ser dada à "interceptação informática", também prevista no art. 1.º, parágrafo único, da Lei 9.296/1996, notadamente no que se refere à comunicação por e-mail. Para Gustavo Badaró ("Interceptação...", cit., pp. 475-477), as correspondências eletrônicas, à semelhança que ocorre com as correspondências epistolares, somente poderiam ser objeto de busca e apreensão (CPP, art. 240), mas não de interceptação – esta seria possível, apenas, no caso de comunicação de dados marcada pela instantaneidade, que, consequentemente, não admitem apreensão posterior. Em sentido contrário, a Sexta Turma do STJ decidiu que o terceiro que acessa e-mail

2.3 Interceptação, escuta e gravação

Restrito o âmbito deste artigo às comunicações telefônicas ou telemáticas, deve ser feita mais uma distinção terminológica, agora entre interceptação, escuta e gravação.

Há diversas possibilidades de captação de um diálogo: a) captação da conversa telefônica por terceiro, sem o conhecimento de nenhum dos interlocutores; b) captação da conversa telefônica por terceiro, com o conhecimento de um dos interlocutores; c) captação de conversa entre presentes (ambiental), por terceiro, sem o conhecimento de nenhum dos interlocutores; d) captação da conversa entre presentes (ambiental) por terceiro, com o conhecimento de um ou alguns dos interlocutores; e) a captação da conversa telefônica por um dos sujeitos, sem o conhecimento do outro; f) a captação da conversa pessoal e direta, entre presentes (ambiental), por um dos interlocutores, sem o conhecimento do(s) outro(s).[19]

Interceptação telefônica, em sentido estrito, é a captação da comunicação telefônica por um terceiro, sem o conhecimento de nenhum dos interlocutores. Já a *escuta telefônica* é a captação da comunicação telefônica realizada por terceiro, com o conhecimento de um dos interlocutores e desconhecimento do(s) outro(s). Por fim, *gravação telefônica* (clandestina) é a captação do diálogo telefônico efetuada por um dos interlocutores, sem o conhecimento do outro.

Somente se pode falar em interceptação se a captação de conversa é realizada por um terceiro. O ato de interceptar pressupõe a interposição de um terceiro, que não é o destinatário da mensagem. Não há dúvida, portanto, de que não existe interceptação se a captação do áudio é realizada por um dos interlocutores, como ocorre nos casos mencionados nos itens (e) e (f): nesses casos, há simples gravação ("clandestina").

do destinatário da correspondência, antes que esse a acesse, intercepta comunicação telemática ou informática, cometendo, em tese, o crime do artigo 10 da Lei 9.296/96 ("realizar interceptação de comunicações telefônicas, de informática ou telemática, ou quebrar segredo da Justiça, sem autorização judicial ou com objetivos não autorizados em lei") – cf. REsp 1428961/SP, rel. Min. Maria Thereza de Assis Moura, 6ª Turma, j. 16.06.2015, *DJe* 25.06.2015.

19. Grinover, Ada Pellegrini; Fernandes, Antonio Scarance; Gomes Filho, Antonio Magalhães. *As nulidades no processo penal*. 12. ed. São Paulo: RT, 2011, p. 166.

Não é objeto deste capítulo examinar os requisitos de validade da gravação ("clandestina") realizada por um dos interlocutores sem o conhecimento do(s) outro(s), bastando que se diga que o Supremo Tribunal Federal tem admitido a legitimidade desse meio de prova, sem que se faça necessária autorização judicial.[20] Vale lembrar que, não obstante, pode haver outro fundamento jurídico a obstar a utilização da prova – se o conteúdo da conversa, por exemplo, estiver abrangido pelo sigilo profissional.

Mais controverso é saber se o consentimento de um dos interlocutores mostra-se suficiente para legitimar a gravação realizada por um terceiro, sem o conhecimento do outro interlocutor. Trata-se de saber se a escuta telefônica corresponde a verdadeira interceptação ou a um caso de gravação clandestina.

Para alguns autores, a hipótese seria de verdadeira interceptação: a intimidade da conversa não poderia ser violada pela participação de um terceiro, a quem a mensagem não foi destinada e cuja "presença" no diálogo era desconhecida.[21] O Supremo Tribunal Federal, na mesma linha de raciocínio, já decidiu que a escuta e gravação por terceiro de comunicação telefônica alheia, ainda que com a ciência ou mesmo a cooperação de um dos interlocutores, compreende-se, dada a intervenção de terceiro, no âmbito da garantia constitucional do sigilo das comunicações telefônicas e o seu registro só se admitirá como prova se realizada mediante prévia e regular autorização judicial.[22]

20. STF, RE 583937 QO-RG, rel. Min. Cezar Peluso, j. 19.11.2009, *DJe* 17.12.2009.

21. Nesse sentido, Badaró, Gustavo. "Interceptação...", cit. p. 468; Lima, Renato Brasileiro de, *op. cit.*, p. 725. Em sentido contrário, entendendo pela licitude da escuta telefônica realizada sem autorização judicial, cf. Avolio, Luiz Fernando Torquato. *Provas ilícitas: interceptações telefônicas, ambientais e gravações clandestinas*. São Paulo: RT, 2003. p. 162; Greco Filho, Vicente. *Interceptação telefônica*. São Paulo: Saraiva, 1996, p. 5.

22. HC 80949, rel. Min. Sepúlveda Pertence, 1ª Turma, j. 30.10.2001, *DJ* 14.12.2001. Não obstante, é preciso tomar esse entendimento *cum grano salis*, sendo possível pensar em casos nos quais se deva admitir, excepcionalmente, a legalidade da gravação realizada por um dos interlocutores sem o conhecimento do outro, ainda que com auxílio de terceiro. A 6ª Turma do STJ examinou um caso em que a genitora da vítima – um menino de treze anos – solicitou auxílio técnico a terceiro – detetive particular – para a gravação de conversas realizadas através de terminal telefônico de sua residência, na qualidade de representante civil do menor impúbere e investida no poder-dever de proteção e vigilância do filho. Entendeu-se que, dada a absoluta incapa-

3. Regime constitucional e legal da interceptação telefônica e telemática

3.1 Finalidade e requisitos da medida

A Constituição estabelece uma reserva de lei qualificada para a regulamentação da interceptação telefônica – aí incluída a telemática, de acordo com o anteriormente exposto –, ao dispor que sua implementação será possível "nas hipóteses e na forma que a lei estabelecer para fins de investigação criminal ou instrução processual penal".[23] Vale notar que, antes da regulamentação legal exigida pela Constituição, não era legítima a realização de interceptação telefônica, conforme entendeu o Supremo Tribunal Federal.[24]

É o próprio texto constitucional, portanto, que dispõe que somente para subsidiar investigação criminal ou instrução processual penal é que se poderá fazer uso dessa medida. Assim sendo, não é legítima decisão judicial que autorize interceptação telefônica no âmbito de processo de natureza extrapenal – sem prejuízo de que, como exposto adiante, as provas colhidas validamente numa investigação ou processo penal sejam compartilhadas.

Ademais, o dispositivo veicula cláusula de reserva de jurisdição: somente um juiz, responsável pela supervisão de um inquérito ou pela condução de uma ação penal, pode determinar a quebra do

cidade da vítima para os atos da vida civil – e ante a notícia de que estava sendo vítima de crime de natureza hedionda –, a iniciativa da genitora de registrar conversa feita pelo filho com o autor da conjecturada prática criminosa se assemelha à gravação de conversa telefônica feita com a autorização de um dos interlocutores, sem ciência do outro, quando há cometimento de delito por este último (REsp 1026605/ES, rel. Min. Rogerio Schietti Cruz, 6ª Turma, j. 13.05.2014, *DJe* 13.06.2014). O próprio Supremo Tribunal Federal já admitiu a validade da escuta telefônica – feita por terceiro com autorização de um dos interlocutores sem o conhecimento do outro – quando há, para essa autorização, excludente de antijuridicidade. Tratava-se de gravação realizada por policiais de conversa travada entre sequestradores e familiares de vítima (HC 74678, rel. Min. Moreira Alves, 1ª Turma, j. 10.06.1997, *DJ* 15.08.1997).

23. Vale lembrar, ainda, o artigo 11.2. da Convenção Americana de Direitos do Homem, que estabelece que "ninguém pode ser objeto de ingerências arbitrárias ou abusivas em sua vida privada, em sua família, em seu domicílio ou em sua correspondência, nem de ofensas ilegais à sua honra ou reputação".

24. HC 72588, rel. Min. Maurício Corrêa, Tribunal Pleno, j. 12.06.1996, *DJ* 04.08.2000.

sigilo das comunicações telefônicas. Essa premissa é ponto fulcral da interceptação telefônica no sistema jurídico brasileiro e sobre ela não existe nenhuma controvérsia doutrinária ou jurisprudencial. Entre nós, portanto, seria cristalinamente inconstitucional uma lei que permitisse a um órgão do Poder Executivo promover, sob qualquer pretexto, interceptações telefônicas sem ordem judicial.

A lei regulamentadora do dispositivo constitucional, além de obedecer aos expressos limites constitucionais, deve ser clara quanto aos seus requisitos, de modo a permitir o controle de sua legalidade, de seu alcance e de sua forma de execução, sob pena de, por via oblíqua, tornar regra uma medida que deve ser exceção.[25]

A Lei 9.296/1996 veio a regulamentar a técnica investigativa, estabelecendo, em seu artigo 1.º, que a interceptação será decretada pelo "juiz competente da ação principal". Será, portanto, do Juízo competente para supervisionar o inquérito policial e para, posteriormente, processar e julgar a ação penal, a competência para conhecer dos pedidos de interceptação telefônica.[26]

A decretação de interceptação telefônica por juiz incompetente será nula, devendo ser desentranhada dos autos. Não se pode olvidar, porém, que, dadas as nuances das regras de repartição de competência penal, são frequentes os casos em que, na etapa preliminar da inves-

25. No direito comparado, a Corte Europeia de Direitos Humanos, ao julgar o caso *Malone vs. United Kingdon*, teve ensejo de considerar ofensiva ao artigo 8.2 da Convenção Europeia de Direitos do Homem – segundo o qual "não pode haver ingerência da autoridade pública no exercício deste direito senão quando esta ingerência estiver prevista na lei e constituir uma providência que, numa sociedade democrática, seja necessária para a segurança nacional, para a segurança pública, para o bem-estar económico do país, a defesa da ordem e a prevenção das infracções penais, a proteção da saúde ou da moral, ou a proteção dos direitos e das liberdades de terceiros" – lei nacional que se mostrou obscura e incerta quanto aos limites e ao alcance da interceptação telefônica. Cf. Bachmayer Winter, Lorena. "Investigación penal y protección de la privacidad: la jurisprudencia del Tribunal Europeo de Derechos Humanos". *Revista de Processo*. São Paulo: RT, ano 32, n. 152, out. 2007. p. 271.

26. Situação digna de nota ocorre nos casos em que leis de organização judiciária – ou mesmo atos normativos de Tribunais – preveem órgãos jurisdicionais responsáveis unicamente pela supervisão de inquéritos e análise de medidas cautelares antecedentes à propositura da ação penal. O Supremo Tribunal Federal não vislumbra a existência de nenhum vício nessa divisão de competência – cf. HC 101584, rel. Min. Dias Toffoli, 1ª Turma, j. 05.04.2011, *DJe* 09.05.2011; RHC 92354, rel. Min. Ricardo Lewandowski, 1ª Turma, j. 20.11.2007, *DJe* 06.12.2007.

tigação, o fato investigado é, ao menos aparentemente, de competência de um Juízo, mas, posteriormente, com o avanço da apuração, há descoberta de elementos que alteram a competência inicialmente fixada.

O Supremo Tribunal Federal tem vasta jurisprudência no sentido de que para a fixação da competência para a decretação da interceptação deve ser levado em conta o "fato suspeitado", vale dizer, o objeto do inquérito policial – ainda que, num momento subsequente, diverso seja o "fato imputado", que só a denúncia, eventual e futura, precisará.[27]

O artigo 2.º da lei veiculou requisitos suplementares à decretação da interceptação telefônica, prevendo, *a contrario sensu*, que somente poderá ser deferida a medida se: houver indícios razoáveis da autoria ou participação em infração penal (inciso I); a prova não puder ser feita por outros meios disponíveis (inciso II); e o fato investigado constituir infração penal punida com pena de reclusão (inciso III). O parágrafo único do dispositivo estabelece, ainda, que o pedido deve conter descrição clara da situação objeto da investigação, inclusive com a indicação e qualificação dos investigados, salvo impossibilidade manifesta, devidamente justificada.

A exigência de indícios razoáveis da autoria ou participação em infração penal (inciso I), que parece óbvia, mostra-se relevante nos tempos atuais, em que os avanços tecnológicos proporcionaram um alargamento significativo dos meios de comunicação – e, consequentemente, das possibilidades de acesso clandestino aos respectivos fluxos de informação. Especialmente na última década, com o avanço da tecnologia e sob a bandeira do combate ao terrorismo, foram desenvolvidos, notadamente nos EUA, sistemas de captação de dados em massa capazes de virtualmente extinguir a privacidade dos cidadãos.

Como já exposto, somente no âmbito de uma investigação criminal ou de um processo penal é que se admite a interceptação telefônica ou telemática. Mas, mesmo nesse âmbito da persecução penal, é preciso que se examine, individualmente, a existência de indícios de

27. HC 81260, rel. Min. Sepúlveda Pertence, Tribunal Pleno, j. 14.11.2001, *DJ* 19.04.2002.

autoria ou participação delitiva em relação a cada um dos alvos investigados. É absolutamente ilegal o deferimento indiscriminado, ainda que por juiz criminal, de interceptação telefônica "em massa".[28] Pelas mesmas razões, não se admite interceptação telefônica preventiva no ordenamento jurídico brasileiro.[29]

Ademais, a jurisprudência já estabeleceu uma clara baliza de caráter negativo a ser observada em todos os requerimentos de interceptação telefônica: não se admite a decretação da medida baseada unicamente em denúncia anônima. É possível que a denúncia anônima dê origem a procedimentos de apuração de crime, mas a decretação de medida tão invasiva como a interceptação telefônica não pode ser baseada apenas nessa *notitia criminis*: é preciso que, no mínimo, após o recebimento da informação, sejam empreendidas investigações preliminares para sua confirmação e colheita de indícios mínimos de autoria e materialidade delitiva, para, somente então, ser possível o deferimento da interceptação telefônica.[30]

Por outro lado, a necessidade de que não exista a possibilidade de obtenção da prova por outros meios (art. 2.º, II) indica a excepcionalidade da utilização da interceptação telefônica. Dada a profunda intromissão no direito fundamental à privacidade que lhe caracteriza, esse meio de obtenção de prova deve ser resguardado apenas para aqueles casos em que sua implementação se mostre estritamente necessária.

O exame acerca da necessidade da medida deve levar em consideração os indícios colhidos até aquele momento, que devem ser coerentes em apontar a participação dos pretensos alvos da interceptação na prática de infrações penais punidas com pena de reclusão.

28. Em exemplo marcante dessa prática no direito comparado, a *National Security Agency* (NSA), agência voltada à proteção dos sistemas de segurança nacionais e à produção de informações de inteligência ao governo estadunidense, vinha interceptando milhões de telefones de norte-americanos com base na *Section* 215 do chamado *Patriot Act* – lei editada logo em seguida ao atentado de 11 de setembro de 2001 com a finalidade de garantir instrumentos hábeis de combate ao terrorismo. Recentemente, essa sistemática interceptação telefônica realizada de forma indiscriminada foi declarada ilegal por uma Corte Federal dos EUA. CF. *ACLU vs. Clapper*, 9th Cir., 168 U. S. 14, 42 (2015).

29. Badaró, Gustavo. "Interceptação...", cit., pp. 478-481.

30. STJ, HC 235407/SP, rel. Min. Maria Thereza de Assis Moura, 6ª Turma, j. 09.09.2014, *DJe* 24.09.2014.

Nada impede – pelo contrário, demonstra a prudência do juiz – que, num primeiro momento, a interceptação telefônica seja indeferida, dada a possível existência de outras provas para a obtenção dos elementos perseguidos, e que, posteriormente, verificada a inviabilidade do prosseguimento da investigação sem a sua decretação, a medida venha a ser decretada.

É delicada a análise realizada *a posteriori* a respeito das formas de obtenção de prova passíveis de utilização no momento em que se requereu a interceptação telefônica. Deve-se reconhecer a dificuldade de distinguir com clareza, em cada caso concreto, se havia ou não outros meios de investigação possíveis para a obtenção da prova. Nesse contexto, frise-se que é atribuição legal da autoridade policial conduzir as investigações para a apuração de infrações penais (CPP, artigo 4.º). E existe, evidentemente, um campo de discricionariedade nessa atividade. Não é papel do Poder Judiciário substituir-se à autoridade policial na condução da atividade de investigação, limitando-se a, coibindo as possíveis ilegalidades, garantir os direitos individuais do investigado.

Por oportuno, colhe-se a lição de Ada Pellegrini Grinover, Antonio Magalhães Gomes Filho e Antonio Scarance Fernandes a esse respeito:[31]

> "Mas poderão surgir dúvidas, na *praxis*, quando a interceptação tiver sido autorizada por considerá-la o magistrado, no juízo de admissibilidade, o único meio possível de colheita da prova, demonstrando-se após que outros existiam. Parece-nos que, nesse caso, a interceptação não poderá ser considerada ilícita (*rectius*, ilegítima), por configurar a exigência do inc. II do art. 2.º requisito necessário à autorização, mas não condição de validade da prova. Se, naquele momento, à cognição sumária do juiz, a quebra do sigilo pareceu ser o único meio disponível para a obtenção da prova, a autorização terá sido legal e não perderá essa característica se se constatar, depois, a possibilidade de utilização de provas colhidas por outros meios."

31. Grinover, Ada Pellegrini; Gomes Filho, Antônio Magalhães; Fernandes, Antonio Scarance, *op. cit.*, p. 176.

Deve-se reconhecer a nulidade da interceptação telefônica naqueles casos em que a autoridade policial ou o Ministério Público agirem com evidente excesso, não coarctado pelo magistrado.

À luz dessa lógica é que se deve perquirir, no caso concreto, se a autoridade policial demonstrou de forma razoável sua percepção da inexistência de outros meios de prova ou se houve abuso na utilização prematura e desnecessária da interceptação. Na primeira hipótese, o reconhecimento da ilicitude da prova por existência de outro meio eficaz de obtenção da prova não produziria benefício algum aos procedimentos de investigação policiais futuros, pois as autoridades envolvidas na persecução penal teriam tomado todas as precauções que lhes eram exigíveis. Anular as provas sob o argumento de que, numa visão *a posteriori* do Poder Judiciário, haveria outras diligências investigatórias a serem realizadas antes das interceptações telefônicas, seria medida desarrazoada, desvinculada da finalidade que orienta a norma do artigo 2.º, inciso II, da Lei 9.296/1996.[32]

Por fim, o dispositivo restringe a utilização da medida à investigação de crimes punidos com reclusão (art. 2.º, III). Assim, é vedada a interceptação telefônica e telemática na investigação de crimes punidos no máximo com pena de detenção. Isso não significa, como exposto adiante, que não possam ser utilizados como prova os elementos referentes a tais delitos colhidos casualmente numa investigação que tenha por objeto crimes punidos com reclusão.

3.2 Fundamentação da decisão e possibilidade de prorrogação da diligência

É a própria Constituição que exige que todas as decisões judiciais sejam fundamentadas (artigo 93, IX). De toda sorte, o artigo 5.º da Lei 9.296/1996 reforça a obrigação.

32. Além disso, destaque-se que, de acordo com jurisprudência do STJ, "é ônus da defesa, quando alega violação ao disposto no artigo 2.º, inciso II, da Lei 9.296/1996, demonstrar que existiam, de fato, meios investigativos alternativos às autoridades para a elucidação dos fatos à época na qual a medida invasiva foi requerida, sob pena de a utilização da interceptação telefônica se tornar absolutamente inviável" (RHC 39927/SP, rel. Min. Jorge Mussi, j. 16.12.2014, *DJe* 03.02.2015).

Admite-se que a fundamentação seja sucinta, até porque o pedido de interceptação deve ser analisado no prazo máximo de vinte e quatro horas (artigo 4.º, § 2.º). Nem por isso, poderá deixar de indicar o quadro fático e o preenchimento dos requisitos legais. Há vasta gama de precedentes em que se reconheceu a nulidade de decisões de interceptação telefônica por ausência de fundamentação.[33]

A propósito, embora seja evidente, não é excessivo mencionar – dada a eventual ocorrência prática dessa situação – que a decisão judicial deve explicitar os seus *verdadeiros fundamentos*, não sendo admissível, no Estado de Direito, que a autoridade judicial oculte suas verdadeiras razões dos investigados.[34] Conforme já decidiu a 6ª Turma do STJ, a fundamentação das decisões judiciais não se compadece com justificação transversa, utilizada apenas como forma de tangenciar a verdade real e confundir a defesa dos investigados, mesmo que supostamente imbuída dos melhores sentimentos de proteção social.[35]

Por outro lado, o Supremo Tribunal Federal tem admitido a fundamentação *per relationem* para a quebra do sigilo, vale dizer, a técnica por meio da qual o magistrado se utiliza de trechos de decisão anterior ou de parecer ministerial como razão de decidir.[36]

Ainda que considerado válido pela jurisprudência, tal método é criticável, sendo prudente que o juiz teça suas próprias razões em

33. Entre outros, cf. STJ, RHC 50169/MT, rel. Ministra Maria Thereza de Assis Moura, 6ª Turma, j. 26.05.2015, *DJe* 10.06.2015; HC 251540/SP; STJ, rel. Ministra Maria Thereza de Assis Moura, 6ª Turma, j. 05.08.2014, *DJe* 18.08.2014.

34. Nas palavras de Mauricio Zanoide de Moraes, "deve haver, na consciência judicial, uma clara diferença entre a 'responsabilidade social do juiz' de informar com clareza e precisão todos os caminhos fáticos e jurídicos escolhidos em sua decisão, sem com isso se deixar guiar por razões outras que se distanciem dos fatos demonstrados nos autos ou das razões constitucionais impostas pela lei. É a manutenção da legitimidade e do prestígio jurisdicional pela coerência contida na decisão diante das condições fático-jurídicas, não pela obrigatória identificação de sua decisão com razões estabelecidas por outros critérios manipuláveis e momentâneos" (*Presunção de inocência no processo penal brasileiro: análise de sua estrutura normativa para a elaboração legislativa e para a decisão judicial.* Rio de Janeiro: Lumen Juris, 2010, p. 322).

35. HC 159159/SP, rel. Min. Maria Thereza de Assis Moura, 6ª Turma, j. 05.04.2011, *DJe* 30.05.2011.

36. RHC 108926, rel. Min. Teori Zavascki, 2ª Turma, j. 24.02.2015, *DJe* 09.03.2015; HC 118882, rel. Min. Gilmar Mendes, 2ª Turma, j. 10.06.2014, *DJe* 27.08.2014; HC 116166, rel. Min. Gilmar Mendes, 2ª Turma, j. 27.05.2014, *DJe* 25.06.2014.

cada decisão de interceptação ou de prorrogação da medida, a par da referência feita à argumentação do Ministério Público ou da autoridade policial. Como dito, tal decisão pode ser sucinta, mas é relevante que o juiz deixe claro que está efetivamente supervisionando a medida e que tem acompanhado os indícios colhidos, explicitando as razões pelas quais entende que a interceptação deve prosseguir. Em síntese: a decisão não precisa ser longa, mas deve ser suficientemente fundamentada.

No que diz respeito ao prazo de duração da medida, a Lei 9.296/1996 estabeleceu, em seu artigo 5.º, que a diligência "não poderá exceder o prazo de quinze dias, renovável por igual tempo uma vez comprovada a indispensabilidade do meio de prova".

A doutrina sempre sustentou que esse prazo seria peremptório, sendo admitida uma única prorrogação.[37] Esse entendimento chegou a ser adotado em um precedente do STJ.[38]

Apesar da disposição legal expressa, o STF admite a sucessiva prorrogação de interceptações telefônicas, desde que respeitado o prazo de 15 dias entre cada uma delas.[39] De acordo com o Supremo, deve ser examinado cada caso concreto, de modo que será considerada "lícita a prorrogação do prazo legal de autorização para interceptação telefônica, ainda que de modo sucessivo, quando o fato seja complexo e, como tal, exija investigação diferenciada e contínua".[40]

Também tem o Supremo Tribunal Federal admitido a prorrogação de interceptação telefônica através de fundamentação *per relationem*.[41] Como já mencionado, apesar desse entendimento, deve o juiz tecer suas próprias razões em cada decisão de prorrogação da interceptação, examinando a prova colhida e expondo, conquanto sucintamente, as razões que demonstram a necessidade de continuidade da medida.

37. Prado, Geraldo. *Limites às interceptações telefônicas e a jurisprudência do Superior Tribunal de Justiça*. Rio de Janeiro: Lumen Juris, 2005, pp. 42-43.

38. HC 76686/PR, rel. Min. Nilson Naves, 6ª Turma, j. 09.09.2008, *DJe* 10.11.2008.

39. RHC 108926, rel. Min. Teori Zavascki, 2ª Turma, j. 24.02.2015, *DJe* 09.03.2015; HC 121271 AgR, rel. Min. Celso de Mello, 2ª Turma, j. 13.05.2014, *DJe* 25.08.2014.

40. Inq. 2424, rel. Min. Cezar Peluso, Tribunal Pleno, j. 26.11.2008, *DJe* 25.03.2010.

41. STF, HC 92020, rel. Min. Joaquim Barbosa, 2ª Turma, j. 21.09.2010; *DJe* 08.11.2010; STF, HC 106129, rel. Min. Dias Toffoli, 1ª Turma, j. 06.03.2012, *DJe* 26.03.2012.

O legislador perdeu, mais uma vez, a oportunidade de fixar um prazo máximo, mais razoável, de duração da medida – estabelecendo, eventualmente, um período mais alargado para investigações envolvendo o crime organizado.

3.3 Transcrição integral das gravações e acesso integral ao suporte de mídia

O artigo 6.º, § 1.º, da Lei 9.296/1996 dispõe que "no caso de a diligência possibilitar a gravação da comunicação interceptada, será determinada a sua transcrição".

Sobre esse dispositivo, o Supremo Tribunal Federal decidiu que "o disposto no art. 6.º, § 1.º, da Lei Federal 9.296, de 24 de julho de 1996, só comporta a interpretação sensata de que, salvo para fim ulterior, só é exigível, na formalização da prova de interceptação telefônica, a transcrição integral de tudo aquilo que seja relevante para esclarecer sobre os fatos da causa *sub iudice*".[42]

De fato, não se mostra razoável exigir, sempre e de modo irrestrito, a degravação integral das escutas telefônicas, haja vista o prazo de duração da interceptação e o tempo razoável para dar-se início à instrução criminal, porquanto há diversos casos em que, ante a complexidade dos fatos investigados, existem milhares de horas de gravações. Assim, há de ser feita uma seleção daquilo que deve, realmente, constar dos autos para a defesa e para a acusação, sendo dispensável a transcrição de tudo aquilo irrelevante para a persecução criminal.

Nada impede, contudo, que o magistrado condutor do processo, assim entendendo necessário, determine que seja feita a transcrição integral dos diálogos interceptados, não sendo legítimo ao Ministério Público se opor a essa determinação.[43]

Por outro lado, de qualquer sorte, para resguardar a observância dos princípios da ampla defesa e do contraditório, faz-se imperioso que as defesas tenham acesso à integralidade dos suportes de mídias que contém os diálogos interceptados.

42. Inq 2424, rel. Min. Cezar Peluso, Tribunal Pleno, j. 26.11.2008, *DJe* 25.03.2010.

43. STF, AP 508 AgR, rel. Min. Marco Aurélio, Tribunal Pleno, j. 07.02.2013, *DJe* 16.08.2013.

Em primeiro lugar, nos termos da Súmula Vinculante n. 14 do STF, "é direito subjetivo do defensor, no interesse do representado, ter acesso amplo aos elementos de prova que, já documentados em procedimento investigatório realizado por órgão com competência de polícia judiciária, digam respeito ao exercício do direito de ampla defesa".

Além disso, se a acusação valeu-se da totalidade das gravações para pinçar, segundo seu livre arbítrio e convencimento, as partes relevantes para embasar a denúncia, também aos defensores deve ser franqueado o mesmo direito, sob pena de afronta ao princípio da paridade de armas.[44]

3.4 Encontro fortuito de provas ("serendipidade")

Há controvérsia no que se refere à possibilidade de utilização das provas colhidas através de interceptação telefônica em relação a fatos diversos daqueles que justificaram a medida. Trata-se do chamado encontro fortuito ou casual de provas.

Parte da doutrina defende que somente seria possível a utilização desses diálogos captados fortuitamente se relacionados a delitos conexos com aqueles investigados; caso ausente essa conexão, porém, tais elementos ainda poderiam ser utilizados, mas apenas como *notitia criminis* para a deflagração de novas investigações.[45]

Essa posição parece fundada em precedentes do STF, nos quais se decidiu que, "uma vez realizada a interceptação telefônica de forma fundamentada, legal e legítima, as informações e provas coletas dessa diligência podem subsidiar denúncia com base em crimes puníveis com pena de detenção, desde que conexos aos primeiros tipos penais que justificaram a interceptação".[46]

Apesar disso, a circunstância de os crimes descobertos fortuitamente serem conexos aos crimes objeto da investigação, utilizada

44. STJ, HC 199730/CE, rel. Min. Napoleão Nunes Maia Filho, 5ª Turma, j. 28.06.2011, *DJe* 31.08.2011.

45. Lima, Renato Brasileiro de, *op. cit.*, pp. 749-750.

46. HC 83515, rel. Min. Nelson Jobim, Tribunal Pleno, j. 16.09.2004, *DJ* 04.03.2005; AgRg no AgIn 626214, rel. Min. Joaquim Barbosa, 2ª Turma, j. 21.09.2010, *DJ* 08.10.2010.

como argumento de reforço pelo STF nos referidos precedentes, tem sido considerada irrelevante para a tomada de posição sobre a admissibilidade da utilização desses elementos em outra investigação.

Se não existe conexão os elementos devem ser encaminhados à autoridade policial competente para a instauração do pertinente inquérito voltado à apuração da prática delituosa.[47] Mas não se vislumbra fundamento para que se desconsidere a força probatória dos elementos aí colhidos, desde que resguardado, evidentemente, o direito ao contraditório diferido na ação penal que venha eventualmente a ser instaurada a partir da investigação iniciada.

Em outras palavras, não é a conexão o critério determinante a justificar a licitude ou a importância da prova. Uma vez franqueada a medida excepcional da interceptação telefônica, não há por que se recusar a validade e a utilidade dos elementos colhidos relacionados a outros delitos. Uma coisa é a justificação para a autorização da medida; outra coisa, distinta, é o aproveitamento do conteúdo da prova colhida para subsidiar outras investigações.[48]

O que importa é verificar, portanto, se a interceptação telefônica foi validamente decretada, ou seja, se, no momento da decisão judicial, objetivava-se investigar infrações penais punidas com reclusão e se estavam presentes os demais requisitos legais para o deferimento da medida excepcional.

Esse entendimento tem sido adotado no Superior Tribunal de Justiça, que tem se embasado na ideia – construída jurisprudencialmente – de "serendipidade" para justificar a legitimidade do encontro fortuito de provas.[49]

47. Aliás, considerando que, como exposto anteriormente, a competência para a decretação da interceptação telefônica é firmada em razão do fato "suspeitado" (teoria do juízo aparente), pode ocorrer de a medida ser deferida e, no seu curso, verificar-se a comprovação tão-somente da prática, em tese, de outro delito, da competência de outro Juízo. Nesse caso, o feito deverá ser remetido ao Juízo competente. Nesse sentido, cf. STJ, CC 87.589/SP, rel. Min. Og Fernandes, 3ª Seção, j. 25.03.2009, *DJe* 24.04.2009; STJ, HC 56.222/SP, rel. Min. Laurita Vaz, 5ª Turma, j. 11.12.2007, *DJ* 07.02.2008.

48. No mesmo sentido, cf. Oliveira, Eugenio Pacelli. *Curso de processo penal*. 11. ed. Rio de Janeiro: Lumen Juris, 2009, p. 323.

49. APn 690/TO, rel. Min. João Otávio de Noronha, Corte Especial, j. 15.04.2015, *DJe* 22.05.2015.

E parece, igualmente, ter sido já encampado pelo Supremo Tribunal Federal, quando decidiu que "o simples encontro fortuito de prova de infração que não possui relação com o objeto da investigação em andamento não enseja o *simultaneus processus*".[50] Afinal, de acordo com esse raciocínio, "o Estado não deve quedar-se inerte ao ter conhecimento da prática de outros delitos no curso de interceptação telefônica legalmente autorizada".[51]

De todo modo, reconheça-se que esse entendimento pode levar a abusos por parte das autoridades de persecução penal. É recomendável, para restringir essa possibilidade de abusos, que a lei discipline os limites de admissibilidade dos conhecimentos fortuitos, prevendo, por exemplo, a necessidade de que, uma vez constatados indícios de outros delitos, seja feito requerimento específico de sua utilização ao juiz responsável pela supervisão da investigação.

3.5 Compartilhamento de provas obtidas mediante interceptação telefônica ou telemática

Aplica-se, nesse tópico, o mesmo raciocínio desenvolvido na análise do encontro fortuito de provas: se a interceptação telefônica foi validamente decretada para a investigação de crimes punidos com reclusão, os elementos aí colhidos são legítimos meios de prova e não há impedimento à sua utilização em outros procedimentos sancionadores, sejam penais ou administrativos.

Conforme decidido pelo Supremo Tribunal Federal,

> "(...) dados obtidos em interceptação de comunicações telefônicas e em escutas ambientais, judicialmente autorizadas para produção de prova em investigação criminal ou em instrução processual penal, podem ser usados em procedimento administrativo disciplinar, contra a mesma ou as mesmas pessoas em relação às quais

50. RHC 120379, rel. Min. Luiz Fux, 1ª Turma, j. 26.08.2014, *DJe* 23.10.2014.

51. HC 105527, rel. Min. Ellen Gracie, 2ª Turma, j. 29.03.2011, *DJe* 12.05.2011. A propósito, o artigo 40 do Código de Processo Penal dispõe expressamente que os próprios juízes ou tribunais, quando verificarem a existência de crime de ação pública, remeterão ao Ministério Público as cópias e os documentos necessários ao oferecimento da denúncia.

foram colhidos, ou contra outros servidores cujos supostos ilícitos teriam despontado à colheita dessa prova."[52]

A admissibilidade do compartilhamento parte da distinção entre *produção da prova* e seu *uso processual* em sentido lato. Se, preenchidos os pressupostos constitucionais e legais à interceptação, não existe razão *a priori* para impedir o seu posterior compartilhamento – ressalvada a eventual utilização indevida da interceptação já preordenadamente requerida, de forma fraudulenta, para a captação de elementos externos ao objeto formal da investigação.

Para que a prova compartilhada possa ser utilizada em outro processo, contudo, deve ser reproduzida integral e identicamente no processo de destino. Para que o Juízo ou o órgão administrativo que recebe as provas compartilhadas possa se assegurar de que todas as mídias das interceptações foram compartilhadas, tem de estar clara a cadeia de custódia da prova.

Alude-se aqui ao requisito, desenvolvido pela jurisprudência espanhola, da "mesmidade" da prova, ou seja, o asseguramento de que a prova valorada é exata e integralmente a "mesma" que foi colhida fora do processo – ou, como no caso concreto, em outro processo.

A propósito, confira-se a seguinte passagem pronunciada pelo Tribunal Supremo da Espanha na Sentencia:[53]

> "El problema que plantea la cadena de custodia, hemos dicho en STS 6/2010 de 27.1 es garantizar que desde que se recogen los vestigios relacionados con el delito hasta que llegan a concretarse como pruebas en el momento del juicio, aquello sobre lo que recaerá la inmediación, publicidad y contradicción de las partes y el juicio de los juzgadores es lo mismo. Es a través de la cadena de custodia como se satisface la garantía de la 'mismidad' de la prueba. Se ha dicho por la doctrina que la cadena de custodia es una figura tomada de la realidad a la que tiñe de valor jurídico con el fin de, en su caso, identificar el objeto intervenido, pues al tener que pasar por distintos lugares para que se verifiquen los correspondientes exámenes, es necesario tener la seguridad de que lo que se traslada y analiza es lo mismo en

52. Inq. 2424 QO-QO, rel. Min. Cezar Peluso, Tribunal Pleno, j. 20.06.2007, *DJe* 23.08.2007, *DJ* 24.08.2007.

53. T.S. 776/2011 (Sala 2), de 20 de Julio.

todo momento, desde el momento en que se interviene hasta el momento final que se estudia y analiza y, en su caso, se destruye."

Com esse requisito se pretende evitar, pois, a manipulação da prova por uma das partes. A seleção feita pela acusação – de forma evidentemente parcial, ainda que de boa-fé – altera a prova emprestada dos autos originais, que deixa de ser a "mesma" e passa a ser "outra".

3.6 Captação de diálogos resguardados por sigilo profissional

Se, no curso da interceptação telefônica, são captados diálogos travados no âmbito da relação profissional e resguardados pelo sigilo legal, tais conversas não podem ser aproveitadas no processo penal, devendo ser desentranhadas dos autos. Incide, nessa hipótese, a norma do artigo 7.º, II, do Estatuto da OAB, que garante o direito à "inviolabilidade de seu escritório ou local de trabalho, bem como de seus instrumentos de trabalho, de sua correspondência escrita, eletrônica, telefônica e telemática, desde que relativas ao exercício da advocacia".

Evidentemente, não cabe à autoridade policial realizar o desentranhamento dos autos, pois não lhe compete fazer essa análise. A impossibilidade desse "filtro" atua, inclusive, como verdadeira garantia ao cidadão, porquanto retira da esfera de arbítrio da polícia escolher o que é ou não conveniente ser interceptado e gravado. Todo o material colhido – inclusive os diálogos travados com o advogado – deverá ser introduzido no processo, no intuito de ser utilizado como meio de prova. Cabe ao órgão jurisdicional, destinatário da prova, averiguar o que é ou não pertinente ser mantido no processo e qual seu valor.[54]

Por outro lado, é sabido que não existem direitos absolutos no ordenamento jurídico pátrio, motivo pelo qual se há efetiva suspeita de que crimes estariam sendo cometidos por pessoas detentoras de prerrogativas de sigilo profissional – como advogados – resta autorizado o afastamento do sigilo de suas comunicações.

54. STF, HC 91867, rel. Min. Gilmar Mendes, 2ª Turma, j. 24.04.2012, *DJe* 19.09.2012.

O exercício da advocacia não pode ser invocado como pretexto para legitimar a prática delituosa, de modo que se os ilícitos forem cometidos na qualidade de advogado, nada impede que os diálogos sejam gravados mediante autorização judicial e utilizados como prova em ação penal.

Nesse caso, será necessária autorização judicial específica, em decisão na qual sejam expostos os indícios que apontam para a participação do advogado em práticas criminosas. Não podem ser aproveitados diálogos travados no âmbito da relação profissional e resguardados pelo sigilo legal, sem que tenha havido uma suspeita prévia da utilização indevida dessas garantias expressamente fundamentada na decisão judicial de interceptação.

4. À guisa de conclusão

Passados quase vinte anos do advento da lei regulamentadora de interceptação das comunicações telefônicas e telemáticas, verifica-se que já existe uma jurisprudência relativamente consolidada a respeito dessas medidas invasivas. Talvez essa estabilidade tenha sido levada em conta pelo legislador que, ao dispor sobre interceptações telefônicas e telemáticas na Lei de Organização Criminosa (Lei 12.850/2013), limitou-se a remeter à legislação de regência.

Ainda assim, há espaço para o aperfeiçoamento da disciplina desse meio de obtenção de provas, tanto do ponto de vista legislativo, como do ponto de vista da prática jurídica.

Legislativamente, seria interessante a fixação de prazos mais razoáveis de duração da medida, bem como sua restrição para crimes mais graves – *v.g.*, punidos com pena privativa de liberdade máxima superior a quatro anos.

Sob o aspecto da prática jurídica, os juízes devem tratar essa medida com a sensibilidade inerente à profunda invasão de privacidade por ela produzida, examinando detidamente os elementos de prova colhidos e avaliando de forma rigorosa, em cada caso e em cada prorrogação, a efetiva necessidade de início e de continuidade da medida.

Bibliografia

Avolio, Luiz Fernando Torquato. *Provas ilícitas: interceptações telefônicas, ambientais e gravações clandestinas*. São Paulo: RT, 2003.

Bachmayer Winter, Lorena. "Investigación penal y protección de la privacidade: la jurisprudencia del Tribunal Europeo de Derechos Humanos". *Revista de Processo*. São Paulo: RT, ano 32, n. 152, out. 2007.

Badaró, Gustavo. "Interceptação de comunicações telefônicas e telemáticas: limites ante o avanço da tecnologia". *in:* Lima; Joel Corrêa de; Casara, Rubens R. R. (coord.). *Temas para uma perspectiva crítica do direito: homenagem ao Professor Geraldo Prado*. 2. ed. Rio de Janeiro: Lumen Juris, 2012.

Baltazar JR., José Paulo. *Crime organizado e proibição da insuficiência*. Porto Alegre: Livraria do Advogado, 2010.

Fernandes, Antonio Scarance. "O equilíbrio entre a eficiência e o garantismo e o crime organizado". *Revista Brasileira de Ciências Criminais*. São Paulo: RT, ano 16, n. 70, jan.-fev. 2008.

Ferraz Junior, Tércio Sampaio. "Sigilo de dados: o direito à privacidade e os limites à função fiscalizadora do Estado". *Revista da Faculdade de Direito da USP*. São Paulo, vol. 88, jan.-dez. 1993.

Greco Filho, Vicente. *Interceptação telefônica*. São Paulo: Saraiva, 1996.

Grinover, Ada Pellegrini. *Provas ilícitas, interceptações e escutas*. Brasília: Gazeta Jurídica, 2013.

______; Fernandes, Antonio Scarance; Gomes Filho, Antonio Magalhães. *As nulidades no processo penal*. 12. ed. São Paulo: RT, 2011.

Lima, Renato Brasileiro de. *Manual de processo penal*. 3. ed. Salvador: Juspodivm, 2015.

Mendes, Gilmar Ferreira; Branco, Paulo Gustavo Gonet. *Curso de direito constitucional*. 9. ed. São Paulo: Saraiva, 2014.

Moraes, Alexandre de. *Constituição do Brasil interpretada e legislação constitucional*. 9. ed. São Paulo: Atlas, 2013.

Moraes, Maurício Zanoide. *Presunção de inocência no processo penal brasileiro: análise de sua estrutura normativa para a elaboração legislativa e para a decisão judicial*. Rio de Janeiro: Lumen Juris, 2010.

NERY JÚNIOR, Nelson; NERY, Rosa Maria de Andrade. *Constituição Federal comentada e legislação constitucional*. São Paulo: RT, 2006.

OLIVEIRA, Eugenio Pacelli. *Curso de processo penal*. 11. ed. Rio de Janeiro: Lumen Juris, 2009.

PRADO, Geraldo. *Limites às interceptações telefônicas e a jurisprudência do Superior Tribunal de Justiça*. Rio de Janeiro: Lumen Juris, 2005.

SILVA, José Afonso. *Curso de direito constitucional positivo*. 36. ed. São Paulo: Malheiros, 2013.

CAPÍTULO 6

BREVE CRÍTICA AO AFASTAMENTO DOS SIGILOS FINANCEIRO, BANCÁRIO E FISCAL NA LEI 12.850/2013

Marcus Alan de Melo Gomes

Resumo: A Lei 12.850/2013 define organizações criminosas, dispõe sobre a correspondente persecução penal e prevê meios específicos de obtenção de prova, dentre eles o afastamento dos sigilos financeiro, bancário e fiscal. O presente ensaio tem o propósito de delinear breves reflexões críticas sobre esse instrumento probatório, partindo da premissa de que sua atual disciplina jurídica se insere no discurso eficientista e simbólico da repressão penal. Instituiu-se um verdadeiro microssistema de investigação para o crime organizado que, no tocante à quebra dos sigilos financeiro, bancário e fiscal, não está apropriadamente regulado pela legislação específica. Surgem, como efeito desse quadro, incongruências normativas que tendem a afetar garantias fundamentais do processo penal. A solução proposta é que se proceda a uma leitura sistêmica e constitucional da lei, de modo a serem definidos critérios de equiparação com outras normas de natureza processual penal que também regulam relativizações à privacidade e intimidade da pessoa, como ocorre particularmente com as interceptações telefônicas.

1. Introdução

O debate sobre a política criminal no Brasil nos anos posteriores à promulgação da Constituição Federal de 1988 vem se concentrando em questões cuja prevalência costuma-se atribuir aos tempos em que vivemos. O novo cenário da vida humana na era pós-industrial estaria a reclamar contextualização jurídica, especialmente na esfera penal. E assim se vão quase três décadas em que a ideia de *controle* tem inspirado as iniciativas legislativas no país, realçando o papel desempenhado pela agência de criminalização primária do sistema punitivo.

Depois dos crimes hediondos, do trânsito, do meio ambiente, da ordem tributária e econômica, das relações de consumo, dos conflitos de gênero e de outros tantos temas que permearam a expansão dos mecanismos normativos de repressão[1] – multiplicação de tipos penais com predominância das figuras de crime de perigo, ampliação dos limites abstratos de penas privativas de liberdade, proliferação de qualificadoras e causas de aumento de pena, afrouxamento de garantias relativas à responsabilidade penal subjetiva e à taxatividade da lei penal são apenas alguns exemplos desse fenômeno – chegou a vez do que entre nós se resolveu designar, pelo aportuguesamento de uma expressão estrangeira, de *crime organizado*, ou daquilo que seriam os dentes dessa engrenagem que constitui uma abstração jurídica de difícil delineamento: as *organizações criminosas*.

O ícone de mais esse episódio de reforço das ferramentas punitivas é a Lei 12.850, de 2 de agosto de 2013, que além de definir, com preocupante imprecisão, organização criminosa, dispõe também sobre a investigação e o procedimento criminais, meios de obtenção de prova e infrações penais correlatas. Não há dúvida de que o novo texto legal supre uma lacuna desde sempre existente na legislação

1. E a tendência é de alargamento desse impulso repressivo, o que se percebe pela significativa quantidade de projetos de lei que tramitam no Congresso Nacional versando sobre incriminação, como acontece com os que tratam de condutas consideradas lesivas aos chamados grupos vulneráveis (homofobia, pedofilia etc.).

brasileira em relação à criminalidade organizada, o que facilmente se constata por um breve levantamento do que, em termos normativos, existia antes de sua promulgação. A Lei 9.034/1995 – que, pode-se dizer, foi a primeira a tratar especificamente de questões atinentes ao crime organizado – produziu mais problemas do que soluções. Como não esclareceu o que seria, para seus fins, uma *organização criminosa* ou o que deveria ser considerado *crime organizado*, abriu espaço para que a doutrina e a jurisprudência se aventurassem nesse encargo. O resultado foi uma grande confusão conceitual, com a sobreposição da descrição típica do crime de quadrilha ou bando (art. 288 do Código Penal) à noção de organização criminosa. Posteriormente, com a publicação da Lei 12.217/2001, perdeu-se uma grande oportunidade de se regulamentar a matéria com o rigor recomendável, pois limitou-se o novo texto a modificar pontualmente a redação da lei anterior, introduzindo, em seu art. 1.º, a expressão "organizações ou associações criminosas de qualquer tipo". O que ia mal ficou pior: passou-se a ter uma lei que tratava simultaneamente de crimes cometidos por *quadrilha ou bando*, *organizações criminosas* e, além destas, *associações criminosas* – com o destaque de que poderiam ser de *qualquer tipo* – sem que se soubesse exatamente qual era a diferença entre tais categorias jurídicas. No plano processual, nada além de uma lista de "procedimentos de investigação e produção de provas", que se somavam aos meios probatórios já previstos no Código de Processo Penal. Um quadro normativo que exigia, seguramente, uma completa alteração.

A Lei 12.850/2013 representa, nesse sentido, uma tentativa de regulamentação de uma matéria complexa e, no caso brasileiro, carente de tratamento mais detalhado e cuidadoso. Esse talvez seja um de seus poucos pontos positivos, senão o único. O objetivo desse breve ensaio consiste em analisar, num enfoque pontual e a partir da necessidade de acomodação da nova lei no sistema acusatório constitucional, alguns aspectos processuais relacionados aos meios de obtenção de prova admitidos na persecução penal de crimes atribuídos a organizações criminosas, com uma especial atenção ao afastamento dos sigilos financeiro, bancário e fiscal previsto no art. 3.º, VI, do texto legal agora em vigor. Trata-se de uma medida que, como se verá, reproduz problemas que já existiam e que poderiam ter sido sanados, além de criar outros pontos de tensão, em virtude dos contornos legais que lhe foram conferidos, ou que não lhe foram, quando deveriam.

Assim, muitas questões frequentemente tidas como relevantes, a exemplo do confronto entre a relativização dos sigilos financeiro, bancário e fiscal e a inviolabilidade da privacidade e intimidade asseguradas no art. 5.º, X, da Constituição Federal; da legitimidade dos órgãos públicos de arrecadação fiscal, notadamente da Receita Federal, para obter diretamente informações sobre movimentação financeira e bancária de contribuintes; bem como do acesso do Banco Central a dados de operações financeiras e bancárias de particulares (pessoas física e jurídica), no interesse das atividades do órgão, serão aqui tangenciadas ou consideradas tão somente quando interferirem nos aspectos processuais penais da Lei 12.850/2013.

2. Os meios de obtenção de prova na Lei 12.850/2013 e a consagração da *espionagem* processual penal

As oscilações no tratamento penal do crime organizado no Brasil são uma evidência da insegurança do legislador na definição de uma política criminal para a questão. As causas dessa instabilidade, todavia, não têm relevância para os fins aqui pretendidos. As consequências dela constituem a preocupação.

Primeiramente, é preciso ressaltar a carga simbólica da Lei 12.850/2013. Costuma-se entender o crime organizado como um fenômeno que se intensificou com a globalização: em um novo ambiente mundial, a ação permanente de grupos articulados para a prática de crimes mediante uma estrutura hierarquizada de comando e execução, objetivando vantagens econômicas ilícitas, seria uma espécie de subproduto das mudanças provocadas pela economia globalizada.[2] O recuo do Estado no controle do mercado deixaria

2. Callegari, sobre esse aspecto, observa que "a expansão internacional da atividade econômica e a abertura ou globalização dos mercados são acompanhadas da correlativa expansão ou globalização da criminalidade, que frequentemente apresenta um caráter transnacional, podendo-se afirmar que a criminalidade organizada é a da globalização" (*Crime organizado: tipicidade, política criminal, investigação e processo – Brasil, Espanha e Colômbia*. Porto Alegre: Livraria do Advogado, 2008, pp. 13-14). Não restam dúvidas de que o salto tecnológico e o agigantamento do mercado de consumo em nível mundial contribuíram para uma estruturação mais sofisticada das organizações

aberto um espaço do qual as organizações criminosas se aproveitam para criar uma rede de articulações que envolve interesses de muitas pessoas com o propósito de obter ganhos materiais indevidos. Esse é o argumento de que o discurso penal tem se apropriado para justificar sua adaptação a um novo tipo de criminalidade, que deve ser combatida com instrumentos equivalentes aos que emprega: uma pirotecnia de mecanismos de investigação e de obtenção de prova que promove um espetáculo de *eficientismo* na repressão ao crime organizado.

Trata-se, na verdade, de uma estratégia político-criminal que desvia a atenção das disfuncionalidades do sistema punitivo e incrementa seu simbolismo. O controle penal, definitivamente incapaz de promover a prevenção do crime e já não mais conseguindo esconder seu imenso poder de produzir resultados criminógenos e exclusão social,[3] revigora-se ao elaborar uma nova proposta repressiva, desta feita representada pela "luta" contra os poderosos que por muito tempo estiveram fora do alcance das agências penais. No Brasil, onde a criminalização costuma ser a primeira alternativa para lidar com problemas sociais – muito embora, por motivos óbvios, nunca consiga resolvê-los – a promulgação de uma lei que viabiliza o combate rigoroso ao crime organizado faz renascer as expectativas de moralização política e institucional do país e alimenta o imaginário coletivo de que a resposta penal conterá o crescimento da insegurança pública (narcotráfico, comércio ilícito de armas etc.) e acabará com a impunidade de políticos, banqueiros e executivos ricos e influentes.

É fácil perceber o viés eficientista da lei quando se constata que ela é, na maior parte de seus dispositivos, um diploma eminentemente *processual*:[4] regula a investigação e os meios de obtenção de prova

criminosas e de seus métodos, mas é igualmente certo que aquilo que se vem entendendo como crime organizado nunca dependeu da globalização – um fenômeno cuja intensificação não data de mais de quatro décadas – para existir.

3. Essa disfuncionalidade torna-se evidente e se revela pela popularização de expressões como "a cadeia é uma escola do crime", ou "quem não era bandido, aprende a ser na cadeia".

4. Esse aspecto da Lei 12.850/2013 já foi expressamente destacado por Badaró, que tece a seguinte crítica: "Na Lei 12.850/13 é inegável que o predomínio do enfoque investigatório gera um grande risco de desvirtuamento do processo penal. Essa hipertrofia pré-processual no combate à criminalidade organizada tem feito com que a posterior fase processual da persecução penal, em que deve se dar a produção das provas pelas partes, em contraditório, perante o juiz terceiro e imparcial, se transforme em uma etapa de

(art. 3.º), disciplina detalhadamente o emprego de vários desses meios (arts. 4.º a 17) e prevê regras de procedimento (arts. 22 e 23), ocupando-se dessas questões em vinte de seus vinte e sete artigos. Confere, portanto, uma atenção diferenciada à persecução penal, de modo a disponibilizar à polícia e ao Ministério Público um instrumental de investigação sem precedentes na legislação brasileira.

Uma tal característica pode ser explicada por dois argumentos: em primeiro lugar, não há no Código de Processo Penal e não havia na legislação especial previsão tão minudente e circunstanciada de meios de prova como a colaboração premiada, a ação controlada ou a infiltração de agentes, e a lei veio, então, preencher esse vazio;[5] ademais disso, as novas ferramentas de investigação são uma resposta ao *modus operandi* do crime organizado, em que as ações criminosas obedecem a um esquema de distribuição de tarefas e encargos que frequentemente se vale de instituições financeiras e bancárias, inclusive no exterior, para a consecução de fins ilícitos. A lei processual penal brasileira não estava preparada, portanto, para lidar com essa complexa realidade.

Se, por um lado, tal explicação pode até ser considerada procedente, uma vez que, conforme já destacado, havia, com efeito, uma grande lacuna na regulamentação legal dos mecanismos de controle e repressão ao crime organizado, por outro, esse não era, de longe, o único aspecto da legislação processual penal brasileira a reclamar atualização, inclusive para fins de compatibilização constitucional, circunstância esta que, paradoxalmente, parece não inquietar o legislador. Há no sistema processual brasileiro um saldo endêmico de inquisitoriedade que, em boa medida, foi aprofundado pela Lei 12.850/2013. É que o novo diploma instituiu um verdadeiro *microssistema de investigação* para as organizações criminosas primordialmente pautado pela flexibilização do sigilo de informações resguardadas a nível constitucional e pela *dissimulação* da ação investigatória. Dos oito meios de obtenção de prova elencados no art.

escasso significado heurístico, em que há mera ratificação ou chancela de tudo o que foi produzido inquisitorialmente durante a investigação" ("Processo penal e criminalidade organizada". *Revista Jurídica Luso-Brasileira*, ano 1, n. 1. Lisboa: Centro de Investigação de Direito Privado, 2015, pp. 126-127).

5. A Lei 9.034/1995 já instituíra alguns desses mecanismos de investigação, sem, todavia, regular procedimentos para o seu emprego pela polícia ou no curso do processo.

3.º da lei,[6] apenas a cooperação entre instituições e órgãos federais, distritais, estaduais e municipais na busca de provas e informações de interesse da investigação ou da instrução criminal não implica, necessariamente, a relativização da privacidade e intimidade da pessoa, ou depende, de alguma forma, de um disfarce, um fingimento para a obtenção de uma evidência. Um grande passo para transformar os atos de investigação e de instrução da persecução penal em matéria de crime organizado numa espécie de *espionagem* institucionalizada e legitimada pelo direito.

Assim, as escolhas político-criminais voltadas à repressão das organizações criminosas contribuem sensivelmente para que um sistema penal calcado na *vigilância para o controle prévio* de comportamentos indesejados se converta também em um sistema orientado pela *espionagem punitiva* dos poderosos, assim entendidos aqueles que dispõem de recursos materiais que lhes proporcionem assistência jurídica de qualidade e permitam equiparar as forças que entram em conflito na dinâmica repressiva. A espionagem punitiva é, ao final, nada além de uma estratégia de política criminal com a qual se pretende preservar a superioridade de armas das agências policiais e de persecução penal sobre um novo alvo, um adversário diferenciado, não tão vulnerável quanto aqueles que normalmente são selecionados pelos órgãos de criminalização secundária para justificar a eficácia do sistema penal.

No que diz respeito ao afastamento dos sigilos financeiro, bancário e fiscal, o atual quadro normativo em nada avançou relativamente ao que já existia. Isso porque a revogada Lei 9.034/1995, a despeito de prever o acesso a dados, documentos e informações fiscais, bancárias e financeiras como meio de prova, não estabelecia

6. "Art. 3.º Em qualquer fase da persecução penal, serão permitidos, sem prejuízo de outros já previstos em lei, os seguintes meios de obtenção da prova: I – colaboração premiada; II – captação ambiental de sinais eletromagnéticos, ópticos ou acústicos; III – ação controlada; IV – acesso a registros de ligações telefônicas e telemáticas, a dados cadastrais constantes de bancos de dados públicos ou privados e a informações eleitorais ou comerciais; V – interceptação de comunicações telefônicas e telemáticas, nos termos da legislação específica; VI – afastamento dos sigilos financeiro, bancário e fiscal, nos termos da legislação específica; VII – infiltração, por policiais, em atividade de investigação, na forma do art. 11; VIII – cooperação entre instituições e órgãos federais, distritais, estaduais e municipais na busca de provas e informações de interesse da investigação ou da instrução criminal."

regras procedimentais para esse acesso, e a omissão persistiu na Lei 12.850/2013, com a única diferença de que agora remete-se expressamente à legislação específica a regulamentação da matéria (art. 3.º, VI, parte final). O problema é que a "legislação específica" em vigor não é de natureza processual penal e, portanto, não trata das nuances próprias da persecução penal. A Lei Complementar 105, de 10 de janeiro de 2001, quase nada prevê sobre o procedimento de obtenção e introdução no processo penal de informações cobertas pelo sigilo inerente à privacidade e intimidade da pessoa. Limita-se a autorizar a quebra de sigilo financeiro, no curso do inquérito ou do processo judicial, quando necessária para apuração da ocorrência de qualquer ilícito, mas em especial do terrorismo, tráfico ilícito de entorpecentes, contrabando ou tráfico de armas, munições ou material destinado a sua produção, extorsão mediante sequestro, crimes contra o sistema financeiro nacional, administração pública, ordem tributária e previdência social, lavagem de dinheiro ou ocultação de bens, dinheiros e valores, e, por fim, crimes praticados por organização criminosa (art. 1.º, § 4.º).

Trata-se, portanto, de um contexto normativo em que muitas questões inerentes às peculiaridades do processo penal não estão claramente definidas em lei, o que representa um grande risco de violação de direitos e garantias fundamentais sempre colocados em jogo pelas tensões da dinâmica punitiva.

3. A incompletude normativa do microssistema de investigação contra o crime organizado

Ao tratar da investigação e dos meios de obtenção de prova, o art. 3.º da Lei 12.850/2013 elenca em seus incisos oito modalidades probatórias admitidas na persecução penal envolvendo organizações criminosas. Alguns desses meios de prova já eram previstos em leis específicas, outros não. Quatro deles (colaboração premiada; ação controlada; infiltração de agentes; e o acesso a registros, dados cadastrais, documentos e informações mantidos pela Justiça Eleitoral, empresas telefônicas, instituições financeiras, provedores de internet, administradoras de cartão de crédito e empresas de transporte) são regulados pela própria Lei 12.850/2013.[7] Outros dois – interceptação de comunicações telefônicas e telemáticas (art. 3.º, V) e afastamento dos sigilos financeiro, bancário e fiscal (art. 3.º, VI) – sujeitam-se aos termos de legislação específica.

No caso das interceptações telefônicas e telemáticas, a matéria é amplamente tratada pela Lei 9.296/1996, que regulamenta a parte final do inciso XII do art. 5.º da Constituição Federal. Quanto ao afastamento dos sigilos financeiro, bancário e fiscal,[8] entende-se submeter-me o tema, atualmente, às regras da Lei Complementar 105/2001 e ao art. 198 do Código Tributário Nacional.[9]

Aqui reside um primeiro aspecto controverso da lei.

Não há divergência na doutrina e na jurisprudência quanto à proteção dos sigilos financeiro, bancário e fiscal pela garantia constitucional de inviolabilidade da vida privada e intimidade da pessoa (art. 5.º, X, CF).[10] De igual modo, não se discute que a inviolabilidade das comunicações telefônicas (art. 5.º, XII, CF) constitua uma garantia de envergadura equivalente ao sigilo da vida privada e da intimidade. É,

7. Arts. 4.º a 17.

8. Muito embora a Lei 12.850/2013 equipare, para fins de afastamento do sigilo, as informações financeiras, bancárias e fiscais, há diferenças entre elas. Informações financeiras são as constantes de registros e bancos de dados físicos ou digitais de instituições financeiras, públicas ou privadas, assim consideradas aquelas elencadas no art. 1.º, §§ 1.º e 2.º, da Lei Complementar 105/2001. Constituem-se basicamente do histórico das operações financeiras previstas no art. 5.º, § 1.º e incisos, da referida lei. Informações bancárias têm também natureza de informações financeiras e são, a rigor, uma espécie deste gênero. Quanto ao sigilo fiscal, abrange ele as informações sobre bens, serviços e atividades de contribuintes (pessoas físicas e jurídicas) mantidas pelos órgãos fiscais de controle, arrecadação, cobrança, etc., em todos os níveis da receita (federal, distrital, estadual e municipal), com as ressalvas constantes dos arts. 198 e 199 do Código Tributário Nacional.

9. Silva, Danielle Souza de Andrade e; Leite, Rosimeire Ventura. "O sigilo financeiro, os direitos à vida privada e à intimidade e a produção da prova criminal", *in:* Fernandes, Antonio Scarance; Almeida, José Raul Gavião de; Moraes, Maurício Zanoide de. *Sigilo no processo penal: eficiência e garantismo.* São Paulo: Revista dos Tribunais, 2008, pp. 151-154.

10. Ver, por todos: Gomes, Luiz Flávio; Cervini, Raúl. *Crime organizado: enfoques criminológico, jurídico (Lei 9.034/95) e político criminal.* 2. ed. São Paulo: Revista dos Tribunais, 1997, pp. 120-132; Danielle Souza de Andrade e Silva e Rosimeire Ventura Leite, *op. cit.*, p. 139-144.

a rigor, uma faceta deste último. Cuidam-se ambas de manifestações da dignidade humana inerentes aos direitos da personalidade.

Nada obstante, a própria constituição, ao tratar da inviolabilidade das comunicações telefônicas, ressalva a possibilidade de sua relativização, desde que no interesse de investigação criminal ou de processo penal, mediante ordem judicial, e nas *hipóteses e na forma que a lei estabelecer.*[11] O mesmo não ocorre, todavia, com a inviolabilidade da vida privada e da intimidade: não há, nesse caso, ressalvas constitucionais quanto à possibilidade de sua relativização, nem autorização para que a matéria seja disciplinada em legislação específica.

A questão já foi muito debatida na doutrina e hoje não restam dúvidas de que os sigilos financeiro, bancário e fiscal podem ser afastados para atender à persecução penal, *mediante prévia autorização judicial.*[12] O cerne da questão, contudo, reside na falta de uma lei específica que regule o afastamento do sigilo para *fins processuais penais.*

A Lei Complementar 105/2001 não tem natureza processual penal, pois nada estabelece sobre procedimentos, prazos, provas, etc. Dispõe sobre diversos aspectos das operações de instituições financeiras, sem qualquer preocupação com os reflexos processuais penais da matéria. Daí surgem vários problemas.

Veja-se, por exemplo, a questão da legitimidade para o requerimento de quebra dos sigilos financeiro, bancário e fiscal. A Lei 12.850/2013 admite esse meio de obtenção de prova em *qualquer fase da persecução penal*, ou seja, tanto no curso da investigação policial quanto do processo penal. Todavia, a lei não confere expressamente à autoridade policial legitimidade para requerer ao juiz a medida. A simples previsão do afastamento do sigilo em qualquer etapa da persecução penal não significa, por si só, que o delegado de polícia esteja autorizado a provocar o juiz com a finalidade de ter acesso a informações protegidas. E isso por três razões.

11. Como dito, o inciso XII do art. 5.º da CF foi regulamentado pela Lei 9.296/1996.

12. Por todos: Bitencourt, Cezar Roberto; Busato, Paulo César. *Comentários à lei de organização criminosa: Lei n. 12.850/2013*. São Paulo: Saraiva, 2014, pp. 106-107; Pacelli, Eugênio; Fischer, Douglas. *Comentários ao Código de Processo Penal e sua jurisprudência*. 5. ed. São Paulo: Atlas, 2013, pp. 9-12.

Primeiramente, a Lei 12.850/2013 não apenas deixou de conferir legitimidade à autoridade policial para representação no âmbito de seu art. 3.º, VI, como, na via inversa, investiu o delegado de poderes para tanto nas hipóteses de colaboração premiada (art. 4.º, § 2.º), ação controlada (art. 8.º, §§ 1.º e 3º) e infiltração de agentes (art. 10 e § 1.º). Isso permite concluir que, quando o legislador quis dar legitimidade à autoridade policial para obter a ordem prévia do juiz relativamente aos meios de obtenção de prova o fez de maneira clara e induvidosa. Nesse contexto, o silêncio quanto à medida do art. 3.º, VI, torna-se eloquente.

Importante ressaltar ainda que a Lei Complementar 105/2001 – que, repita-se, não tem natureza processual penal – também nada dispõe sobre a questão, prevendo tão somente a possibilidade de quebra do sigilo financeiro em qualquer fase do inquérito ou do processo judicial (art. 1.º, § 4.º). De modo semelhante a Lei 12.850/2013, e para situações específicas, atribui legitimidade a comissão de inquérito administrativo para solicitar ao juiz prévia autorização de acesso a informações e documentos sigilosos a fim de apurar a responsabilidade de servidor público por infração cometida no exercício de suas atribuições ou que tenha relação com as atribuições de seu cargo (art. 3.º, § 2.º). Nada mais.

Em segundo lugar, o Código de Processo Penal, sempre que se entendeu conveniente ou necessário que determinada decisão judicial pudesse ser proferida mediante requerimento do delegado de polícia, instituiu essa possibilidade categoricamente. E não apenas para a obtenção de fontes de prova, como também para a decretação de medidas cautelares. Há diversos dispositivos em seu texto que confirmam essa assertiva: art. 13, IV; art. 149, § 1.º; art. 282, § 2.º; e art. 311, para ficar somente nesses exemplos.

Por último, é preciso salientar que a técnica legislativa empregada pelo Código de Processo Penal se repete na legislação esparsa. Em outras palavras, a autoridade policial só está autorizada a requerer medidas ao juiz quando há previsão normativa de sua legitimidade. Vale citar aqui, a título ilustrativo, a disciplina da interceptação telefônica (art. 3.º, I, da Lei 9.296/1996) e da prisão temporária (art. 2.º, *caput*, da Lei 7.960/1989).

É bem certo que a Lei 12.850/2013 é igualmente omissa quanto à possibilidade de o Ministério Público requerer o afastamento dos sigilos financeiro, bancário e fiscal. Nesse caso, todavia, a atribuição de legitimidade pela lei específica é completamente desnecessária, pois decorre da própria titularidade da ação penal pública, reservada exclusivamente ao *Parquet* pela Constituição Federal (art. 129, I) e pelo Código de Processo Penal (art. 257, I), além da posição por ele ocupada no sistema acusatório, em que se lhe impõe o ônus de provar a imputação (art. 156, *caput*, CPP), e para tanto devem ser-lhe assegurados os recursos e meios necessários e adequados.

Esse raciocínio conduz a uma única conclusão: a autoridade policial não dispõe de legitimidade para requerer ao juiz o afastamento dos sigilos financeiro, bancário e fiscal no curso de investigação que envolva delitos cometidos por organizações criminosas.

Mas há outras questões que dizem respeito aos meios de obtenção de prova previstos pela Lei 12.850/2013 e que também suscitam uma reflexão crítica.

4. O art. 3.º, VI, da Lei 12.850/2013 e a legislação específica

Já se ressaltou que o sigilo de informações financeiras e fiscais se encontra regulado, no âmbito infraconstitucional, pela Lei Complementar 105/2001 e pelo art. 198 do Código Tributário Nacional. Sublinhou-se também que nenhum desses diplomas tem natureza processual penal, ou seja, as relações jurídicas por eles tratadas dizem respeito a direitos e deveres estranhos à persecução penal. São normas que cuidam de operações financeiras e de questões bancárias e fiscais. Não operacionalizam – nem teriam porque fazê-lo – o exercício de garantias processuais penais.

Assim, a *legislação específica* em vigor muito pouco atende às peculiaridades de uma norma que dispõe pontualmente sobre a investigação de organizações criminosas e que prevê a relativização da tutela da privacidade e da intimidade como meio de obtenção de prova nessas hipóteses. Não há dúvida de que inúmeras questões relacionadas ao emprego de uma tal ferramenta probatória e que pode afetar direitos e garantias próprios do processo penal não são resolvidas pela Lei 12.850/2013 ou pela Lei Complementar 105/2001, nem pelo Código Tributário Nacional.

Como se processa o pedido de afastamento dos sigilos financeiro, bancário e fiscal? Assegura-se ao investigado ou réu o contraditório? Ele deve ser prévio ou diferido? Qual o alcance da decisão judicial nessa matéria? Ela abrange todo e qualquer tipo de informação protegida pelo sigilo ou há restrições? Quais são essas? E se as informações introduzidas no inquérito ou no processo não tiverem relação com a imputação? Quais as consequências disso? A decisão judicial que autoriza o afastamento do sigilo deve ter motivação diferenciada? Quais requisitos ela deve preencher? O atual quadro normativo não oferece respostas a essas indagações. E quando a norma é omissa a respeito de aspectos tão sensíveis da persecução penal, a tendência historicamente experimentada no Brasil tem sido a da banalização das medidas processuais excepcionais.[13]

De outra banda, o art. 3.º do Código de Processo Penal admite a interpretação extensiva,[14] a aplicação analógica e a suplementação da lei pelos princípios gerais do direito. Aqui pode ser buscada uma alternativa razoável para que o afastamento dos sigilos financeiro, bancário e fiscal não se converta em um instrumento probatório inquisitorial e abusivo.

A privacidade e a intimidade da pessoa estão constitucionalmente resguardadas nos incisos X e XII do art. 5.º da carta política.[15] Os sigilos *financeiro*, *fiscal* e *telefônico* constituem projeções dessas

13. Veja-se, por exemplo, a propensão expansionista e repressiva que caracteriza a interpretação de termos *abertos* da lei penal e processual penal: antecedentes, conduta social, ordem pública, bom comportamento carcerário, etc. Um brevíssimo levantamento da jurisprudência demonstrará que, na maioria esmagadora das decisões colegiadas dos tribunais brasileiros, expressões de pouca precisão semântica sempre são invocadas para justificar o discurso securitarista e eficientista do sistema punitivo.

14. Salvo em prejuízo do réu, ou seja, se afetar negativamente o exercício de direitos e garantias fundamentais.

15. "Art. 5.º Todos são iguais perante a lei, sem distinção de qualquer natureza, garantindo-se aos brasileiros e estrangeiros residentes no país a inviolabilidade do direito à vida, à liberdade, à igualdade, à segurança e à propriedade, nos termos seguintes:

(...)

X – são invioláveis a intimidade, a vida privada, a honra e a imagem das pessoas, assegurado o direito a indenização pelo dano material ou moral decorrente de sua violação;

(...)

XII – é inviolável o sigilo da correspondência e das comunicações telegráficas, de dados e das comunicações telefônicas, salvo, no último caso, por ordem judicial, nas

garantias[16] e se equivalem, portanto, como direitos oriundos da mesma fonte jurídico-constitucional. Por esse motivo, é coerente afirmar que a disciplina legal de proteção de qualquer um desses âmbitos da vida privada pode ser estendida aos demais, preferencialmente via *lege lata*. Mas não necessariamente. Havendo lacuna ou incompletude na lei, o art. 3.º do Código de Processo Penal permite a aplicação da analogia e dos princípios gerais do direito, além da interpretação extensiva favorável ao acusado.

Pois bem. O art. 5.º, XII, da Constituição Federal foi regulamentado há quase dez anos pela Lei 9.296/1996, esta, sim, um diploma normativo de natureza penal e processual penal, já que dispõe em detalhes sobre a interceptação de comunicações telefônicas *particularmente para fins de investigação criminal e instrução processual penal*, além de definir uma conduta criminosa (art. 10). Suas disposições podem ser aplicadas, naquilo que couber e exclusivamente para questões que afetem o exercício de garantias fundamentais, ao afastamento dos sigilos financeiro, bancário e fiscal, por interpretação extensiva ou analogia, uma vez que estão envolvidas, em ambas as situações, questões atinentes à privacidade e intimidade da pessoa.

Vejam-se, por exemplo, o art. 2.º e incisos da Lei 9.296/1996, que vedam a interceptação de comunicações telefônicas quando (I) não houver indícios razoáveis de autoria ou participação em infração penal, quando (II) a prova puder ser feita por outros meios disponíveis, e quando (III) o fato investigado constituir infração penal punida, no máximo, com pena de detenção. O inciso I exige, para a interceptação telefônica, *justa causa*; o inciso II institui a *excepcionalidade* ou *subsidiariedade* deste meio de obtenção de prova; e o inciso III condiciona o emprego da interceptação telefônica à gravidade abstrata do delito investigado, impondo um juízo de proporcionalidade sobre a relação *meio x fim* no processo, ou seja, entre o

hipóteses e na forma que a lei estabelecer para fins de investigação criminal ou instrução processual penal."

16. Conforme consignado em voto do Ministro Celso de Mello no julgamento, pelo Supremo Tribunal Federal, do Mandado de Segurança 23452/RJ (Tribunal Pleno), ocorrido em 16.09.1999, publicado no *DJ* de 16.05.2000. Um dos pontos controvertidos da ação envolvia a possibilidade de oposição às comissões parlamentares de inquérito das limitações constitucionais inerentes à privacidade e intimidade da pessoa, particularmente no que toca o sigilo financeiro, fiscal e telefônico.

grau invasivo do recurso probatório utilizado e a dimensão máxima da pena em caso de condenação. As três restrições legais podem ser ampliadas de modo a alcançar o afastamento dos sigilos financeiro, bancário e fiscal, por interpretação extensiva e sem qualquer desconforto hermenêutico, pois consagram um critério de equilíbrio e de razoabilidade na produção da prova penal quando esta implica relativização da privacidade e intimidade do investigado ou acusado.

Ademais disso, há que se ter em mente que nenhuma flexibilização de garantias fundamentais pode se dar sem o devido processo legal (art. 5.º, LIV, CF), e sua amplitude e finalidade dependem inarredavelmente de decisão judicial motivada (art. 93, IX, CF).

Quanto à exigência de justa causa para o afastamento do sigilo, já dela se falava ainda na vigência da agora revogada Lei 9.034/1995.[17] Isso significa que para se ter acesso às informações protegidas são imprescindíveis indícios razoáveis de autoria ou participação em ações ilícitas atribuíveis a organização criminosa, conforme a definição constante da Lei 12.850/2013. Sem esse pressuposto, não há como justificar a incidência, no caso concreto, da disciplina própria do referido diploma, muito embora a medida de seu art. 3.º, VI, ainda possa ser isoladamente aplicada com fundamento no art. 1.º, § 4.º, IX, da Lei Complementar 105/2001.

Aliás, há neste ponto uma incongruência legal.

Certos meios de prova previstos na Lei 12.850/2013 só se aplicam à investigação de crimes praticados por organizações criminosas. É o que ocorre com a colaboração premiada, a ação controlada e a infiltração de agentes policiais. A lei instituiu essas medidas objetivando *especificamente* a repressão ao crime organizado. Por não estarem elas previstas no Código de Processo Penal e em nenhuma outra norma especial,[18] não podem ser aplicadas indistintamente, a qualquer investigação. Seu emprego depende, por conseguinte, da comprovação de que o fato apurado foi cometido na forma do art.

17. Luiz Flávio Gomes e Raúl Cervini, *op. cit.*, p. 125.

18. Quanto ao afastamento dos sigilos financeiro, bancário e fiscal, a situação é diversa, pois sua utilização é admitida *quando necessária para apuração de ocorrência de qualquer ilícito*, nos termos do art. 1.º, § 4.º, da LC 105/2001. Assim, não estaria esse instrumento probatório restrito à persecução penal de crimes cometidos por organizações criminosas.

1.º, § 1.º, da Lei 12.850/2013. Dito de outro modo, para que o juiz permita a utilização desses meios é necessário que a existência da organização criminosa tenha sido previamente demonstrada.[19]

Em concreto, a Lei 12.850/2013 prevê vários meios de obtenção de prova com abrangências fáticas diversas: alguns estão adstritos unicamente à investigação do crime organizado, outros são cabíveis em todos os procedimentos, independentemente do objeto da apuração policial ou do processo. Isso poderia levar à equivocada conclusão de que o afastamento dos sigilos financeiro, bancário e fiscal pode ser decretado irrestritamente e em qualquer circunstância, quando, ao contrário, constitui ele providência probatória rigorosamente excepcional, por implicar a relativização da privacidade e da intimidade da pessoa.

Assim como a interceptação telefônica só pode ser empregada quando não houver outros meios de prova com igual eficácia disponíveis, a quebra dos sigilos financeiro, bancário e fiscal não pode ser permitida enquanto remanescerem mecanismos menos invasivos à vida privada, revestidos de aptidão probatória equivalente.[20] Se o fato objeto da investigação puder ser apurado com depoimentos de testemunhas ou documentos que não consubstanciem operações ou negócios protegidos pela inviolabilidade constitucional das informações pessoais – como contratos, recibos, faturas, procurações etc. – a medida do art. 3.º, VI, da Lei 12.850/2013 não deve ser decretada. Há nela um traço de excepcionalidade que veda sua utilização como *mais um* meio de prova apenas. O afastamento do sigilo tem que ser o último recurso, a alternativa final para a obtenção de dados submetidos a severas restrições de publicidade. Daí porque jamais poderá ser a primeira providência probatória tomada na investigação criminal, ainda que esta não diga respeito ao crime organizado.

Interceptações telefônicas – seja para acesso a *dados* de ligações, seja para a captação de seu *conteúdo* (conversas) – devassam um espaço muito reservado da privacidade que, por inúmeras razões

19. A incoerência da lei, nesse aspecto, é oportunamente destacada por Bitencourt e Busato (*Comentários à Lei de Organização Criminosa: Lei 12.850/2013*, pp. 96-97).

20. O requisito da justa causa e a excepcionalidade do meio probatório são expressamente previstos pela Lei 12.850/2013 para a infiltração de agentes (art. 10, § 2.º, da Lei 12.850/2013).

particulares, pode-se desejar que permaneça oculto. Há nesse aspecto uma proximidade inegável com o âmbito constituído pela vida financeira do indivíduo que, sabe-se, revela muito sobre hábitos de consumo, rotina de gastos e até mesmo sobre a personalidade. Os sigilos telefônico, financeiro, bancário e fiscal têm uma mesma raiz constitucional: a proteção da privacidade e intimidade da pessoa. Trata-se de uma base comum que impede a relativização daqueles direitos para fins de persecução penal quando a busca de informações protegidas não for, no caso concreto, compatível com as garantias fundamentais do processo penal. É de todo coerente, portanto, que os princípios e regras que restringem as interceptações telefônicas sejam igualmente aplicados ao afastamento do sigilo financeiro enquanto faltar legislação específica que preveja os limites deste último e proteja seu conteúdo na esfera criminal.

Desse modo, por aplicação analógica dos dispositivos da Lei 9.296/1996, a medida probatória do art. 3.º, VI, da Lei 12.850/2013 só pode ser admitida quando houver *justa causa* (indícios suficientes de autoria ou participação) e em situações rigorosamente *excepcionais* (quando não houver outro meio de obtenção da prova).

5. O contraditório no pedido de afastamento dos sigilos financeiro, bancário e fiscal

Sendo a quebra dos sigilos financeiro, bancário e fiscal um instrumento probatório excepcional, cabe ao Ministério Público demonstrar a necessidade da medida, bem como justificar a sua amplitude (aplicação analógica do art. 4.º, *caput*, da Lei 9.296/1996). O *Parquet* deve esclarecer as razões pelas quais os fatos alegados não podem ser comprovados de outro modo, e também delimitar o alcance da prova. Isso será feito com a especificação precisa dos dados e informações a que se pretende ter acesso (tipos de contas bancárias e operações financeiras, pessoas físicas ou jurídicas envolvidas, abrangência temporal/datas, exercícios referentes a obrigações fiscais, bens, serviços e atividades tributados etc.).

Não se podem admitir pedidos vagos ou genéricos quando estão em jogo aspectos da privacidade e intimidade da pessoa. Há sempre uma grande probabilidade de que o afastamento do sigilo revele circunstâncias completamente estranhas aos fins da persecução penal, não apenas de caráter objetivo – como operações financeiras ou informações fiscais relativas ao suspeito ou réu que nada têm a ver com a investigação – mas também subjetivo, pois a prova acabará por alcançar pessoas que interagiram financeiramente com investigados sem, contudo, ter qualquer envolvimento nas ações ilícitas da organização criminosa.[21]

A objetividade e delimitação do pedido são também uma exigência do *contraditório*. Muito embora a Lei 12.850/2013 e a Lei Complementar 105/2001 não o prevejam expressamente, trata-se de uma garantia constitucional (art. 5.º, LV, CF) cujo exercício deve ser assegurado. Diferentemente do que ocorre na interceptação de conteúdo das ligações telefônicas, em que a ciência prévia da medida ao investigado pode comprometer o próprio objeto da prova (conversas telefônicas futuras), no afastamento dos sigilos financeiro, bancário e fiscal não existe esse risco, pois toda informação a ser acessada é pretérita e não há como o investigado ou réu suprimi-la ou adulterá-la. Ela é registrada e mantida por instituições privadas e órgãos públicos revestidos de uma autonomia própria e responsáveis pela preservação do histórico de suas relações negociais e fiscais com o particular/contribuinte, sem que sobre isso o acusado possa ter qualquer ingerência.

Obviamente que esse raciocínio não se aplica aos casos de embaraços criados pela organização criminosa à persecução penal com o propósito de apagar vestígios ou de perturbar a instrução criminal. Trata-se aqui de distorções que se sujeitam à disciplina das medidas cautelares processuais penais,[22] estas sim destinadas a assegurar a boa produção da prova. Considerações hipotéticas sobre riscos à regularidade dos atos probatórios *possivelmente* advindos de

21. A premência de toda cautela no acesso a dados, documentos e informações protegidos por sigilo financeiro, bancário e fiscal já era mencionada durante a vigência da hoje revogada Lei 9.034/1995. Gomes e Cervini, sobre o tema, assim se manifestavam: "Tudo deve ser feito, aliás, para evitar abusos, que ocorreriam no caso de alguma investigação sobre a vida patrimonial de quem é absolutamente inocente. Haveria também abuso no caso de se levar para os autos do processo dados ou informações ou mesmo documentos sobre a vida privada de alguém sem nenhum interesse para a causa. Desse controle deve se encarregar o juiz, mandando retirar dos autos o que é extravagante frente ao *thema probandum*" (*op. cit.*, p. 125).

22. Arts. 282 a 350 do Código de Processo Penal.

indevida interferência do réu não podem ser invocadas como justificativa para comprometer o exercício de uma garantia fundamental que não constitui inconveniente ou óbice à investigação de fatos ilícitos, excetuados, é claro, os casos em que a apuração tiver que incidir sobre eventos vindouros.

Por tal motivo, o contraditório no pedido de quebra dos sigilos financeiro, bancário e fiscal há de ser *prévio*, ou seja, anterior à decisão judicial que autoriza ou não o referido meio de obtenção de prova. E deve abranger tanto a matéria de direito quanto de fato, para que se faculte ao investigado ou réu a oportunidade de se contrapor à fundamentação jurídica do pedido – a necessidade ou excepcionalidade da medida podem ser questionadas – bem como de se manifestar sobre os fatos alegados e sua comprovação.

Aliás, com bastante atraso em relação à vigência da Constituição Federal de 1988, várias modificações no Código de Processo Penal vêm consagrando o contraditório para atos em que, até bem recentemente, não se respeitava tal garantia.[23] É o que ocorre hoje na etapa postulatória, com a exigência de citação do denunciado para oferecer resposta à acusação (art. 396, *caput*, CPP); com a decretação de medidas cautelares, incluindo a prisão provisória (art. 282, § 3.º, CPP); e até mesmo com a *mutatio libelli*, um instituto de inspiração inquisitória que ainda vagueia pela legislação processual penal brasileira (art. 384, § 2.º, CPP).[24]

Desta forma, em qualquer fase da persecução penal, ao receber o pedido de afastamento do sigilo o juiz deverá, antes de decidir, intimar o investigado ou réu para que este, caso deseje, se manifeste previamente sobre o que for alegado e apresente provas, fixando-se prazo para tanto.

23. A maior parte dessas modificações foi introduzida pelas Leis 11.719/2008 e 12.403/2011.

24. Em relação a *mutatio libelli*, a exigência de contraditório mesmo no 2.º grau de jurisdição, sob pena de nulidade da decisão judicial, já foi reconhecida pelo Supremo Tribunal Federal no julgamento do Habeas Corpus 116607/RJ (2ª Turma, rel. Min. Ricardo Lewandowski, j. 11.02.2014, *DJ* de 26.02.2014, decisão unânime).

6. Motivação judicial para o afastamento do sigilo

Segundo o art. 93, IX, da Constituição Federal, todas as decisões judiciais devem ser fundamentadas. Isto significa, em poucas palavras, que as razões pelas quais o juiz decide de uma determinada maneira e não de outra são um requisito indispensável de validade dos atos jurisdicionais. É, ademais, o que lhes confere legitimidade no regime democrático.

As particularidades inerentes ao microssistema de investigação do crime organizado não têm o condão de relativizar essa exigência constitucional. Ao contrário, reforçam a necessidade de que seja respeitada.[25] A excepcionalidade da medida prevista no art. 3.º, VI, da Lei 12.850/2013, resultado, como já se disse, de sua vocação para afetar a privacidade e intimidade da pessoa, reclama clareza e precisão dos fundamentos invocados para se autorizar o meio probatório. Sem decisão judicial satisfatoriamente fundamentada, o acesso às informações protegidas é abusivo.[26]

Por isso a quebra dos sigilos financeiro, bancário e fiscal depende de fundamentação que se revista das seguintes características: *clareza* ou *coerência*, assim entendido o grau máximo de inteligibilidade do raciocínio desenvolvido pelo julgador para chegar à conclusão de que o afastamento do sigilo é necessário; *precisão* ou *especificidade*, de modo que o alcance do meio de prova, ou seja, as informações que constituirão o objeto da flexibilização do sigilo e que virão aos autos do processo (números de contas bancárias, identificação de seus titulares, tipos de operações financeiras realizadas, respectivos períodos ou datas, quantias em dinheiro movimentadas, bens ou valores tributados, benefícios fiscais recebidos etc.) sejam detalhadamente apontadas no *decisum*; e *simetria*, o que significa que o juiz não poderá autorizar qualquer providência que não tenha sido expressamente requerida, cuidando para que o conteúdo da decisão não vá além daquilo que se pretende investigar.

25. Em matéria de interceptações telefônicas, o art. 5.º da Lei 9.296/1996 exige expressamente que a decisão que decreta a medida seja fundamentada, sob pena de nulidade. A mesma disciplina deve ser estendida ao afastamento dos sigilos financeiro, bancário e fiscal.

26. Luiz Flávio Gomes e Raúl Cervini, pp. 127 e 130.

A propósito, é importante sublinhar que *em nenhuma hipótese* poderá o juiz decretar *de ofício* o afastamento dos sigilos financeiro, bancário e fiscal, e isso em virtude de dois óbices intransponíveis. Em primeiro lugar, a Lei 12.850/2013 não previu tal possibilidade, e não se pode, em matéria processual penal, extrair-se da lei o que nela não está escrito para se chegar a uma conclusão que restrinja liberdades individuais. A interpretação restritiva se impõe todas as vezes em que direitos e garantias fundamentais estiverem expostos a atos da persecução penal. Nesse caso, o afastamento do sigilo de ofício constituiria uma providência não permitida pela norma e, portanto, excedente dos poderes do julgador.

Ademais disso, a estrutura adversarial do sistema acusatório concentra a gestão da prova nas mãos das partes, onerando-as com o dever de demonstrar o que alegam. Já se passou – e muito – da hora de se reconhecer que a inspiração inquisitorial do sistema processual penal brasileiro, facilmente percebida na mobilidade instrutória que o Código de Processo Penal confere ao juiz,[27] não pode prevalecer sobre o modelo acusatório consagrado pela Constituição Federal de 1988, erigido com base em direitos e garantias fundamentais incompatíveis com a figura de um julgador que busca a prova. Pretender que a quebra do sigilo possa ser determinada sem qualquer provocação de órgão legítimo significa ignorar a importância da imparcialidade do magistrado, atributo que constitui, vale sempre lembrar, a base do princípio do juiz natural (art. 5.º, LIII, CF).[28]

Desse modo, informações financeiras, bancárias e fiscais introduzidas em processo referente a organizações criminosas e que tenham sido obtidas por ordem judicial exarada de ofício ou em decorrência de decisão não suficientemente fundamentada (clareza, precisão e

27. Vejam-se os arts. 156, 209 e 234 do Código de Processo Penal.

28. Sobre essa questão, é induvidosa a existência de uma tensão de natureza político-criminal que envolve a redefinição do sistema processual penal brasileiro. A despeito de toda a carga inquisitória herdada do código de processo penal de 1941, não se pode deixar de reconhecer o esforço de mudança consubstanciado em crescentes alterações legislativas que vêm introduzindo no ordenamento jurídico importantes restrições à iniciativa instrutória do juiz. Dessas inovações legais resultaram, por exemplo, a abolição do modelo presidencialista de produção da prova testemunhal (art. 212 do CPP) e a inversão da ordem procedimental da fase instrutória, de modo que o interrogatório do réu só se realize após encerrada a instrução (art. 400 do CPP).

simetria) constituem prova ilícita, pelo que devem ser desentranhadas dos autos e extraviadas (art. 5.º, LVI, CF; art. 157 do CPP).

Aliás, a mesma providência – desentranhamento dos autos e extravio – há de ser tomada quanto às informações protegidas pelo direito constitucional à privacidade e intimidade e que não digam respeito aos fatos investigados, mas às quais se tenha tido acesso mediante ordem judicial baseada no art. 3.º, VI, da Lei 12.850/2013.[29] Trata-se aqui de um âmbito da vida privada da pessoa que, por não ter relevância jurídico-penal, permanece abrigado pelo sigilo.

7. Sigilo financeiro, bancário e fiscal e os limites da publicidade do processo

A juntada de informações protegidas por sigilo financeiro e fiscal aos autos de inquérito policial ou de processo penal suscita sempre uma preocupação: o risco de que a publicidade própria dos atos da persecução penal afete a privacidade e intimidade do investigado ou réu além dos limites admitidos pela lei para fins específicos de instrução probatória. Na sociedade comunicacional em que o espetáculo midiático constrói a realidade das pessoas, notícias sobre operações financeiras, movimentações bancárias e obrigações fiscais de acusados de envolvimento com organizações criminosas têm o poder de causar danos morais irreversíveis a quem, enquanto não haja condenação definitiva, deve ser considerado inocente e como tal tratado.[30]

A relativização da proteção constitucional de dados originalmente sigilosos que, de uma hora para outra, ganham publicidade e transbordam o ambiente da justiça para se tornarem acessíveis a qualquer pessoa produz *efeitos colaterais* que distendem os constrangimentos já inerentes à dinâmica persecutória (estigmatização, expectativas sociais de punição etc.) e que são, em regra, potencialmente danosos às garantias constitucionais do processo penal, especialmente ao devido processo legal e à presunção de inocência.

29. Cabível nessa hipótese também a aplicação analógica da Lei 9.296/1996 (art. 9.º).

30. Cfr. art. 5.º, LVII, CF.

Esse contexto recomenda que o sigilo financeiro e fiscal seja afastado, quando necessário, *unicamente para fins de investigação e instrução criminal*, sem que haja, portanto, publicidade *externa* ao processo, assim entendida aquela que alcança pessoas que não integram os órgãos de persecução penal. Desse modo, cabe ao juiz, ao receber as informações protegidas pela inviolabilidade constitucional, assegurar que não serão elas divulgadas fora do âmbito da investigação ou do processo (publicidade *interna*), de sorte a evitar que fatos da vida privada do réu tornem-se de amplo conhecimento público e advenham daí inevitáveis prejuízos e inconvenientes (art. 792 do CPP).

É preciso ter em mente que a publicidade dos atos processuais e das decisões judiciais (art. 93, IX, CF) tem por escopo proporcionar a fiscalização da atividade jurisdicional por qualquer interessado, viabilizando transparência para que a forma e os fundamentos de todas as deliberações do Poder Judiciário possam ser questionados, caso se identifiquem irregularidades ou excessos. A essência da publicidade do processo é, destarte, o *controle* do exercício do poder. Constituiria um grave desvirtuamento dessa ideia permitir o acesso irrestrito, por qualquer pessoa, a informações da vida privada do acusado trazidas a juízo como prova, mediante o argumento de que tal medida concretiza o princípio da publicidade. Ao contrário, esse procedimento criaria condições para que a privacidade e intimidade do réu fossem reviradas pelos motivos mais banais e irrelevantes ou mesmo por simples curiosidade de quem nada tem a ver com os interesses da justiça. A publicidade do processo deve servir para evitar desvios do poder público, e não para proporcionar o abuso de particulares.

Observe-se que a restrição da publicidade ao âmbito do processo não precisa abranger todos os atos persecutórios. O que deve ser resguardado são apenas os aspectos da vida privada do investigado ou réu – assim como daqueles com os quais tenha interagido financeiramente – e que possam ser revelados pela prova. Para tanto, basta que o acesso às informações fique limitado ao juiz, ao Ministério Público, aos acusados e seus advogados, enquanto não sobrevier a sentença.

Não se pode esquecer que o afastamento do sigilo se dá por motivo de persecução penal e para atender a seus propósitos. Nem sempre, contudo, chega-se a uma decisão de mérito, por inúmeras e muitas vezes imprevisíveis circunstâncias, como as que ensejam a extinção da punibilidade (morte do réu, prescrição etc.). Daí ser coerente que informações sigilosas obtidas como prova só se tornem amplamente públicas no momento da sentença, e se for esta de mérito (condenatória ou absolutória). Isto significa que a relativização da inviolabilidade constitucional da privacidade e intimidade deve ser útil. Quando a sentença não julga a imputação penal – ou seja, não analisa os fatos – toda a prova produzida até o momento da decisão torna-se inútil, no sentido processual. E a garantia prevista no art. 5.º, X, da Constituição Federal não pode ser flexibilizada inutilmente.

Conclusão

O emprego de meios de obtenção de prova que tendem a conflitar com garantias fundamentais representa sempre um preocupante risco de que a tutela constitucional das liberdades individuais seja atropelada pelo discurso de recrudescimento da repressão. Não é por acaso que o debate doutrinário e jurisprudencial sobre a ilicitude da prova e seus efeitos tenha evoluído sensivelmente a partir de reflexões que envolvem a legalidade de interceptações telefônicas, buscas domiciliares, gravações ambientais de áudio, registro clandestino de imagens, etc., situações concretas em que a *eficácia* do sistema punitivo se vê obstruída pelos limites impostos por um modelo de processo acusatório orientado pela paridade de armas e pela dimensão substantiva do *due process of law*.

O afastamento dos sigilos financeiro, bancário e fiscal exprime claramente a tensão dicotômica *eficácia do sistema punitivo x maximização das garantias processuais*. O projeto político criminal pautado no recrudescimento de mecanismos repressivos às organizações criminosas – inaugurado, de resto, pela Lei 9.034/1995 – vem sendo realizado com esmero, e dele é fruto o microssistema de investigação ao crime organizado baseado na espionagem punitiva. Ao direito à não autoincriminação responde-se com a colaboração premiada. À transparência dos atos de investigação que constitui pressuposto do exercício da ampla defesa e do contraditório responde-se com a infiltração de agentes. À tutela constitucional da privacidade e da intimidade da pessoa responde-se com a relativização, não regulamentada para fins processuais penais, do sigilo financeiro, bancário e fiscal. Esse, seguramente, um dos maiores equívocos cometidos pela atual lei.

A falta de disciplina jurídica específica que trate das minudências da medida prevista no art. 3.º, VI, da Lei 12.850/2013, levando em conta as particularidades da persecução penal – a LC 105/2001 e o Código Tributário Nacional não cumprem esse papel – deixa desocupado um espaço normativo que tende a ser preenchido por uma leitura eficientista da lei. Uma propensão ao reforço da resposta meramente punitiva que pode, todavia, ser anulada pela interpretação sistêmica e constitucional do direito.

A identificação de uma raiz comum – a tutela da privacidade e da intimidade da pessoa – aproxima o afastamento dos sigilos financeiro, bancário e fiscal das interceptações telefônicas, a ponto de se vislumbrar a possibilidade de aplicação das disposições da Lei 9.296/1996, por analogia ou interpretação extensiva, às situações não suficientemente reguladas pela Lei Complementar 105/2001 e pelo Código Tributário Nacional relativamente ao acesso a dados e informações protegidas pela garantia do art. 5.º, X, da Constituição Federal.

A excepcionalidade do meio probatório e a exigência de justa causa são questões que devem nortear o acesso a informações financeiras e fiscais, da mesma forma que se aplicam às interceptações telefônicas (interpretação sistêmica). A indispensável motivação do decreto judicial que autoriza a prova e a observância de contraditório prévio são igualmente requisitos de validade do ato, por um condicionamento imposto pela carta política (interpretação constitucional).

A relativização de direitos constitucionais afetados pelo processo penal deve se restringir ao que seja rigorosamente necessário para a consecução dos fins da investigação ou da instrução criminal. Isso quer dizer que a extensão e o alcance das garantias fundamentais têm que ser preservados ao máximo, tolerando-se, para tanto, apenas um mínimo de sua flexibilização. Por isso a publicidade das informações obtidas com o afastamento do sigilo há de ficar limitada aos intervenientes da persecução penal (autoridade policial, Ministério Público, juiz, réu, advogados etc.). Ademais, pelas afetações negativas que a privacidade e a intimidade da pessoa podem sofrer em virtude da vulnerabilidade dos detalhes de sua vida particular quando não mais sujeitos à proteção constitucional, convém que o sigilo processual (publicidade interna) perdure até a sentença de mérito.

Sem um exercício de exegese que permita preencher os vazios deixados pela legislação específica, de sorte que não ocorram violações às garantias do processo penal, não haverá como fugir à ilicitude da prova produzida.

Bibliografia

Badaró, Gustavo. "Processo penal e criminalidade organizada". *Revista Jurídica Luso-Brasileira*, n. 1, ano 1, Lisboa, Centro de Investigação de Direito Privado, 2015, pp. 99-129.

Bitencourt, Cezar Roberto; Busato, Paulo César. *Comentários à lei de organização criminosa: Lei n. 12.850/2013*. São Paulo: Saraiva, 2014.

Brasil. Supremo Tribunal Federal. Mandado de Segurança 23452/RJ. Tribunal Pleno. Relator: Min. Celso de Mello. Julgamento em 16.09.1999. *DJ* de 16.05.2000.

Brasil. Supremo Tribunal Federal. Habeas Corpus 116607/RJ. 2ª Turma. Relator: Min. Ricardo Lewandowski. Julgamento em 11.02.2014, *DJ* de 26.02.2014.

Callegari, André Luís (org.); Meliá, Manuel Cancio; Barbosa, Paula Andrea Ramírez. *Crime organizado: tipicidade, política criminal, investigação e processo – Brasil, Espanha e Colômbia*. Porto Alegre: Livraria do Advogado, 2008.

Gomes, Luiz Flávio; Cervini, Raúl. *Crime organizado: enfoques criminológico, jurídico (Lei n. 9.034/1995) e político criminal*. 2. ed. São Paulo: Revista dos Tribunais, 1997.

Pacelli, Eugênio; Fischer, Douglas. *Comentários ao Código de Processo Penal e sua jurisprudência*. 5. ed. São Paulo: Atlas, 2013.

Silva, Danielle Souza de Andrade e; Leite, Rosimeire Ventura. "O sigilo financeiro, os direitos à vida privada e à intimidade e a produção da prova criminal", *in:* Fernandes, Antonio Scarance; Almeida, José Raul Gavião de; Moraes, Maurício Zanoide de. *Sigilo no processo penal: eficiência e garantismo*. São Paulo: Revista dos Tribunais, 2008, pp. 139-169.

CAPÍTULO 7

APONTAMENTOS SOBRE A RESPONSABILIDADE CRIMINAL DO AGENTE INFILTRADO POR DELITOS PRATICADOS EM CONCURSO COM MEMBROS DA ORGANIZAÇÃO INVESTIGADA

PAULO CÉSAR BUSATO

RESUMO: O presente artigo situa-se em apenas um aspecto do multifacetado instituto da infiltração de agentes policiais em organizações criminosas. Inicia-se pela delimitação de tal ponto que reside na responsabilização do agente infiltrado pela prática de delitos em concurso de pessoas com membros da organização por ele investigada. Neste aspecto, procura-se, a partir da análise das hipóteses de autoria e participação, definir os limites de afastamento da responsabilidade penal em tais casos.

Introdução

Há, sem dúvidas, vários pontos controversos envolvendo o agente infiltrado, principalmente relacionados ao processo penal.

A infiltração de agentes, como técnica de produção probatória conduz, desde logo, à necessidade de delimitar sua figura perante outras como o informante, o agente provocador, o agente da inteligência, o delator e o agente encoberto, esta última, a figura que mais se aproxima do instituto aqui tratado;[1] além, disso, a própria prova produzida merece ser filtrada quanto ao seu aproveitamento, afinal, há que ser ponderada a questão da legitimidade do meio de produção de prova em questão e seus reflexos naquilo que se obteve.

Porém, à margem de todas as múltiplas inquietações de matéria processual, o presente trabalho terá por foco uma questão específica de direito material: como o sistema de imputação deve reagir às práticas criminosas levadas a cabo pelo agente infiltrado durante o período de infiltração.

A questão assume crucial importância porquanto a Lei 12.850, de 2 de agosto de 2013, tratou expressamente da matéria e pretendeu dar contornos definidos e uniformes a todas as práticas nas quais por ventura se envolva o agente infiltrado, dando por resolvida, *a priori*, a questão relativa à sua responsabilidade penal.

Tal opção não apenas não é a melhor tecnicamente, *de lege ferenda*, como ainda deixa muitas lacunas, muitos casos sem ser alcançados pela disposição legislativa, reclamando uma melhor visualização.

O que se pretende neste trabalho, porém, não sustentar a existência de um critério geral de responsabilização cuja validade suplante o oferecido pelo legislador, mas principalmente, demonstrar a insuficiência deste pela falta de consideração da questão da provocação do delito, desprezada no texto legal.

1. Veja-se, a respeito, Nesse sentido Pereira, Flávio Cardoso. "Meios extraordinários de investigação criminal: infiltrações policiais e entregas vigiadas (controladas)". *Revista da Associação Brasileira de Professores de Ciências Penais* n. 6, Goiânia, 2007, p. 18; e Pereira, Flávio Cardoso. *Agente encubierto como medio extraordinario de investigación. Perspectivas desde el garantismo procesal penal*. Bogotá: Grupo Editorial Ibañez, 2013, pp. 317-334.

Como contribuição para a discussão, porém, se pretende sustentar uma distribuição de responsabilidade que conjugue regras claras e dogmaticamente consagradas relativas ao concurso de pessoas procurando oferecer um passo adiante na discussão do tema, sem pretensão de esgotar as infinitas possibilidades casuísticas, mas sim no escopo de oferecer uma espécie de *sintonia fina* para critérios gerais consagrados na doutrina e em legislações alienígenas.

Sustentar-se-á que, ainda que a medida de infiltração de agentes em organizações criminosas seja uma incorporação de um instituto do *common law*, mais especificamente, do Direito processual penal estadunidense, isto não significa que necessariamente se deva adotar, a respeito da delimitação da imputação pelos crimes praticados durante a infiltração, uma perspectiva igualmente pragmática. Muito ao contrário, há sensíveis ganhos de precisão da compreensão judicial dos limites de responsabilidade e, mesmo, em um segundo plano, de indicação a respeito dos limites da carga penal, que tornam recomendável a adoção de uma perspectiva dogmaticamente bem orientada sobre o tema.

Sendo assim, iniciar-se-á pela apresentação legislativa do tema, ou seja, se descreverá e ilustrará os dispositivos que regem o tema na Lei 12.850, de 2 de agosto de 2013; em seguida, apresentar-se-á algumas das principais tendências de enfrentamento da questão da responsabilidade penal do agente infiltrado que foram propostas pela doutrina em geral; em terceiro lugar demonstrar-se-á a insuficiência de uma proposta meramente pragmática e simplificada de resolver a questão dos limites da imputação e, finalmente, apresentar-se-á uma breve sugestão para repensar o tema a luz de uma perspectiva associada à teoria dogmática do concurso de pessoas apontando para as vantagens que representa esta abordagem.

1. A Lei 12.850, de 2 de agosto de 2013. Um marco sobre responsabilidade penal por delitos praticados pelo agente infiltrado

O uso da figura do *agente infiltrado* só muito recentemente passou a receber um tratamento regulatório no campo da investigação criminal, ao menos nos países de tradição romano-germânica. Desde a década de 80 do século XX, a figura do agente infiltrado vem aparecendo nos ordenamentos jurídicos tanto europeus quanto latino-americanos, inovando o panorama de produção probatória, reclamando uma tratativa jurídica detalhada para conformá-lo ao modelo de um processo penal próprio dos regimes democráticos.[2]

No Brasil, a regulamentação nasceu do compromisso assumido ao assinar a Convenção das Nações Unidas contra a Criminalidade Organizada Transnacional, denominada *Convenção de Palermo* (ratificada por meio do Decreto Legislativo 5.015/2004), no sentido de criar medidas de inovação em produção probatória.

Nessa esteira surgiu o projeto de Lei 3.516-B, de autoria de Michel Temer, onde o instituto figurava com a denominação de *infiltração policial em organização criminosa*. Em 1995, quando finalmente foi aprovada a Lei 9.034/1995, denominada de *Lei de Repressão ao Crime Organizado*, o instrumento da infiltração de agentes públicos em organizações criminosas sofreu veto presidencial, sob o argumento foi "que o referido dispositivo contrariava o

2. Na Itália, a medida é subordinada à autorização judicial (ou do Ministério Público, que lá pertence à mesma carreira do juiz), circunstância que exclui a punibilidade sob a forma de cumprimento de um dever perante a autoridade, a teor do art. 51 do Código Penal (A informação consta em Snick, Valdir. Crime organizado. Comentários. São Paulo: Leud, 1997, p. 224). Em Portugal, a matéria é regulada pela Lei 45/96, que alterou o tratamento jurídico do tráfico de drogas, em seu art. 59, e pelo art. 3.º, n. 3, da Lei 101/2001 preconiza que o agente infiltrado atuará mediante autorização do magistrado do Ministério Público, apenas comunicando ao juiz de instrução. Na Espanha, é a Lei Orgânica 5/1999, de 13 de janeiro, que regulou a matéria, introduzindo o art. 282 bis na Ley de Enjuiciamento Criminal. A legislação espanhola é uma das mais detalhadas sobre o tema e tem sido objeto de constante estudo doutrinário. Para um panorama amplo sobre a disposição espanhola, em estudo comparativo, veja-se LOPES, Mariângela Tomé. "A infiltração de agentes no Brasil e na Espanha. Possibilidade de reformulação do sistema brasileiro com base no direito espanhol", Revista Brasileira de Ciências Criminais, n 89, mar. 2011. São Paulo: Revista dos Tribunais, 2011. A legislação alemã também prevê a medida, em autorização concedida já pelo Ministério Público, especificamente para esclarecer crimes onde há suficientes indicações factuais, mostrando que uma infração penal de substancial importância foi cometida em matéria de tráfico ilícito de drogas ou armas, de falsificação de dinheiro ou carimbos oficiais; em matéria de segurança nacional; em uma base comercial ou habitual; ou por um membro de uma gangue ou de alguma outra forma organizada. Na Argentina, o art. 31 bis e 31 Ter. da Lei 23.737 (introduzida pelo art. 7.º da Lei 24.424) estabeleceu também a possibilidade de impunidade para agente encoberto das forças de segurança atuando mediante autorização judicial, sempre que isto não ponha em perigo concreto a vida ou a integridade física de alguém ou lhe imponha grave sofrimento físico.

interesse público, já que esta infiltração depende do poder Judiciário, e, por isso, afrontava princípios do Direito penal, no que se refere à exclusão de antijuridicidade".[3]

Resumidamente, pode-se dizer que o dispositivo vetado regulava uma obviedade, ou seja, a contradição lógica de infiltrar o agente e responsabilizá-lo justamente por participar do que lhe foi determinado,[4] e deixava à margem a regulamentação do tema que efetivamente interessava. Daí não ter sido impertinente o veto presidencial.

De qualquer modo, a existência do veto não impediu que se discutisse, na época, o assunto.[5]

Estava em questão, precisamente o tema que aqui é debatido. Nota-se, pois, que desde seu início, a infiltração de agentes públicos em organizações criminosas suscita polêmica precisamente em face das práticas delitivas em que estes se veem envolvidos e a questão de sua responsabilidade penal.

O instituto da *infiltração de agentes públicos* acabou sendo introduzido na mesma Lei 9.034/1995, por força de alterações promovidas pela Lei 10.217/2001, seis anos depois de sua inicial discussão,[6]

3. Snick, Valdir. *Crime organizado...*, cit., p. 224.

4. Nesse sentido, manifesta-se Rafael Pacheco (*Crime organizado: Medidas de controle e infiltração policial*. Curitiba: Juruá, 2007, p. 130-131): "(...) quanto aos crimes associativos ou plurissubjetivos de quadrilha ou bando e associação criminosa tipificada, sentido algum haveria em imputar a prática dos referidos crimes se é a própria lei que permite ao policial atuar em tais grupos, agindo, portanto, no exercício regular de um direito (...) O grande problema, contudo, não está na adesão do agente aos grupos e na prática de crime associativo; o cerne da questão está na decorrência de suas ações durante a infiltração, na eventual coparticipação delituosa".

5. Em comentário ao dispositivo revogado da lei, referindo-se exclusivamente aos crimes de quadrilha e associação para o tráfico, Eduardo Araújo da Silva afirmou que "Nesse sentido, apesar da ausência de expressa previsão de causa excludente de antijuridicidade ou ilicitude, não haverá na conduta do policial infiltrado tipicidade em relação às condutas de formação de quadrilha ou bando (art. 288 do Código Penal) e de associação para fins de praticar os crimes previstos nos arts. 33, *caput* e § 1.º, e 34 da Lei 11.343/2006 (art. 35 da mesma Lei), em razão da falta da vontade livre e consciente para a prática desses crimes. Ademais, ainda que assim não se considere, o policial atua no estrito cumprimento de dever legal (art. 23, inciso III, do Código Penal)". Silva, Eduardo Araújo da. *Crime organizado: procedimento probatório*. 2. ed., São Paulo: Atlas, 2009, p. 89.

6. Veja-se comentário sobre este trâmite em Beck, Francis Rafael. *Perspectivas de controle ao crime organizado e crítica à flexibilização das garantias*. São Paulo: IBCCRIM,

rendendo-se ao argumento de *insuficiência da polícia em desbaratar uma atividade criminosa* cada vez mais sofisticada e organizada.[7]

Mais recentemente, a matéria foi retomada em outra legislação absolutamente polêmica por seu direcionamento político criminal: a Lei 12.850 de 2 de agosto de 2013. Nela estão previstos vários instrumentos probatórios excepcionalmente criados para as investigações relacionadas a organizações criminosas, dentre estes, a infiltração de agentes.

Renasceu, pois, o interesse em discutir a responsabilidade penal destes agentes pelos delitos praticados durante a infiltração.

Na pretensão de regular o tema legislativamente, antecipandose à casuística, a lei refere, em seu art. 13, que: "O agente que não guardar, em sua atuação, a devida proporcionalidade com a finalidade da investigação, responderá pelos excessos praticados". No parágrafo único do mesmo dispositivo, ainda pontua mais, afirmando que: "Não é punível, no âmbito da infiltração, a prática de crime pelo agente infiltrado no curso da investigação, quando inexigível conduta diversa".

A fórmula legislativa aponta para dois paradigmas: o primeiro, uma suposta subordinação a um filtro de proporcionalidade entre investigação e prática delitiva.

Parece óbvia a dificuldade de identificar precisamente em termos tão vagos a existência ou não de responsabilidade.

Claro que remanesce fora de dúvidas, a ser considerado desproporcional, por exemplo, a prática de um delito contra a vida ou integridade física, por exemplo. Outrossim, mesmo neste caso, é possível que haja situações-limite, onde a própria vida do infiltrado é posta em risco e ele se veja compelido a lesionar alguém para salvar sua

2004, p. 126.

7. Isso levou a que parte da doutrina (por exemplo, Silva, Ivan Luiz da. *Crime organizado – Aspectos jurídicos e criminológicos*. Belo Horizonte: Nova Alvorada Edições, 1998, p. 121) apontasse que o desenvolvimento do instituto no Direito brasileiro teve por inspiração direta a fórmula criada no sistema italiano e que político criminalmente era uma atitude proclive ao chamado movimento de lei e de ordem (Nesse sentido Siqueira Filho, Élio Wanderley. *Repressão ao crime organizado – Inovações da Lei 9.034/1995*. Curitiba: Juruá, 1995, p. 42).

própria vida. Igualmente é certo que, nestes casos, não está revogada a consideração das causas gerais de justificação e exculpação.

Mas este é o ponto óbvio. Não são discutíveis estes dois temas. Por um lado, a ofensa a direitos fundamentais não pode ser admitida em nenhum caso. Por outro, as situações concretas vividas de justificação e exculpação equivalentes às válidas para quaisquer agentes de fatos típicos, seguem aplicáveis ao infiltrado.

O problema não surge nestes casos, mas sim nos casos limítrofes, nos chamados *hard cases*, onde um o bem jurídico atacado não é um daqueles considerados fundamentais. O que pode aqui ser considerado proporcional?

Quando se poderia falar na presença de um "excesso"? O que é excessivo na investigação? A prática de qualquer delito com pena inferior àquele que se investiga? A participação em um delito, mesmo que mais grave? A vagueza do termo não permite qualquer conclusão ou, quando menos, resulta incapaz de solucionar casos-limite. Ao lado disso, abre passo a um perigoso arbítrio judicial de decidir, *a posteriori*, quando o fato já foi praticado, o que é ou não *proporcional*.

Note-se que não se conta com uma exigência legislativa de um plano descritivo das atividades a serem desenvolvidas no curso da infiltração, coisa que permitiria objetivamente definir o excesso.

A tentativa de resolver o tema lançada no parágrafo único, resulta ainda menos feliz, porquanto apela ao critério da inexigibilidade como medida exculpante. Com isto, abrem-se duas perguntas às quais seria necessário responder: a primeira, em que casos é possível entender como exigível a conduta conforme o direito? A resposta, naturalmente, remeteria ao *caput*, com a afirmação de que *a exigência estaria presente quando o comportamento do agente não fosse excessivo em face da proporcionalidade para com o crime investigado.* Com isso, se estaria de volta ao problema anterior; a segunda, seria referida aos casos exculpados. Todos os casos seriam igualmente exculpados, desde que proporcionais ao delito investigado? O desvalor de condutas principais e acessórias seria idêntico? A tratativa para os casos em que o delito fosse fomentado ou, inclusive, dominado subjetivamente pelo agente infiltrado, estariam incluídos na exculpação?

A questão é polêmica, especialmente porque a própria associação criminosa é considerada conduta delitiva e o agente infiltrado se vê compelido pela própria infiltração a cometer tal delito. Naturalmente e, de entrada, este delito reclama uma fórmula de tratamento diverso dos demais delitos em que se veja implicado o agente sob pena de, não o fazendo, gerar uma insuportável situação de conflito de deveres.

Ao obrigar-se, de entrada, a uma diferenciação, deixa de parecer viável a solução unificadora apontada pela legislação.

2. Tendências dogmáticas a respeito da imputação de responsabilidade ao agente infiltrado por crimes cometidos durante a infiltração

Os crimes em que estará implicado o agente infiltrado que demandam discussão sobre sua responsabilidade, serão naturalmente aqueles praticados em concurso com membros da própria associação criminosa investigada. Todo crime realizado individualmente pelo próprio policial à margem da organização criminosa será objeto de apuração normal. O mesmo se diga se praticado em concurso com terceiras pessoas que não os membros da organização investigada.

Sendo assim, um ponto de partida óbvio é que os crimes em questão, aqueles cuja responsabilidade cabe ser aqui discutida, são aqueles praticados em concurso de pessoas com um ou mais membros da organização criminosa investigada.

O ponto de partida para a análise de tal responsabilidade é a restrição à infiltração policial consistente em sua submissão estrita e absoluta à *prévia autorização judicial*, sob pena de "ilicitude da prova obtida" (art. 10 da Lei 12.850/2013). A circunstância já era exigida desde o advento da Lei 10.217, de 11 de abril de 2001.

Em princípio, poderia-se afirmar que o controle judicial limitaria as atividades passíveis de realização durante a infiltração no afã da produção da prova a que se visa.

E esse é o ponto.

Acontece que é absolutamente impossível prever com antecipação – especialmente considerada a atividade judicante – todas as hipóteses criminosas em que o agente infiltrado poderá ser ver envolvido, à exceção de uma: a própria participação na organização.

Portanto, conquanto a solução de submeter um plano prévio de atuação ao magistrado que a autoriza possa eventualmente apresentar uma margem de solução à perspectiva adotada pela legislação brasileira de invocar a *proporcionalidade* como critério geral, sua impossibilidade de antecipar todos os casos em que se verá implicado o agente infiltrado, acaba demonstrando certa insuficiência. É melhor. Mas não bastante.

A disposição legal, como é fácil notar, visa apenas delimitar a prova que pode ou não ser considerada válida,[8] uma vez obtida pela via da infiltração, e não assinalar limites à responsabilidade penal do agente em caso de práticas criminosas. Na verdade, o dispositivo amolda a validade da prova da lei à decisão do Tribunal Europeu de Direitos Humanos no caso Teixeira de Castro *vs.* Portugal,[9] nada mais.

Também existe marcada preocupação para com a prática de eventuais delitos *contra as pessoas investigadas*, ou violações de seus direitos fundamentais.[10]

Não obstante, discute-se apenas superficialmente a responsabilidade penal por práticas criminosas integradas às atividades da própria organização investigada, que possam vitimar terceiros.

8. Tanto é assim que a doutrina se preocupa em delimitar a excepcionalidade da possibilidade do uso deste meio probatório, ao afirmar que "a finalidade do trabalho de infiltração como meio extraordinário de investigação na luta contra o crime organizado é de permitir a persecução de destacados grupos de delinquentes" (Pereira, Flávio Cardoso. *Agente encubierto como medio extraordinario de investigación...*, cit., p. 371) e não de seu uso indiscriminado.

9. Para maiores informações sobre o caso veja-se <http://hudoc.echr.coe.int/eng?i=001-58193>.

10. "As atividades lícitas e ilícitas do agente encoberto devem ter como limite o respeito aos direitos fundamentais das pessoas, principalmente aquelas investigadas, pois como servidor público tem o infiltrado a obrigação de respeitar a vida, a honra, os bens e demais direitos fundamentais das pessoas, razão pela qual esses direitos não são comerciáveis, a menos que em razão da investigação e para garantir o seu êxito se contasse com a participação e o consentimento da pessoa titular do direito, que estivesse disposta a sacrificá-lo, se é um bem disponível". Pereira, Flávio Cardoso. *Agente encubierto como medio extraordinario de investigación...*, cit., p. 371. No mesmo sentido González Mongui, Pablo Elías. *La policía judicial en el sistema penal acusatorio*. Bogotá: Universidad Libre Bogotá, 2007, pp. 287-288.

Afinal, é certo que o agente, durante a infiltração, pode ver-se compelido, em maior ou menor grau, a cometer um ilícito, quer seja para demonstrar sua fidelidade e integração à organização criminosa, quer seja para preservar seus próprios bens jurídicos (incluindo vida, integridade física ou outros) e até mesmo para simplesmente preservar a idoneidade do seu disfarce.[11]

Custa crer que se possa pensar que a solução simplista de exculpar todas as condutas que sejam consideradas arbitrariamente como *proporcionais* seja suficiente para oferecer solução a todos os casos de possível ocorrência.

Especificamente entre a doutrina brasileira, e já mesmo antes do advento da Lei 12.850/2013, várias posições se haviam formado sobre o que pode ou não ser atribuído como responsabilidade penal ao *agente infiltrado* que realiza crimes durante o período em que atua como tal, todas procurando afastar a responsabilidade segundo diferentes fórmulas, a saber: exclusão de culpabilidade, por inexigibilidade de conduta diversa;[12] escusa absolutória,[13] por razões de política criminal; excludente da ilicitude do estrito cumprimento do dever legal; atipicidade penal por ausência de imputação subjetiva; e atipicidade penal por ausência de tipicidade conglobante.[14]

11. Cf. Delgado Martín, Joaquín. *La criminalidad organizada: (comentarios a la LO 5/99, de 13 de enero, de modificación de la Ley de enjuiciamineto criminal)*. Barcelona: Bosch, 2001, p. 108. No Brasil, Maia, Carlos Rodolfo Fonseca Tigre. *O Estado desorganizado contra o crime organizado*. Rio de Janeiro: Lumen Juris, 1997, p. 75. Admitindo ser este o posicionamento geral da doutrina, embora dela dissentindo, Pacheco, Rafael. *Crime Organizado...*, cit., p. 126.

12. Nesse sentido, justificando que se trata da solução mais ajustada ao Princípio da Proporcionalidade Constitucional Mendroni, Marcelo Batlouni. *Crime organizado – Aspectos gerais e mecanismos legais*. 2. ed. São Paulo: Atlas, 2007, pp. 73-74. Igualmente entendendo que a baliza é o *Verhältnismäßigkeitsgrundsatz*, da doutrina alemã, Ricardo Antônio Andreucci aponta como mais adequada a solução pela exclusão da ilicitude. Andreucci, Ricardo Antonio. "Infiltração policial: possibilidade", *Jornal Carta Forense*, São Paulo, set. 2013, p. A24.

13. Esta é a posição defendida por Pacheco, Rafael. *Crime organizado...*, cit., pp. 132-133, com base em comparação com as legislações estrangeiras (argentina, portuguesa e espanhola).

14. Os diferentes posicionamentos doutrinários foram elencados por Franco, Alberto Silva. *Leis penais especiais e sua interpretação jurisprudencial*, vol. 1, 7. ed. São Paulo: Revista dos Tribunais, 2002, p. 586.

Desde logo, parece incorreto pretender o afastamento da tipicidade, quer no plano objetivo[15] – porque não estará afastada a criação e realização do risco permitido – nem subjetiva – presente o compromisso para com a produção do resultado. O mesmo se diga a respeito da confusa e insustentável tese da tipicidade conglobante.[16]

Aliás, a própria *autorização judicial* para a realização da infiltração indica que o fato continua típico e só é afastada a responsabilidade diante da existência daquela, exatamente porque delimita as possibilidades de atuação do agente. A questão rondará as excludentes, disputando lugar entre a *justificação, exculpação* e *exclusão da punibilidade.*[17]

Assim, à margem da específica escolha plasmada na legislação brasileira[18] e a despeito das posições tomadas pelos autores brasileiros antes da edição da Lei 12.850/2013, a discussão doutrinária, de modo geral balançou-se entre a justificação e a escusa absolutória.

O argumento central a favor de justificar[19] a conduta do agente infiltrado que pratica crime é que a proporcionalidade restaria obedecida, na medida em que

15. Mantendo, ainda hoje, opinião no sentido de que a *confusa* redação do art. 13 permite interpretá-lo como exclusão da tipicidade, Jesus, Damásio E. de. "Organização criminosa: primeiros conceitos", *Carta Forense,* São Paulo: Carta Forense, nov. 2013, p. A6.

16. Esta tese, sustentada por Zaffaroni (cf. Zaffaroni, Eugenio Raul e Pierangeli, José Henrique. *Manual de direito penal brasileiro.* 7. ed., São Paulo: Revista dos Tribunais, 2007, pp. 394-397), torna translúcida e indefinível a fronteira entre tipicidade e antijuridicidade, prejudicando a compreensão da última, em especial no que tange ao estrito cumprimento do dever legal e ao exercício regular de um direito, a ponto de que o próprio autor, em edições recentes, visando tornar minimamente compreensível sua tese, incluiu desenhos, gráficos e tabelas nesta passagem do livro.

17. Advogando como correta a aplicação de uma regra geral de exclusão da antijuridicidade Andreucci, Ricardo Antonio. "Infiltração policial: possibilidade...", cit., p. A24.

18. Tal posicionamento também conta com abrigo doutrinário, por exemplo, na posição de Torres, Carlos. "El agente encubierto", *Cuadernos del Departamento de Derecho Penal y Criminología.* Córdoba: Universidad de Córdoba, 1998, p. 301.

19. Em favor da justificação posicionam-se, por exemplo, Toledano Toledano, Jesús R. "La actuación policial y la eximente del cumplimiento de un deber", *Ciencia Policial – Revista del Instituto de Estudios de Policía,* n. 92 (enero/febrero). Madrid: Instituto de Estudios de Policía, 2009, pp. 73-86; Laje Anaya, Justo. *Narcotráfico y derecho penal argentino.* 3. ed., Córdoba: Marcos Lerner, 1998, p. 331; Carmona Salgado, Concepción, "La circulación y entrega vigilada de drogas y el agente encubierto en el marco de la criminalidad organizada sobre narcotráfico", *Estudios jurídico-penales y político-*

> "(...) o perigo de que o agente cometa um delito ou participe do cometido por outro é diretamente proporcional ao grau de infiltração no grupo criminoso: quanto maior é a integração na organização, maior a possibilidade do risco de ver-se obrigado a realizar atos para ganhar a confiança dos membros."[20]

E que, havendo autorização judicial para a infiltração, a atividade do agente não é a de prática criminosa integrada comum o bando, mas sim de *simulação de integração* em busca de informações para a evitação de práticas delitivas.[21]

Assim, se partiria de um afastamento da responsabilidade porque o agente "atuou em cumprimento de um dever, em exercício de uma ordem legítima de autoridade competente, no legítimo exercício de um cargo ou por um estado de necessidade".[22] O *dever* aqui considerado é a própria ordem de infiltração.

Ao contrário, aqueles[23] que defendem a existência de um afastamento de responsabilidade do agente infiltrado pelos crimes prati-

criminales sobre tráfico de drogas y figuras afines. Lorenzo Morillas Cuevas, Coord. Madrid: Dykinson, 2003, p. 188; Choclán Montalvo, José Antonio. *La organización criminal: tratamiento penal y procesal.* Madrid: Dykinson, 2000, p. 62; Núñez Paz, Miguel Ángel e Guillén López, Germán. "Entrega vigilada, agente encubierto y agente provocador: Análisis de los medios de investigación en materia de tráfico de drogas", *Anuario de Derecho Penal y Ciencias Penales,* vol. LXI. Madrid: Ministerio de Justicia, 2008, p. 123; Rey Huidobro, Luis Fernando. *El delito de tráfico de drogas. Aspectos penales y procesales.* Valencia: Tirant lo Blanch, 1999, p. 352; e Rifá Soler, José Maria. "El agente encubierto o infiltrado en la nueva regulación de la Ley de Enjuiciamiento Criminal", *Revista del Poder Judicial,* n. 55. Madrid: Consejo General del Poder Judicial, 1999, p. 172. No Brasil, Brodt, Luís Augusto Sanzo. *Do estrito cumprimento do dever legal.* Porto Alegre, 2005, pp. 206-207; e Pereira, Flávio Cardoso. *Agente encubierto como medio extraordinario de investigación...,* cit., p. 382.

20. Pereira, Flávio Cardoso. *Agente encubierto como medio extraordinario de investigación...,* cit., p. 372; e Delgado Martín, Joaquín. *La criminalidad organizada...,* cit., p. 108.

21. Cf. Redondo Hermida, Álvaro. "El 'agente encubierto' en la Jurisprudencia española y en la doctrina del Tribunal Europeo de Derechos Humanos", *La Ley Penal – Revista de Derecho Penal, Procesal y Penitenciario,* n. 45. Madrid: Wolters Kluwer, 2008, p. 100.

22. Pereira, Flávio Cardoso. *Agente encubierto como medio extraordinario de investigación...,* cit., p. 376.

23. Nesse sentido López Barja de Quiroga, Jacobo. *Tratado de derecho procesal penal.* 12. ed., Madrid: Aranzadi, 2012, p. 536; López Barja de Quiroga, Jacobo. "El agente encubierto", *La Ley – Revista Jurídica Española de Doctrina, Jurisprudencia*

cados durante a infiltração com suporte na presença de uma escusa absolutória sustentam que o afastamento do castigo não deriva da incompletude dos juízos de reprovação que compõem a configuração do crime, mas sim de razões de política criminal.

Em suporte ao seu argumento, afirmam que o caso deve ser de escusa absolutória, porque se for justificação não haveria responsabilidade penal e civil dos partícipes e responsabilidade civil subsidiária do Estado, exceto que fosse uma escusa absolutória de caráter objetivo, caso em que a responsabilidade dos partícipes poderia, ainda assim, ser excluída. Ou seja, o fato é típico, antijurídico e culpável, só não se pune por questão de política criminal, que reside na própria essência desta técnica de investigação.

De vantajoso, esta posição oferece a necessidade de que todo excesso ou extralimitação da lei deva ser examinada topicamente.

Outrossim, a imprecisão dos limites de atuação pode remeter a que todos os casos sejam observados individualmente.

Tanto uns quanto outros, no entanto, pretendem vincular a conduta do agente a certas exigências gerais que serviriam para evitar a conversão do instituto da infiltração em uma *carta branca* para delinquir, a saber: a regência da conduta pelo princípio de proporcionalidade, que se expressaria sob a forma de necessidade, adequação e ponderação.[24] Aqui, referência clara é à *teoria dos princípios* de Alexy e sua *máxima de proporcionalidade*,[25] com o qual se pretende resolver argumentativamente o conflito entre princípios.

y Bibliografía. Madrid: Wolters Kluwer, 1999-2, p. 1956; Gómez de Liaño Fonseca-Herrero, Marta. *Criminalidad organizada y medios extraordinarios de investigación*. Madrid: Colex, 2004, p. 256 e Edwards, Carlos Enrique. *El arrepentido, el agente encubierto y la entrega vigilada*, Buenos Aires: Ad-Hoc, 1996, p. 88.

24. Nesse sentido Pereira, Flávio Cardoso. *Agente encubierto como medio extraordinario de investigación...*, cit., pp. 373 e ss.

25. Alexy refere que "o caráter de princípio implica a máxima da proporcionalidade que significa que a máxima da proporcionalidade com suas três máximas parciais, da adequação, necessidade (postulado do meio mais benigno) e da proporcionalidade em sentido estrito (o postulado de ponderação propriamente dito) se infere logicamente do caráter de princípio, ou seja, é dedutível dele". Alexy, Robert. *Teoría de los derechos fundamentales*. Trad. de Ernesto Garzón Valdez. Madrid: Centro de Estudios Políticos y Constitucionales, 2002, pp. 111-112. Considera o autor que os princípios, como mandados de otimização das possibilidades jurídicas devem ser debatidos dentro desta fórmula.

3. A questão do direcionamento subjetivo do delito

O uso de um referente vago como a proporcionalidade tem sido visto, em alguns ambientes jurídicos, como insuficiente.

Especialmente os autores espanhóis, tendo em conta a fórmula de regulamentação própria da legislação de seu país (art. 282 bis, 5 da *Ley de enjuiciamento criminal*[26]), apontam para três requisitos para afastar a responsabilidade do agente infiltrado pela prática de crimes associados à infiltração: que o crime seja consequência necessária do desenvolvimento a investigação, que guarde a devida proporcionalidade com a finalidade da investigação e que não constitua uma provocação do delito.[27]

O primeiro destes requisitos, a necessidade para o *desenvolvimento da investigação* é de tal obviedade que dispensaria a própria referência. É óbvio que a prática de delitos que não servem para nada no contexto da infiltração não podem, de nenhuma forma, estar ajustados ao direito!

Acontece que não é possível afirmar, *a priori*, o que tem ou não *relação direta com a investigação*, uma vez que o emprego da técnica de infiltração de agentes resulta precisamente da impossibilidade de obtenção de provas por outra via, pelo que, não se sabe, ou não se tem por provado, por antecipação quais são os crimes que se provará praticados. Portanto, todas as atividades decorrentes do exercício de aproximação e de integração com a organização criminosa estarão *diretamente ligados* a ela e deverão ser tidos por imprescindíveis.

26. "Art. 282 bis. [...] 5. *El agente encubierto estará exento de responsabilidad criminal por aquellas actuaciones que sean consecuencia necesaria del desarrollo de la investigación, siempre que guarden la debida proporcionalidad con la finalidad de la misma y no constituyan una provocación al delito.*"

27. Nesse sentido, por todos veja-se Cerro Esteban, José Antonio del. "El sistema de garantías constitucionales en los procesos judiciales sobre la criminalidad organizada", *Estudios Jurídicos*, 2004. Madrid: Centro de Estudios Jurídicos del Ministerio de Justicia, 2004. E substituindo a questão da provocação pela não violação de direitos fundamentais, Redondo Hermida, Álvaro. "El 'agente encubierto' en la...", cit., p. 101. A estes requisitos, López Barja de Quiroga adiciona o de que seja o autor o agente infiltrado autorizado e não qualquer policial. *in:* López Barja de Quiroga, Jacobo. „El agente encubierto", cit., pp. 532-534.

De não ser assim, não seria necessário ou adequado o próprio emprego da técnica em questão.

A respeito especificamente da proporcionalidade, considera-se[28] proporcional, a conduta criminosa que mantenha relação direta e imprescindível com o desenvolvimento da investigação e que não seja considerada delito grave.

Poder-se-ia dizer que a legislação brasileira expressamente prevê a necessidade de obediência a um postulado ou princípio de proporcionalidade pela expressa referência a isso no art. 13. No entanto, o mesmo dispositivo legal estabelece uma vinculação de tal proporcionalidade especificamente com a *finalidade da investigação*,[29] em face da qual se estabelecerá o que é ou não excessivo, entendendo-se exculpada – por força da disposição do parágrafo único – a prática delitiva considerada *proporcional* à finalidade da investigação.

Afirma-se, por exemplo, que não seria proporcional a prática de matar alguém durante uma investigação.[30] Entretanto, imagine-se a situação em que o sujeito se vê compelido a matar alguém, sendo que, caso se negue a fazê-lo, como representante da organização criminosa, outro membro da organização o faria em seu lugar, além de matar a ele próprio. Parece injusto que se considere uma situação como essa desproporcional, pois caso fosse uma imposição feita a uma pessoa comum, diversa do agente infiltrado, a hipótese excul-

28. Assim Pereira, Flávio Cardoso. *Agente encubierto como medio extraordinario de investigación...*, cit., p. 374.

29. Este, aliás, é o ponto de referência da proporcionalidade apontado como recomendável por algum doutrinador. Assim, por exemplo, López Barja de Quiroga, Jacobo. "El agente encubierto", cit., p. 1955.

30. Pereira, Flávio Cardoso. *Agente encubierto como medio extraordinario de investigación...*, cit., p. 374, nota 339. O próprio autor, porém, ressalva a hipótese de homicídio contra alguém pertencente ao próprio bando no qual o agente se infiltra e o caso de ameaça contra a vida do próprio agente. Neste último caso, admite exculpação (cf. *idem*, p. 385). López Barja de Quiroga sustenta que a proporcionalidade deve ser verificada comparando a atuação do agente encoberto com a finalidade da investigação. Por exemplo, se ele mata pelas costas um sequestrador para liberar sete reféns, não se faz análise de justificação, apenas se é proporcional matar para liberar reféns igualmente ameaçados de morte. A mesma proporcionalidade não se encontraria no ato de matar alguém como forma de manter a confiança dos membros da organização. López Barja de Quiroga, Jacobo. "El agente encubierto", cit., p. 1955.

pante seria de rigor, quando não, até possível a discussão sobre uma situação justificante.[31]

Claro, se poderia sustentar que a atuação está amparada por uma excludente geral e não derivada da infiltração. Isso está correto. Mas o que dizer, por exemplo, dos casos em que se atua no sentido da diminuição do resultado danoso para o bem jurídico. Suponha-se, por exemplo, que a prova de fidelidade a que o agente infiltrado se vê compelido seja a de matar dois entre dez reféns da associação criminosa, sob pena de, não o fazendo, serem mortos os demais oito. Deveria ele negar a ofensa ao bem jurídico fundamental e fazer caducar a infiltração, mesmo agravando o dano perpetrado pela associação?

Enfim, a casuística desafia constantemente a vaga ideia de proporcionalidade.

Finalmente, a legislação espanhola afirma ainda que o agente encoberto não pode deixar de ser imputado se sua contribuição para o delito consiste em um ato de provocação.[32]

A questão da provocação do delito, porém, é analisada basicamente em função da validade da prova, ao afirmar-se que a conduta do agente encoberto que venha a provocar a ação ou omissão dos membros da organização criminosa constitui situação de *flagrante preparado*. Mas no que interessa, que é a responsabilidade por tal direcionamento de condutas criminosas, não se pode simplesmente igualar todas as hipóteses de indução, instigação e autoria mediata, segundo critérios uniformes de exclusão de responsabilidade, nem simplesmente afastar a responsabilidade pelo delito, preservando-a apenas no que tange a um eventual abuso de autoridade.[33]

31. Esta última poderia dar-se caso fosse possível ao agente, em defesa da vida das vítimas e da sua própria deflagrar um golpe ou disparo que apenas simulada e aparentemente conduziria à letalidade, em contraposição à certeza do resultado caso a conduta fosse levada a cabo pelo efetivo membro da organização criminosa.

32. Pereira, Flávio Cardoso. *Agente encubierto como medio extraordinario de investigación...*, cit., p. 380.

33. Para Flávio Pereira, em casos assim, "o agente infiltrado poderia ser responsabilizado penalmente pelo abuso cometido, mas não teria que responder pela prática do delito em si mesmo considerado". Cf. *idem*, p. 376.

Note-se que a ideia de *provocação* é algo que, novamente, coaduna-se com a leitura do dispositivo que é feita no âmbito do *common law*. Vincula-se a uma pragmática perspectiva sobre o que é *provocar*.

Poder-se-ia sustentar que o termo é omnicompreensivo tanto da autoria mediata quanto da instigação ou do induzimento, resolvendo tranquilamente toda a questão. Mas isso é absolutamente falso.

O termo *provocar*, em português, significa tanto o ato de incitar quanto o de *dar causa a*. Aliás, este segundo sentido é mais frequente na jurisprudência do que o primeiro.

Basta uma perfunctória análise, inclusive dos precedentes das Cortes Superiores, para que se possa dar conta disso. Veja-se.

No Recurso Ordinário em Habeas Corpus 54731-MG, da 5ª Turma do Superior Tribunal de Justiça, tendo por relator o Ministro Jorge Mussi, julgada em 03.03.2015, afirmou-se que:

> "(...) ainda que se esteja diante de alegada incompetência absoluta, é indispensável que o magistrado singular seja *provocado* pela parte a deliberar sobre o tema, pois sem tal providência não é possível aferir se haveria ou não algum motivo para que o processo esteja seguindo o rito ordinário ao invés do procedimento previsto na Lei 9.099/1995, considerado o correto pela defesa."

Com isso, se quer dizer que a parte que pretende ver discutida a incompetência, deve tratar do tema em suas alegações. Este ato – deliberado ou não – é presumido como um *trigger* da atuação judicial, que tem por regra não ser de ofício.

No Habeas Corpus 280469-SP, a mesma 5.ª Turma do Superior Tribunal de Justiça, tendo por relatora agora a Ministra Regina Helena Costa, julgamento havido em 05.08.2014, afirmou que:

> "A prisão preventiva está devidamente fundamentada na necessidade de garantia da ordem pública, tendo em vista a gravidade concreta do crime e a periculosidade do Paciente, evidenciadas no *modus operandi* da prática criminosa, consubstanciado na prática de homicídio qualificado pelo motivo fútil e pela impossibilidade de defesa da vítima, que foi executada com quatro tiros, após ter seu automóvel abalroado pelo carro do Acusado, que a perseguia e *provocou a colisão propositalmente*, e, após o choque dos veículos, dirigiu-se a ela, ainda ao volante, empunhando duas

> armas de fogo, com as quais efetuou os disparos que a mataram, motivado por ciúme, *provocado* pela descoberta da existência de suposto relacionamento romântico entre sua esposa e a vítima."

O exemplo é excepcional, porque usa o verbo *provocar* duas vezes.

Na primeira, aponta-se que *a provocação foi proposital.* Ora, isto claramente quer dizer que o propósito de causar um resultado não é o mesmo que provocar, e que *provocar* é uma conduta que se pode dar propositalmente ou não. Não fosse assim, a expressão *provocar propositalmente* seria um evidente pleonasmo.

Em reforço a tal compreensão, verifica-se o comentário sobre o móvel do crime, e que afirma que o ciúme foi *provocado* pela descoberta da existência de um relacionamento romântico. A descoberta, que é o sujeito da frase não é uma pessoa, portanto, não atua intencionalmente, logo, a expressão só pode ter sido utilizada no como sinônimo de *causado*!

Do mesmo modo, a 6.ª Turma do mesmo Superior Tribunal de Justiça, no Habeas Corpus 240249-MG, tendo por relator o Min. Rogerio Schietti Cruz, em julgamento havido em 24.02.2015, em um caso do crime de poluição, afirmou que:

> "(...) a imputação, da forma como foi feita, representa a imposição de indevido ônus do processo aos pacientes, em vista da ausência da descrição de todos os elementos necessários à responsabilização penal decorrente de *dolosa provocação* de poluição de qualquer natureza, em níveis tais – poluição sonora acima de 70 Db – que resultem danos à saúde."

Perceba-se que no caso, se qualifica a provocação de dolosa, no sentido de *intencional, pelo que, pode existir, na concepção da Corte* – e no caso concreto efetivamente foi o que foi reconhecido para fins da concessão da ordem – uma *provocação não dolosa*, ou seja, não orientada subjetivamente à produção do resultado.

Até mesmo o enunciado número 64 da Súmula do STJ afirma que: "Não constitui constrangimento ilegal o excesso de prazo na instrução, *provocado* pela defesa".

Com isso, quer dizer que não caracteriza constrangimento ilegal qualquer excesso de prazo na instrução a que a defesa *tenha dado causa*, a despeito de que o tenha feito intencionalmente ou não.

Como se nota, a expressão *provocação*, em bom português, é uma expressão polissêmica, pobre, insuficiente para ser capaz de delimitar de modo correto os casos de autoria mediata e de instigação ou induzimento.

É mais do que óbvio que não se pode adotar um critério simplista simplesmente porque acorde com as origens *anglo-saxãs* do instituto processual em apreço.

Menos ainda se deve submeter o desenvolvimento da técnica penal brasileira a uma colonização cultural derivada de uma importação acrítica de conceitos, concepções ou teses.

O que se poder fazer de mais temerário no cenário doutrinário, é a importação acrítica e submissa de teses incompatíveis com a nossa realidade social e por vezes, como neste caso, até da nossa própria linguagem.

Somente uma compreensão tosca ou uma completa incompreensão da língua portuguesa podem admitir como suficiente a referência à *provocação*, como critério de delimitação do que não pode estar incluído na exculpação do agente infiltrado.

Isso significa que uma contribuição essencial para o delito, como a colocação de um obstáculo para gerar um choque de um veículo e permitir que este seja abordado – uma contribuição puramente objetiva – pode ser considerada a *provocação* em sentido coloquial.

Não obstante, as participações objetivas e subjetivas não podem ser consideradas do mesmo modo, assim como as hipóteses de autoria mediata não são comparáveis às de coautoria, nesse sentido.

A pobreza do termo é ajustada ao pragmatismo do direito estadunidense, de onde provém o dispositivo em estudo, porém, sua indigência cobra preço quando utilizada em um sistema que, como o brasileiro, estrutura sobre bases dogmáticas desenvolvidas à raiz do direito alemão.

Defendo constantemente e desde há muito[34] que o direito penal tende a uma confluência entre *common law* e *civil law*. No entanto, *confluência* não é o mesmo que *submissão*.

34. Veja-se, a respeito Busato, Paulo César. "A política jurídica como expressão da aproximação entre o *common law* e o *civil law*", *Revista Eletrônica de Ciências*

Nem todas as melhores soluções provêm do pragmatismo estadunidense.

Aliás, justamente em atenção ao sentido da expressão *provocação* e com o objetivo de uma melhor compreensão e aplicação na *praxis* judicial, o direito português dá solução ao tema com a adoção dos corretos termos dogmáticos para significar a *provocação.*

A Lei 101/2001 de 25 de agosto de 2001, criou-se o regime de ações encobertas dentro e fora do processo penal, sob controle da polícia judiciária que foi seguido, após, por várias outras legislações que trataram da matéria em Portugal.[35]

O tema foi resolvido com maestria, pois tratou-se precisamente de conjugar a proporcionalidade e a provocação a partir de uma chave codificadora própria da linguagem dogmática adotada em países de tradição continental.

O art. 6.º da referida lei estabelece textualmente:

> "Isenção de responsabilidade
>
> 1 – Não é punível a conduta do agente encoberto que, no âmbito de uma acção encoberta, consubstancie a prática de actos preparatórios ou de execução de uma infracção em qualquer forma de comparticipação *diversa da instigação e da autoria mediata,* sempre que guarde a devida proporcionalidade com a finalidade da mesma.
>
> 2 – Se for instaurado procedimento criminal por acto ou actos praticados ao abrigo do disposto na presente lei, a autoridade judiciária competente deve, logo que tenha conhecimento de tal facto, requerer informação à autoridade judiciária que emitiu a autorização a que se refere o 3 do artigo 3.º." (Grifei.)

Como se pode notar facilmente, a restrição realizada pelo direito português encontra pleno ajuste com a linguagem dogmática, facilitando a aplicação do direito para um ordenamento proclive a manejar uma *teoria do delito.*

Jurídicas. São Luís-MA, vol. 1, p. 1-50, 2004 e outra versão na *Revista Jurídica Mater Dei*, vol. 5, p. 51-76, 2004.

35. Veja-se, a respeito, extensa exposição da matéria em Albuquerque, Paulo Pinto de. *Comentários ao Código de Processo Penal.* Lisboa: Ed. Universidade Católica, 2011, pp. 678 e ss.

Mas não só por isso este é um modelo a ser tomado por referência pelo legislador brasileiro. Há mais.

Importa destacar que o direito português compartilha com o brasileiro a *língua portuguesa*, na qual a palavra *provocar* é insuficiente para delimitar uma contribuição subjetiva.

Cientes de que a dogmática não é ciência, mas uma forma de argumentar ao redor de tópicos,[36] devemos estar atentos para o *sentido* das palavras que empregamos na composição normativa. Eles é que fixarão limites da aplicação das normas em face de casos concretos.

E a necessidade de separar o que são contribuições subjetivas das objetivas é mais do que evidente, consoante se demonstrará a seguir.

Para comprová-lo, basta com explorar mais detidamente as diferentes hipóteses de concurso de pessoas, com vistas a estabelecer os limites da imputação possível dos agentes infiltrados.

4. Breve análise dogmática das hipóteses de prática delitiva do agente infiltrado.

As formas clássicas de autoria (direta, mediata e coautoria), podem se manifestar em atividade do agente infiltrado no âmbito da organização criminosa e há razões político-criminais para tratá-las diferentemente.

Uma vez que tenha sido demonstrada a contribuição para o delito de parte do agente infiltrado, ressalvados já os casos antes anunciados de óbvia exculpação (o delito de infiltração), as práticas evidentemente desproporcionais (ataques a bens jurídicos fundamentais apenas como forma de obtenção de prova) ou as hipóteses que encontram abrigo nas causas gerais de justificação e exculpação aplicadas a todos os casos de prática de fato típico, restam os demais delitos a serem observados.

36. Vives Antón, Tomás S. *Fundamentos del sistema penal.* 2. ed., Valencia: Tirant lo Blanch, 2012, p. 475.

Tomando-se por referência ter sido já restado comprovado que o agente infiltrado contribuiu para a prática delitiva,[37] cumpre discernir entre as formas de autoria e participação segundo algum dos critérios usualmente empregados pela doutrina. O aqui tomado por referência – ainda que ciente dos recentes ataques que vem sofrendo[38] é a teoria do domínio do fato,[39] que remanesce sendo a mais consistente entre as fórmulas de diferenciação entre as distintas formas de autoria e participação.

Passa-se, pois, a seguir, à análise dos casos de autoria e participação, sempre com vistas a demonstrar que o discurso orientado em padrões dogmáticos oferece respostas coerentes e seguras para a limitação da exculpação por exclusão de contribuições subjetivas do agente infiltrado que, por um lado, correspondem a uma ideia geral de *provocação* em sentido subjetivo, bastante mais adequada do que o vago termo.

4.1 A hipótese de autoria direta em crime praticado pelo agente infiltrado no âmbito da organização investigada[40]

No caso de autoria direta há que sempre recordar-se de que se trata de um crime praticado em concurso, pois o crime completamente independente gera para o agente infiltrado a responsabilidade igualmente independente.

37. A advertência é sempre válida, dado o mau uso que já se fez de fundamentos teóricos na *praxis* forense brasileira, tomando por teorias de sustentação da própria imputação algumas que só tem lugar para fins de diferenciação das responsabilidades dos imputados. Sobre o tema, veja-se Leite, Alaor. "Domínio do fato, domínio da organização e responsabilidade penal por fatos de terceiros. Os conceitos de autor e partícipe na AP 470 do Supremo Tribunal Federal", *Autoria como domínio do fato* (Luís Greco *et alii*), São Paulo: Marcial Pons, 2014, pp. 123 e ss.

38. Sobre o debate acerca da teoria veja-se Ambos, Kai e Meini, Ivan (org.). *La autoría mediata.* Lima: Ara Editores, 2010, onde vários autores debatem a teoria do domínio do fato e as fórmulas gerais de diferenciação de autoria e participação à luz do caso Fujimori.

39. Sobre o tema, por todos, veja-se Roxin, Claus. *Strafrecht. Allgemeiner Teil. Band II. Besondere Erscheinungsformen der Straftat.* München: Beck, 2003, pp. 5 e ss.

40. Aqui, matiza-se opinião anterior, em trabalho conjunto, onde manifestei opinião distinta uniformizando hipóteses de autoria mediata e direta, que agora distingo. Cf. Bitencourt, Cezar Roberto e Busato, Paulo César. *Comentários à lei de organização criminosa. Lei 12.850/2013.* São Paulo: Saraiva, 2014, p. 181.

Naturalmente, neste caso, será impossível que tenha havido na composição do concurso de pessoas entre o agente infiltrado e membro ou membros da organização investigada, a figura de participação, pois, neste caso, não se falaria em autoria direta senão em coautoria.

Os membros da organização investigada, neste caso, terão contribuído meramente como partícipes ou como autores mediatos.

Nesse caso, a ideia de proporcionalidade para com a investigação deverá ser analisada tendo em conta os seguintes aspectos.

Caso o membro ou membros da organização criminosa tenha(m) figurado como autor(es) mediato(s) isto significa que a condição do agente infiltrado como autor mediato não traduz um *domínio da vontade* que se pressupõe determinante da prática delitiva, já que esta pertence ao autor mediato.

Dada a situação concreta de organização hierarquizada, de executor fungível e de aparato situado às margens do direito,[41] é mais do que evidente que a frágil posição de autor imediato ou executor, deve colocar o agente infiltrado ao abrigo de qualquer imposição de responsabilidade. Sua situação na estrutura do concurso de pessoas deve conduzir ao abrigo de uma permissão fraca ou exculpação, porque inexigível dele conduta conforme o direito.

Isso porque a situação de fungibilidade em que se situa faria com que, caso ele não atuasse, o resultado danoso seria perpetrado igualmente por outro membro da organização criminosa que atuaria em seu lugar.

Diferente situação a respeito da proporcionalidade surgiria se a interferência dos membros da organização se desse no plano de uma mera participação, quer seja intelectual ou material em face da autoria do agente infiltrado.

Isso porque, se o domínio da ação permanecesse à disposição do agente infiltrado, mesmo que uma sugestão ou incitação fosse a ele lançada por um membro da organização, facultar-se-ia a ele uma opção pela não realização do delito, que segue sob seu domínio.

41. Vejam-se tais requisitos, em detalhe, em Roxin, Claus. *Strafrecht. Allgemeiner Teil. Band II...*, cit., pp. 46 e ss.

A opção pela prática do crime, neste caso, ofenderia o postulado de proporcionalidade exigível.

4.2 A hipótese de autoria mediata em crime praticado pelo agente infiltrado no âmbito da organização investigada

As hipóteses em que o agente infiltrado seja autor mediato do delito parecem estar completamente fora da norma de cobertura, devendo ele responder completamente pelo delito, porque, obviamente, as normas que regulam a infiltração de agentes jamais podem ser interpretadas como fomento à prática de delitos. Claro está que isto fica mais evidente uma vez adotado o discurso dogmático. Vejamos.

A decisão e o compromisso a respeito da prática delitiva estariam em seu poder, afinal, seria seu o domínio da vontade.

Perceba-se que, aqui, os demais membros da organização, novamente não poderiam ser coautores, apenas autores imediatos ou partícipes.

Ora, em uma situação organizada desta forma, seria o próprio agente infiltrado quem teria disposição sobre o executor do crime, determinando, por sua vontade sua realização e, portanto, igualmente seria dele a decisão no sentido da realização do ilícito.

Nem se pode argumentar que eventualmente o agente tenha sido compelido por outro membro da organização à realização do delito, pois, se efetivamente houve imposição de vontade de terceiro, não se pode falar que o agente infiltrado foi propriamente autor mediato. Na verdade, ele foi instrumento de outro autor.

Importa destacar que esta situação, perfeitamente compreensível em termos dogmáticos, seria completamente irresolúvel ou, quando menos, teria uma solução obscura, tomado em conta unicamente um critério vago de *provocação*. Outra vez mais se demonstra a vantagem do discurso dogmático em face do pragmatismo estadunidense.

Se, nestes casos, sendo o agente infiltrado autor mediato, necessariamente houve algum executor ou autor imediato, que é membro da organização investigada, sobre o qual ele exerce influência a ponto de ser sua a vontade que determina o resultado.

Eventualmente, outros membros da organização poderão ser identificados como partícipes, seja na forma intelectual (instigação ou induzimento), seja na forma material (cumplicidade). A presença de nenhum deles teria o condão de alterar a responsabilidade do agente infiltrado.

A conclusão só pode ser a de que nos casos de autoria mediata pelo agente infiltrado não deve existir norma permissiva que ampare o comportamento delitivo por ele perpetrado e é plenamente exigível a ele que aborte a realização do delito.

4.3 A hipótese de coautoria em crime praticado pelo agente infiltrado no âmbito da organização investigada[42]

Nos casos de coautoria, existe uma divisão funcional de tarefas na execução do crime onde transparece uma somatória de vontades dirigidas à produção do resultado, uma espécie de *resolução conjunta.*[43]

Assim, temos que o agente infiltrado contribui com parte da realização da tarefa delitiva, somando sua vontade a um ou mais membros da organização investigada.

A realização do evento delitivo, o seu êxito como empreitada depende, portanto, da atuação do agente infiltrado.

A eventual frustração da produção do resultado delitivo por sua desistência, portanto, colocaria, imediatamente, sob suspeita a própria infiltração, podendo gerar, contra ele, reação de atentado, inclusive, contra sua vida.

Por outra, não há nenhuma garantia de que esta mesma desistência evitaria a produção do resultado delitivo, pois poderia haver a superação da falta de atuação do agente infiltrado por outro membro da organização.

Em resumidas contas, não há garantia de que se evitaria o crime, mas é certo que se iria expor a risco potencialmente grave, até mesmo a vida do agente infiltrado.

42. Procura-se, aqui, uma solução sistemática que permita a superação da tópica que, em escrito conjunto anterior (Bitencourt, Cezar Roberto e Busato, Paulo César. *Comentários à lei de organização criminosa...*, cit., pp. 180-181), propus para a solução de casos similares.

43. Cf. Roxin, Claus. *Strafrecht. Allgemeiner Teil. Band II...*, cit., pp. 77 e ss.

A presença, nestes casos, de outros membros da organização, sob qualquer outra forma de participação ou autoria não altera este quadro.

Portanto, a atuação do agente infiltrado em coautoria deveria ser identificada como proporcional e ser exculpada pela permissão fraca de inexigibilidade de conduta conforme o direito.

Os casos em que, eventualmente, houvesse ofensa a direitos fundamentais pela prática delitiva, para constituírem exceção incriminatória do agente infiltrado, deveriam corresponder a uma condição especial – de análise tópica – segundo a qual se lograsse demonstrar que as regras gerais de justificação e exculpação não teriam aplicação direta. Portanto, somente em contados casos se poderia falar em responsabilidade penal do agente infiltrado por coautoria. Precisamente aqueles em que sua contribuição, sendo essencial para o desenrolar da atividade criminosa não pudesse gerar, pela negativa, riscos pessoais tais para o agente que não pudessem ser alcançados pelas figuras justificantes ou exculpantes clássicas.

4.4 Dos crimes praticados no âmbito da organização criminosa investigada contando com a cumplicidade do agente infiltrado

Dentro dos casos de participação do agente infiltrado em práticas criminosas cujo domínio pertença aos membros da organização, a análise é distinta. É preciso, porém, novamente cotejar o contexto da prática delitiva com a modalidade específica de contribuição para a realização do delito.

A figura da cumplicidade, enquanto mera contribuição material para a prática de determinado delito parece ser exatamente a figura que se encontra coberta pela norma exculpante anunciada no dispositivo legal mais clara e amplamente.

A *cumplicidade* é uma contribuição necessariamente menor em face da autoria. O crime em questão é aquele com o qual se contribui *acessoriamente*, portanto, resta óbvio que a conduta principal é aquela a respeito da qual se produzirá prova.

A produção probatória diz respeito necessariamente a algo mais grave do que a cumplicidade em si, ou seja, à prática do crime na condição de autor. Portanto, sempre será menos grave do que aquela, cumprindo os requisitos de proporcionalidade e necessidade referidos pela norma.

Mesmo que o crime do qual o agente infiltrado seja outro que não exatamente aquele com o qual se viu premido a contribuir, é certo que a respeito deste estará sendo produzida prova com a sua participação e, logo, será este delito – eventualmente a par de outros – ser objeto da imputação derivada da prova produzida.

Além disso, sua contribuição consiste, em todos os casos, se não em uma demonstração necessária, ao menos em um reforço de convicção a respeito de estar ele contribuindo para a organização e, como tal, um incremento em seu disfarce que, porque acessório, jamais poderia ser gerador de responsabilidade.

Assim, todos os casos de cumplicidade, em princípio, parecem isentar a responsabilidade do agente infiltrado pela incidência da figura da permissão fraca da inexigibilidade de conduta conforme o direito.

4.5 Dos crimes praticados no âmbito da organização criminosa investigada contando com a instigação ou induzimento do agente infiltrado

Aqui, o agente infiltrado, na verdade, atua como verdadeiro agente provocador açodando à efetiva realização de uma prática delitiva que o autor ou autores membros da organização, têm sob seu domínio ou faz nascer no autor do delito a vontade de praticar o crime.

Se o crime é cogitado pelo próprio membro da organização e a participação do agente infiltrado consiste em açodamento no sentido de uma prática delitiva sob cuja realização o autor hesita, sua contribuição soma-se na balança de decisão a respeito da realização ou não do delito, em favor da primeira opção.

Se, de um modo ainda mais intenso, o agente infiltrado incita, ou seja, planta na mente do membro da organização que será o autor do delito a vontade de realizá-lo, mais peso ainda possui sua participação na decisão pelo delito, mesmo que não tenha qualquer concreto controle sobre sua realização.

Essa contribuição intelectual, ainda que subalterna é vista de modo geral como provocação de delito que jamais pode conduzir à exclusão de responsabilidade do agente infiltrado.

A legislação espanhola, uma das que foram tomadas como modelo para a nossa, especificamente a *Ley de Enjuiciamento Criminal*, condiciona o afastamento da responsabilidade penal ao princípio da proporcionalidade, excluindo expressamente entre as hipóteses cobertas pela impunidade a *provocação do delito*. Naturalmente, a legislação faria melhor caso – como a portuguesa já citada – tivesse utilizado os termos dogmaticamente mais apropriados como *instigação* e *induzimento*, prevenindo-se contra os possíveis equívocos derivados do termo *provocação*.

Afirma-se que não está isento de responsabilidade quem pratica qualquer crime influenciado por terceiro, atue este terceiro como indutor ou instigador, mesmo diante da previsão expressa da lei.

Em princípio, naturalmente, estes casos não estariam cobertos pela norma autorizadora expressamente prevista em lei. A interpretação a respeito de proporcionalidade e necessidade do crime, no caso, não poderia incluir aqueles delitos que não seriam praticados não fosse a indução ou instigação do agente infiltrado.

Entretanto, existe uma exceção:[44] quando o caso trate de delito alternativo. Ou seja, quando a indução ou instigação seja no sentido da orientação da conduta do autor para a prática de um delito determinado quando duas ou mais opções de prática delitiva estão sendo cogitadas pelo autor ou pelos autores e, ao menos uma deva ser efetivamente levada a cabo. Pense-se, por exemplo, no caso em que o autor, membro da organização criminosa está em dúvida entre matar alguém ou apenas provocar-lhe lesões corporais e é convencido pelo agente infiltrado em favor da segunda opção ao argumento de que, preservando-lhe a vida poderia ainda obter dele alguma vantagem, informação, resgate etc.

44. A presente exceção matiza posição anteriormente aventada em trabalho conjunto, onde apontei para solução uniforme de preservação da responsabilidade do agente infiltrado. Cf. Bitencourt, Cezar Roberto e Busato, Paulo César. *Comentários à lei de organização criminosa...*, cit., pp. 181-182.

Nesse caso, haveria de se considerar que a contribuição intelectual causal para a produção do resultado foi orientada no sentido da diminuição do risco afastando-se necessariamente a própria pretensão conceitual de relevância em face da ausência de critérios normativos para a imputação objetiva.

Naturalmente, até mesmo porque toda atuação no sentido da diminuição do risco não merece imputação[45], tampouco teria sentido que a mera indução que consistisse em uma atuação no sentido da diminuição de risco pudesse gerar responsabilidade.

Se a questão se põe em termos de exculpação, pode-se dizer que, como exceção aos casos de instigação de induzimento, aquelas condutas que guardem este perfil, mas consistam em atuações no sentido de diminuição do risco, estariam acobertadas pela regra geral de exculpação.

Considerações finais

Como se nota, da infiltração de agentes decorre uma série de consequências tanto no âmbito processual quanto de Direito penal material. Não se trata exclusivamente de uma técnica de investigação ou produção de elementos probatórios, mas também implica adesão do Estado, pela via de um de seus representantes, a práticas consideradas delitivas.

Em certa medida, amparado pela escusa de efetividade – tão cara ao Direito penal de emergência vivido em nossos tempos – se abre passo à prática de atividades que o próprio Estado visa reprimir.

Nesse contexto, sobreleva a importância do ato de sopesar o ganho processual em face da perda de caráter ético para fins de delimitar até que ponto se pode ou deve imputar o agente infiltrado pelo resultado de práticas delitivas em que se veja envolvido.

Para pautar este sopesar, as legislações e a doutrina em geral convocam vários critérios, quase todos associados a ou derivados de uma vaga ideia de proporcionalidade.

45. ROXIN, Claus. *Strafrecht. Allgemeiner Teil. Band I.* 4. ed., München: C. H. Beck, 2006, pp. 375 e ss.

Em algumas legislações, e mesmo, em alguns cenários doutrinários, adiciona-se à proporcionalidade, a exclusão dos casos de exclusão de responsabilidade pelos crimes praticados pelo agente infiltrado as hipóteses de *provocação* do delito.

Em certa medida – e ainda de modo mais vago – a Lei 12.850 utiliza este padrão de resposta aos filtros de imputação do agente infiltrado.

Conquanto os critérios de proporcionalidade e a vaga ideia de provocação consistam em expressões bastante adequadas à forma de imputação utilizada pelo pragmatismo do *common law*, sistema de onde originou-se a técnica de infiltração de agentes, não parece ser esta a melhor forma de selecionar entre os casos que devem ou não gerar responsabilidade penal.

As razões para tanto são de duas ordens: uma prática e outra teórica. Na prática, a vagueza do termo *proporcionalidade* sem referência legislativa a planos de execução da infiltração (como no modelo colombiano) gerará dificuldades de delimitação e abre portas a perigosas subjetividades e divergências de apreciação. No que tange ao uso do vago critério de *provocação*, que sequer é mencionado na legislação brasileira, sua vagueza e dubiedade interpretativa não permitem que sirva como filtro adequado da responsabilização.

O equilíbrio na atribuição ou não de responsabilidade pode ser melhor logrado quando se associa a tais pautas o ponto de referência diferenciador clássico da teoria do delito a respeito da distribuição de responsabilidades em situação de concurso de pessoas.

Assim, para uma discussão sobre o âmbito de afastamento da responsabilidade penal por crimes do agente infiltrado em concurso de pessoas com membros da organização investigada deve ter em conta se o agente infiltrado foi, no caso concreto, autor direto, autor mediato, coautor, cúmplice, indutor ou instigador.

No caso de autoria direta, sob influência da autoria mediata de membros da organização o agente infiltrado deverá ser absolvido por permissão fraca ou exculpação e se a interferência dos membros da organização seja de mera participação, intelectual ou material segue o agente infiltrado sendo responsável.

Nas hipóteses de autoria mediata, sendo os membros da organização partícipes ou autores imediatos, a conclusão só pode ser de que não deve existir norma permissiva.

Nos casos de coautoria, a atuação do agente infiltrado em geral pode ser exculpada por permissão fraca de inexigibilidade de conduta conforme o direito, salvo casos de ofensa a direitos fundamentais, para os quais a análise tópica de aplicação das regras gerais de justificação e exculpação deve ser o filtro adequado, podendo ou não haver responsabilidade.

Caso a conduta seja de cumplicidade do agente infiltrado em todos os casos não poderia ser geradora de responsabilidade e estaria exculpada.

Nas hipóteses de instigação e induzimento, não estará isento de responsabilidade o agente infiltrado mesmo diante da previsão expressa da lei, salvo em um caso: quando a indução ou instigação seja no sentido da orientação da conduta do autor para a diminuição do risco para o bem jurídico, hipótese em que terá lugar a exculpação.

Bibliografia

ALBUQUERQUE, Paulo Pinto de. *Comentários ao Código de Processo Penal*. Lisboa: Ed. Universidade Católica, 2011.

ALEXY, Robert. *Teoría de los Derechos fundamentales*. Trad. de Ernesto Garzón Valdez. Madrid: Centro de Estudios Políticos y Constitucionales, 2002.

AMBOS, Kai e MEINI, Ivan (orgs.). *La autoría mediata*. Lima: Ara Editores, 2010.

ANDREUCCI, Ricardo Antonio. "Infiltração policial: possibilidade", jornal *Carta Forense*, São Paulo, set. 2013.

BECK, Francis Rafael. *Perspectivas de controle ao crime organizado e crítica à flexibilização das garantias*. São Paulo: IBCCRIM, 2004.

BITENCOURT, Cezar Roberto e BUSATO, Paulo César. *Comentários à lei de organização criminosa. Lei 12.850/2013*. São Paulo: Saraiva, 2014.

BRODT, Luís Augusto Sanzo. *Do estrito cumprimento do dever legal*. Porto Alegre, 2005.

BUSATO, Paulo César. "A política jurídica como expressão da aproximação entre o *common law* e o *civil law*". *Revista Eletrônica de Ciências Jurídicas*. São Luís-MA, vol. 1, p. 1-50, 2004.

CARMONA SALGADO, Concepción. "La circulación y entrega vigilada de drogas y el agente encubierto en el marco de la criminalidad organizada sobre narcotráfico", *Estudios jurídico-penales y político-criminales sobre tráfico de drogas y figuras afines*, Coord. Lorenzo Morillas Cuevas. Madrid: Dykinson, 2003.

CERRO ESTEBAN, José Antonio del. "El sistema de garantías constitucionales en los procesos judiciales sobre la criminalidad organizada", *Estudios Jurídicos*. Madrid: Centro de Estudios Jurídicos del Ministerio de Justicia, 2004.

CHOCLÁN MONTALVO, José Antonio. *La organización criminal: tratamiento penal y procesal*. Madrid: Dykinson, 2000.

DELGADO MARTÍN, Joaquín. *La criminalidad organizada: (comentarios a la LO 5/99, de 13 de enero, de modificación de la Ley de enjuiciamiento criminal)*. Barcelona: Bosch, 2001.

EDWARDS, Carlos Enrique. *El arrepentido, el agente encubierto y la entrega vigilada*, Buenos Aires: Ad-Hoc, 1996.

FRANCO, Alberto Silva. *Leis penais especiais e sua interpretação jurisprudencial.* Volume 1. 7. ed. São Paulo: Revista dos Tribunais, 2002.

GÓMEZ DE LIAÑO FONSECA-HERRERO, Marta. *Criminalidad organizada y medios extraordinarios de investigación*. Madrid: Colex, 2004.

GONZÁLEZ MONGUI, Pablo Elías. *La policía judicial en el sistema penal acusatorio*. Bogotá: Universidad Libre Bogotá, 2007.

JESUS, Damásio E. de. "Organização Criminosa: primeiros conceitos", *Carta Forense.* São Paulo: Carta Forense, nov. 2013.

LAJE ANAYA, Justo. *Narcotráfico y derecho penal argentino*. 3. ed. Córdoba: Marcos Lerner, 1998.

LEITE, Alaor. "Domínio do fato, domínio da organização e responsabilidade penal por fatos de terceiros. Os conceitos de autor e partícipe na AP 470 do Supremo Tribunal Federal". *Autoria como domínio do fato. Estudos introdutórios sobre o concurso de pessoas no direito penal brasileiro.* São Paulo: Marcial Pons, 2014.

LOPES, Mariângela Tomé. "A infiltração de agentes no Brasil e na Espanha. Possibilidade de reformulação do sistema brasileiro com base no direito espanhol", *Revista Brasileira de Ciências Criminais*, n. 89, mar. 2011. São Paulo, Revista dos Tribunais, 2011.

LÓPEZ BARJA DE QUIROGA, Jacobo. "El agente encubierto". *La Ley: Revista Jurídica Española de Doctrina, Jurisprudencia y Bibliografía*. Madrid: Wolters Kluwer, 1999.

_____. *Tratado de derecho procesal penal*. 12. ed. Madrid: Aranzadi, 2012.

MAIA, Carlos Rodolfo Fonseca Tigre. *O Estado desorganizado contra o crime organizado*. Rio de Janeiro: Lumen Juris, 1997.

MENDRONI, Marcelo Batlouni. *Crime organizado – Aspectos gerais e mecanismos legais*. 2. ed. São Paulo: Atlas, 2007.

NÚÑEZ PAZ, Miguel Ángel e GUILLÉN LÓPEZ, Germán. "Entrega vigilada, agente encubierto y agente provocador: Análisis de los medios de investigación en materia de tráfico de drogas". *Anuario de Derecho Penal y Ciencias Penales*, vol. LXI. Madrid: Ministerio de Justicia, 2008.

PACHECO, Rafael. *Crime Organizado: Medidas de controle e infiltração policial*. Curitiba: Juruá, 2007.

PEREIRA Flávio Cardoso. "Meios extraordinários de investigação criminal: infiltrações policiais e entregas vigiadas (controladas)". *Revista da Associação Brasileira de Professores de Ciências Penais*, n. 6, Goiânia, 2007.

PEREIRA, Flávio Cardoso. *Agente encubierto como medio extraordinario de investigación. Perspectivas desde el garantismo procesal penal*. Bogotá: Grupo Editorial Ibañez, 2013.

REDONDO HERMIDA, Álvaro. "El 'agente encubierto' en la Jurisprudencia española y en la doctrina del Tribunal Europeo de Derechos Humanos". *La Ley Penal – Revista de Derecho Penal, Procesal y Penitenciario*, vol. 45. Madrid: Wolters Kluwer, 2008.

REY HUIDOBRO, Luis Fernando. *El delito de tráfico de drogas. Aspectos penales y procesales*. Valencia: Tirant lo Blanch, 1999.

RIFÁ SOLER, José Maria. "El agente encubierto o infiltrado en la nueva regulación de la Ley de Enjuiciamiento Criminal", *Revista del Poder Judicial*, n. 55. Madrid: Consejo General del Poder Judicial, 1999.

ROXIN, Claus. *Strafrecht. Allgemeiner Teil. Band I. Grundlagen. Der Aufbau der Verbrechenslehre*. 4ª Auflage, München: Beck, 2006.

_____. *Strafrecht. Allgemeiner Teil. Band II. Besondere Erscheinungsformen der Straftat*. München: Beck, 2003.

SILVA, Eduardo Araújo da. *Crime organizado: procedimento probatório*. 2. ed. São Paulo: Atlas, 2009.

SILVA, Ivan Luiz da. *Crime organizado – Aspectos jurídicos e criminológicos*. Belo Horizonte: Nova Alvorada Edições, 1998.

SIQUEIRA FILHO, Élio Wanderley. *Repressão ao crime organizado – Inovações da Lei 9.034/1995*. Curitiba: Juruá, 1995.

SNICK, Valdir. *Crime organizado. Comentários*. São Paulo: Leud, 1997.

TOLEDANO TOLEDANO, Jesús R. "La actuación policial y la eximente del cumplimiento de un deber". *Ciencia Policial: Revista del Instituto de Estudios de Policía,* vol. 92 (enero/febrero). Madrid, Instituto de Estudios de Policía, 2009.

TORRES, Carlos. "El agente encubierto". *Cuadernos del Departamento de Derecho Penal y Criminología,* n. 2. Córdoba: Universidad de Córdoba, 1998.

ZAFFARONI, Eugenio Raul e PIERANGELI, José Henrique. *Manual de direito penal brasileiro*. 7. ed. São Paulo: Revista dos Tribunais, 2007.

CAPÍTULO 8

A COLABORAÇÃO PREMIADA

Eneas Romero

Resumo: O presente artigo analisa a colaboração premiada na Lei 12.850/2013. O artigo trata de diferentes aspectos da delação, como a natureza jurídica (de interrogatório), o prazo para o oferecimento (desde o inquérito até depois do trânsito em julgado), os benefícios que podem ser concedidos (perdão judicial, diminuição e substituição da pena e progressão de regime), os requisitos do acordo e a homologação judicial. A delação premiada na lei do crime organizado segue duas tendências: a formalização e o controle judicial da sua legalidade e a ampla discricionariedade para a concessão da delação. No final, conclui-se pela necessidade de diminuição da discricionariedade para evitar o arbítrio. Para diminuir o arbítrio é importante que haja um grande controle da legalidade: 1) no acordo de delação e em seu cumprimento com a detalhada explicitação de todos os requisitos com rigoroso controle judicial na homologação do acordo; 2) na sentença penal tanto na apreciação da prova quanto na aplicação dos benefícios da delação para cada caso.

1. Introdução

O direito processual penal tem sofrido grandes transformações e até mesmo princípios clássicos do direito têm sido revistos. Esse fenômeno pode ser verificado não só no Brasil, como em outros países tanto na tradição anglo-americana quanto na europeia continental.

O sistema processual penal brasileiro também tem sido amplamente reformado nos últimos anos. Uma das tendências verificadas é a substituição de um sistema inquisitorial por um sistema processual penal acusatório ou adversarial.[1]

A distinção entre os sistemas tem se tornado menos clara e os limites entre eles tem se tornado mais fluídos. Desde a Constituição e de modo muito intenso com as reformas recentes, algumas características apontadas como pertencentes ao sistema adversarial foram incorporadas ao sistema processual pena brasileiro, a saber: 1) formulação de perguntas diretamente pelas partes; 2) diminuição do poder probatório do juiz na instrução; 3) incorporação do princípio da concentração, da oralidade e da imediação no processo penal.[2] Ao mesmo tempo, a fase de investigação (o inquérito policial e o termo circunstanciado de ocorrência) permanece com características marcadamente inquisitivas, já que baseados pelo modelo escrito, sigiloso, não contraditório, recentemente mitigada pela possibilidade de intervenção da defesa nessa fase (art. 7.º, XXI, *a*, do Estatuto da OAB).

1. Cada sistema processual penal, porém, tem sua especificidade. Não há sequer unidade sobre o conceito de adversarial e inquisitivos. Máximo Langer distingue 5 (cinco) usos diferentes das categorias inquisitorial e adversarial: 1) Tipos-ideais descritivo; 2) Sistemas históricos ou sociológicos presente em processos penais atualmente; 3) interesses contrapostos ou valores que coexistem em um processo penal; 4) funções do processo penal e 5) modelos normativos. No original: "The chapter maintains that is possible to identify the main theoretical traditions with which comparative criminal procedure has engaged by mapping commentators' and courts' uses of the adversarial versus inquisitorial distinction. This mapping reveals five main uses of these categories: (a) descriptive ideal-types; (b) historical or sociological system present in actual criminal procedures; (c) opposing interests or values that coexist in any criminal process; (d) functions of the criminal process; and (e) normative models". Langer. *The Long Shadow of the Adversarial and Inquisitorial,* p. 2, disponível em SSRN: <http://ssrn.com/abstract=2360617>, acessado em 14.06.2016 às 16h32.

2. Sobre o tema, ver: Romero, *ZIS*, pp. 394-409.

Embora a dualidade, adversarial e inquisitivo, tenha destaque no debate processual penal comparado, um outro aspecto de muita importância que vem sendo alterado é a mitigação do processo penal judicial em favor da introdução e ampliação de formas negociais de solução da lide penal e também como forma de incremento da investigação criminal. A crescente introdução de uma justiça negociada no processo penal, portanto, é uma das mais claras manifestações dessa transformação. A conciliação da justiça negociada com os princípios processuais penais impõe importantes desafios, que variam bastante de acordo com a tradição jurídica a que pertencem. Essa nova forma de solução dos conflitos penais evidencia uma mudança importante no direito penal e no direito processual penal. Nesse contexto, podemos afirmar com Damaška que "a única coisa que pode ser dita com certeza nessa situação fluída é que o processo judicial penal em sua inteireza está em declínio em todas as partes".[3]

Essa nova realidade impõe novos desafios para a academia e para os operadores do direito. No Brasil, por um lado, para os crimes menos graves foram instituídas a suspensão condicional do processo (art. 89 da Lei 9.099) e a transação penal (art. 76 da Lei 9.099), para tornar mais célere a justiça criminal.[4] Por outro lado, para crimes mais graves vem sendo implantada com progressiva abrangência a denominada delação premiada. Com o advento da nova Lei do Crime Organizado (Lei 12.850), a colaboração premiada recebeu pela primeira vez um tratamento mais amplo e sistematizado na legislação brasileira, tendo sido regulada pelos artigos 4.º-6.º da lei. No presente artigo, analisaremos a delação premiada no direito brasileiro, especialmente a sua regulação pela Lei do Crime Organizado.

2. O valor da delação premiada

A delação premiada é uma forma de mitigação da responsabilidade de um autor de um crime para que os autores de crimes sejam descobertos. O objetivo dela é garantir a efetividade da investigação criminal havendo uma renúncia parcial à responsabilização de um autor do crime. O processo penal, epistemologicamente, tem a finalidade, como defende por Laudan, de, ao final, condenar os criminosos

3. Damaška. *J Int'l Crim Just*, 2004, p. 1019.

4. Criticamente: Prado. "Elementos para uma análise crítica da transação penal".

que praticaram o crime e absolver os inocentes. O processo penal, porém, não trata apenas da realização do *ius puniendi* para condenar os que efetivamente praticaram o crime:[5] ele regula o procedimento (a forma) como o Estado pode agir para que ele possa vir a ser condenado.

O devido processo (o "fair trial") é o único modo legítimo de realizá-lo. O termo *fair trial*, utilizado no direito anglo-saxão para designar o devido processo, ajuda a compreender a necessidade de que o processo seja fair para que seja legítimo. Nesse sentido, a comparação feita por Fletcher entre "fair trial" e "fair play" feita contribui para uma compreensão mais clara e didática do significado do "fair" ("trial") no direito processual penal.[6] Do mesmo modo que é possível vencer um jogo desrespeitando o "fair play" também é possível condenar alguém sem respeitar o "fair trial", o que pode ser, inclusive, muito mais fácil e rápido, mas, em ambos os casos, o resultado seria prejudicado, como um todo, pela conduta durante o jogo no caso do "fair play" ou durante o processo, no caso do "fair trial". Segundo Fletcher:

> "O problema básico é a confusão entre 'justiça' e 'equidade'. Um *fair trial* não atinge necessariamente um resultado justo, o que presumivelmente iria exigir que o inocente fosse absolvido e o culpado condenado. *Fair trial* com frequência resulta em injustiça – em particular, o risco de que o culpado seja absolvido. Se justiça significa exigir que o culpado seja condenado, então o princípio do *fair trial*, distorcido enquanto ele é para os interesses da defesa, permite que alguma injustiça ocorra."[7]

5. Ver: Laudan. *Truth, Error and Criminal Law*, pp. 9 ss.

6. "Our notion of fairness and fair play draw heavily on the analogies from competitive sports and games, which pervade idiomatic English. Fair procedures are those in which both sides have an equal chance of winning. The playing field is level. Neither side hides the ball. Regardless of the sport or game, no one seeks an 'unfair' advantage by hitting below the belt, stacking the deck, or loading the dice." Fletcher. *The grammar of criminal law*, p. 136.

7. "The basic problem is the confusion of 'justice' and 'fairness'. A fair trial does not necessarily reach a just result, which presumably would require that the innocent be acquitted and the guilty be found guilty. Fair trial often results in injustice – in particular, the risk that the guilty will go free. If justice requires the punishment of the guilty, then the principle of fair trial, skewed as they are to the interests of the defendant, permit some injustice to occur." Cfr. Fletcher. *The grammar of criminal law*, p. 135, todas as traduções de textos originais em inglês ou em alemão são traduções livres do autor.

No caso da delação premiada e das demais modalidades de justiça negociada há uma mitigação do *fair trial* em favor da eficiência: o réu mitiga a aplicação do *fair trial* em troca da colaboração e troca de vantagens recíprocas: para um lado, o Estado, a diminuição da impunidade com descoberta de outros de crimes e para o outro a diminuição da pena.

Da negociação do acordo de delação derivam problemas morais (é correto que a justiça beneficie um autor em detrimento de outros em razão da delação? é correto que seja mitigado o devido processo em face da delação?) e epistemológicos (a delação aumenta a chance de erro e da elevação do número de condenados inocentes?). No Brasil, não há estudo empíricos sobre o tema, embora seja farta a bibliografia sobre as consequências do excessivo número de *plea bargaining* nos Estados Unidos da América, onde aproximadamente 95% dos processos são decididos por elas.[8]

As críticas aplicadas ao *plea bargaining* nos Estados Unidos devem ser vistas com cuidado, *cum grano salis*, já que, além da enorme diferença quantitativa, no Brasil, mesmo em caso de acordo de delação, haverá instrução processual e as provas obtidas por delação dependem da sua confirmação por outras apresentadas ao longo do processo sob pena de não levar à condenação (art. 4.º, § 16). No caso da delação, embora haja uma mitigação parcial do *fair trial* na medida em que o acusado confessa o crime que cometeu (renunciando ao direito ao silêncio, a apresentar provas e ao recurso) e informa sobre o cometimento de crimes por outro, continua existindo a necessidade de que tenha seguimento o processo penal. Nesse sentido, o art. 65 do Estatuto de Roma no caso da confissão também permite que o *fair trial*,[9] "talvez o mais importante e fundamental princípio de todos" do direito penal internacional,[10] seja mitigado (mas não excluído) desde

8. Lippker. *The ethics of plea bargaining*, p. 1.

9. O Estatuto de Roma utiliza o termo "fair" dezessete vezes. A palavra propagou-se e foi transplantada para outros países, embora, no Brasil, ainda se tenha preferido a expressão devido processo ou devidas garantias judiciais. Na Alemanha, por exemplo, o termo "fair" em inglês foi mantido e se incorporou à linguagem jurídica alemã: a denominada "faires Verfahren." Sobre o princípio do "fair trial" na Alemanha: Kühne: *Strafprozessrecht*, pp. 186 ss.

10. No original: "as maybe the most fundamental principle of all". Cfr. Ambos. *Treatise on international criminal law*, I, p. 95, e pp. 95 ss.

que respeitados os requisitos legais, que se assemelham aos da lei brasileiro.

3. A delação no direito penal internacional

A forma tradicional de solução dos conflitos do direito penal liberal era o processo. Nos Estados Unidos da América, a justiça negociada passou a ser a forma de solução da maioria dos conflitos. Atualmente, a maioria dos casos penais são resolvidos por intermédio da *plea bargaining*. Mesmo na Alemanha, que há poucas décadas era citada como país que não utilizava a *plea bargaining*,[11] a justiça negociada é atualmente amplamente utilizada.

Para os crimes mais graves, especialmente para a criminalidade organizada, foi instituída em diversos países uma legislação que possibilita a admissão da culpa em crimes graves em troca de uma diminuição da pena, o que ocorre também no direito penal internacional.

O art. 64, 8 (a) c/c o art. 65 do Estatuto de Roma prevê o cumprimento de alguns requisitos para que seja considerada válida a confissão pelo acusado em norma que se assemelha aquela prevista para a delação premiada no Brasil.

Os requisitos da confissão previstos pelo artigo 65, § 1.º, a-c, são:

> "a) Se o acusado compreende a natureza e as consequências da sua confissão; b) Se essa confissão foi feita livremente, após devida consulta ao seu advogado de defesa; e c) Se a confissão é corroborada pelos fatos que resultam: i) Da acusação deduzida pelo Procurador e aceita pelo acusado; ii) De quaisquer meios de prova que confirmam os fatos constantes da acusação deduzida pelo Procurador e aceita pelo acusado; e iii) De quaisquer outros meios de prova, tais como depoimentos de testemunhas, apresentados pelo Procurador ou pelo acusado."[12]

11. Langbein. Faculty Scholarship Series. *Paper* 534, 1979, disponível em <http://digitalcommons.law.yale.edu/fss_papers/534>.

12. Ver versão oficial do Estatuto de Roma no Brasil: <http://www.planalto.gov.br/ccivil_03/decreto/2002/D4388.htm>.

O reconhecimento da validade da confissão depende do cumprimento de todos os requisitos do § 1.º e, caso não estejam presentes, a confissão não será admitida ("considerará a confissão como não tendo tido lugar", segundo o art. 65, § 3.º).

O art. 65 foi uma solução de compromisso entre as três posições existentes durante a elaboração do projeto do Estatuto de Roma que refletiam diferentes abordagens em relação à confissão (*guilty plea*) em diversos sistemas jurídicos.[13] Prevaleceu uma solução híbrida entre o "plea of guilty" do *common law* e a "admission of the facts" do *civil law* já que a admissão da culpa não é vinculante[14] para a corte e não resulta em um salto imediato diretamente para a fase de prolação da sentença do processo como no *common law*.[15]

O estabelecimento de critérios para o reconhecimento da confissão e a necessidade de sua análise pelo judiciário aproxima o artigo 65 do Estatuto de Roma dos arts. 4-6 da lei do crime organizado, que regula a delação de forma semelhante à confissão no direito penal internacional em relação a esse aspecto.

A voluntariedade é um importante requisito para a validade da delação e também da confissão no art. 65, § 1.º, *b*, do Estado de Roma. No Direito Penal internacional, a confissão obtida por qualquer forma de "ameaça, coerção ou coação, e até mesmo de qual tipo de promessa imprópria feita ao acusado de modo a induzir ao reconhecimento da responsabilidade penal" será nula e inválida.[16]

A confissão deve ser corroborada pelos fatos (art. 65, § 1.º, *c*, i-iii, do Estatuto) no direito penal internacional, o que também é exigido expressamente para a delação premiada uma vez que

13. Guariglia/Hochmayr. *Proceedings on an admission of guilt*, p. 1622-1623.

14. Guariglia/Hochmayr. *Proceedings on an admission of guilt*, p. 1.634: "If the Prosecutor unduly promises to an accused advantages that he or she is not in a position to guarantee, the admissibility of guilt would be tainted as to its voluntariness, paragraph 1 (b), and should be rejected by Trial Chamber".

15. Guariglia/Hochmayr. *Proceedings on an admission of guilt*, p. 1627.

16. Guariglia/Hochmayr. *Proceedings on an admission of guilt*, p. 1630, tradução livre do autor. No original: "The Trial Chamber must satisfy itself that the admission of guilt is free from any form of threat, coercion or duress, and even from any sort of improper promise made to the accused person with the aim of inducing the acknowledgement of criminal responsibility. A finding that any of these prohibited methods have been used will render the admission of guilt null and void (...)".

"nenhuma sentença condenatória será proferida com fundamento apenas nas declarações de agente colaborador" (art. 4.º, § 16, da lei do crime organizado).

Em todo caso é necessário que o acordo seja aceito pela Corte, que não está vinculada ao acordo e poderá rejeitá-lo caso não cumpra os requisitos do art. 65.[17] A confissão deve abranger todos os crimes e somente excepcionalmente uma confissão parcial pode ser aceita já que "permitir um acordo pelo qual o Procurador concorde em desistir de algumas das acusações, aquelas que o acusado se recusa a admitir, pode militar em favor do interesse da justiça".[18]

4. A delação premiada no direito brasileiro

A origem do instituto da delação premiada no direito brasileiro tem como precursor a regulação prevista pelas ordenações Filipinas que previam o ato de "não entregar logo a pessoa do Rey" (delatar) no caso do crime de lesa majestade (título VI, 1, 2) das ordenações Filipinas.[19]

A delação, porém, adquiriu maior importância nas últimas duas décadas,[20] período no qual foi introduzida em diversos dispositivos legais, tendo sido prevista pela Lei dos Crimes Hediondos (Lei 8.072/1990), posteriormente alterada pela Lei 9.695/1998, que previu a redução da pena para o delator no crime previsto pelo art. 159, § 4.º, do Código Penal,[21] pela Lei do Crime Organizado anteriormente vigente (Lei 9.034/1995, revogada expressamente pela Lei 12.850/2013) e pela legislação especial para diferentes crimes como

17. Olupona. *Artigo 65. Procedimento nos casos de admissão de culpa*, pp. 928-929.

18. Olupona. *Artigo 65. Procedimento nos casos de admissão de culpa*, p. 928.

19. Cfr. Texto das Ordenações Filipinas em <http://www1.ci.uc.pt/ihti/proj/filipinas/l5p1153.htm>, acessado em 10.07.2016.

20. Para um histórico da delação premiada no Brasil, antes da Lei do Crime Organizado, ver: Bittar. *A delação premiada no Brasil*, pp. 89-167.

21. Segundo o Código Penal em seu art. 159, § 4.º, do CP no crime de extorsão mediante sequestro: "§ 4.º Se o crime é cometido em concurso, o concorrente que o denunciar à autoridade, facilitando a libertação do sequestrado, terá sua pena reduzida de um a dois terços. (Redação dada pela Lei 9.269, de 1996)", disponível em <http://www.planalto.gov.br/ccivil_03/decreto-lei/Del2848compilado.htm>, último acesso em 09.07.2016.

a Lei dos Crimes contra o Sistema Financeiro (Lei 7.492/1986),[22] a Lei de Drogas (Lei 11.343/2006),[23] a Lei de Lavagem de Dinheiro (Lei 9.613/1998, alterada pela Lei 12.683/2012),[24] a Lei de Proteção às Vítimas e às Testemunhas (Lei 9.807/1998)[25] e a Lei de Defesa da Concorrência ao prever o acordo de leniência (Lei 12.529/2011).[26]

22. O artigo 25, § 2.º, da referida lei dispõe: "§ 2.º Nos crimes previstos nesta Lei, cometidos em quadrilha ou coautoria, o coautor ou partícipe que através de confissão espontânea revelar à autoridade policial ou judicial toda a trama delituosa terá a sua pena reduzida de um a dois terços. (Incluído pela Lei 9.080, de 19.07.1995)", disponível em <http://www.planalto.gov.br/ccivil_03/LEIS/L7492.htm>.

23. O artigo 33, § 4.º, da referida lei dispõe: "§ 4.º Nos delitos definidos no caput e no § 1.º deste artigo, as penas poderão ser reduzidas de um sexto a dois terços, vedada a conversão em penas restritivas de direitos, desde que o agente seja primário, de bons antecedentes, não se dedique às atividades criminosas nem integre organização criminosa", disponível em <http://www.planalto.gov.br/ccivil_03/_ato2004-2006/2006/lei/l11343.htm>. A vedação da conversão em penas restritivas de direito foi julgada inconstitucional pelo Supremo Tribunal Federal e teve suspensa a sua execução pela Resolução 5, de 2012 do Senado Federal, disponível em <http://www.planalto.gov.br/ccivil_03/_Ato2011-2014/2012/Congresso/RSF-05-2012.htm>.

24. O artigo 1.º, § 5.º, da referida lei dispõe "§ 5.º A pena poderá ser reduzida de um a dois terços e ser cumprida em regime aberto ou semiaberto, facultando-se ao juiz deixar de aplicá-la ou substituí-la, a qualquer tempo, por pena restritiva de direitos, se o autor, coautor ou partícipe colaborar espontaneamente com as autoridades, prestando esclarecimentos que conduzam à apuração das infrações penais, à identificação dos autores, coautores e partícipes, ou à localização dos bens, direitos ou valores objeto do crime. (Redação dada pela Lei 12.683, de 2012)", disponível em <http://www.planalto.gov.br/ccivil_03/LEIS/L9613.htm>.

25. Os artigos 13 e 14 da referida dispõem: "Art. 13. Poderá o juiz, de ofício ou a requerimento das partes, conceder o perdão judicial e a consequente extinção da punibilidade ao acusado que, sendo primário, tenha colaborado efetiva e voluntariamente com a investigação e o processo criminal, desde que dessa colaboração tenha resultado:

I – a identificação dos demais coautores ou partícipes da ação criminosa;

II – a localização da vítima com a sua integridade física preservada;

III – a recuperação total ou parcial do produto do crime.

Parágrafo único. A concessão do perdão judicial levará em conta a personalidade do beneficiado e a natureza, circunstâncias, gravidade e repercussão social do fato criminoso."

"Art. 14. O indiciado ou acusado que colaborar voluntariamente com a investigação policial e o processo criminal na identificação dos demais coautores ou partícipes do crime, na localização da vítima com vida e na recuperação total ou parcial do produto do crime, no caso de condenação, terá pena reduzida de um a dois terços." – disponível em <http://www.planalto.gov.br/ccivil_03/LEIS/L9807.htm>.

26. O artigo 87 da Lei do Cade prevê que: "Art. 87. Nos crimes contra a ordem econômica, tipificados na Lei 8.137, de 27 de dezembro de 1990, e nos demais crimes diretamente relacionados à prática de cartel, tais como os tipificados na Lei 8.666, de 21

A legislação brasileira segue, portanto, a tendência de reservar a possibilidade de concessão de delação premiada para crimes graves, em especial para a criminalidade organizada e para os crimes econômicos. A Lei do Crime Organizado sistematizou no direito brasileiro a disciplina jurídica da delação premiada para a criminalidade organizada.

A Lei do Crime Organizado prevê expressamente a sua aplicação para a criminalidade organizada (art. 2.º, § 1.º, da Lei 12.850/2013), para os crimes previstos em tratado ou convenção que "quando, iniciada a execução no País, o resultado tenha ou devesse ter ocorrido no estrangeiro, ou reciprocamente" (art. 2.º, § 2.º, I, da Lei 12.850/2013) e para os "às organizações terroristas internacionais" (art. 2.º, § 2.º, I, da Lei 12.850/2013).

Por ser a única lei que prevê detalhadamente as regras (inclusive processuais) que disciplinam a concessão da delação premiada, entende-se, com parte da doutrina,[27] que a lei se aplica por ter regulado integralmente a matéria e por ter tratado integralmente da matéria para casos em que o instituto esteja previsto em outra lei.

5. Conceito

Segundo Badaró: "A delação, ou chamamento do corréu, consiste na afirmativa feita por um acusado, ao ser interrogado em juízo ou ouvido na polícia, pela qual, além de confessar a autoria de

de junho de 1993, e os tipificados no art. 288 do Decreto-lei 2.848, de 7 de dezembro de 1940 – Código Penal, a celebração de acordo de leniência, nos termos desta Lei, determina a suspensão do curso do prazo prescricional e impede o oferecimento da denúncia com relação ao agente beneficiário da leniência." – disponível em <http://www.planalto.gov.br/ccivil_03/_ato2011-2014/2011/Lei/L12529.htm>.

27. Nesse sentido, defende Badaró: "Terá incidência também, por analogia, a todo e qualquer caso de delação premiada. Isso porque, não há nada de peculiar ou especial, em relação ao crime organizado, que justifique essa restrição de valoração da delação premiada, que não se encontre nos outros regimes especiais que a preveem. Não é, pois, um caso de *lex specialis derrogat generali*. O que inspira a indigitada regra é a necessidade de maior cuidado e preocupação com o risco de erro judiciário, quando a fonte da prova é um coimputado. E isso não é diferente se o agente colaborador participa de organizações criminosas, de tráfico de drogas, de lavagem de dinheiro ou de crime contra o sistema financeiro nacional." Badaró. *Processo penal*, p. 453.

um fato criminoso, igualmente atribui a um terceiro a participação no crime como seu comparsa".[28]

Para a Lei 2.850 a denominada colaboração premiada é o acordo celebrado entre o acusado e seu defensor e o Ministério Público (em alguns casos a Polícia juntamente com o *Parquet*), sujeito a homologação judicial (se presentes os requisitos constitucionais e legais) em que o corréu renuncia ao direito ao silêncio e passa a colaborar para a elucidação de fatos delituosos de que tenha conhecimento diretamente como coautor ou indiretamente em decorrência de sua atividade criminosa prévia em troca de benefícios legais de natureza penal e processual penal.

6. Destinatários da delação premiada na Lei do Crime Organizado

A Lei 12.850 é a mais completa lei que trata da delação premiada no Brasil. A questão que se coloca é se ela se aplica a todos os crimes para os quais está autorizada à delação ou só para a lei da delação.

A colaboração premiada foi integralmente regulamentada na seção 1, artigos 4-6, da lei do crime organizado. A doutrina vem reconhecendo que a nova regulamentação se aplica para outros crimes.[29] A nova lei regulamentou integralmente a matéria pela primeira vez e em uma interpretação sistemática, em face da lacuna de outras normas que regulavam a matéria, deve ser aplicada para os outros crimes, especialmente em relação ao procedimento a ser observado. A existência de regulamentação contribui para que a discricionariedade e, por conseguinte, a arbitrariedade na aplicação do instituto seja reduzida.

7. Natureza jurídica processual

Um dos pontos mais controvertidos é a natureza jurídica da prova produzida pela delação premiada. Para alguns, possui natureza jurídica processual de prova testemunhal. O delator seria apenas uma

28. Badaró. *Processo penal*, p. 450.

29. Pereira. *Delação premiada*, p. 118, que contém mais referências a favor da aplicação para outros crimes na nota 296.

testemunha[30] que não está submetida à obrigação de prestar compromisso e que, caso venha a mentir, ao invés de poder ser processada por falso testemunho (crime previsto pelo art. 342 do CP), teria como sanção a perda ou mitigação dos benefícios decorrentes da delação.

Para outros autores seria uma prova *sui generis* por se submeter ao mesmo tempo às regras do CPP previstas para o interrogatório, a confissão e a testemunha.[31]

Defende-se também que a delação premiada teria a natureza de interrogatório.[32] No sistema processual penal brasileiro, a delação premiada deve ser entendida como interrogatório, já que prestada por corréu em crime que foi autor ou partícipe.[33] Por essa razão, apesar da renúncia ao direito ao silêncio fazer parte do acordo de delação, a mentira em juízo não acarretará, como no caso da testemunha, a possibilidade de ser processada por falso testemunho, mas apenas a perda dos benefícios decorrentes da delação premiada. Embora o colaborador, ao ser ouvido, preste o compromisso de dizer a verdade (art. 4.º, § 14), a sanção aplicável pelo seu descumprimento é a perda dos benefícios decorrentes da delação. O colaborador poderá também se retratar da delação, mas "as provas autoincriminatórias produzidas pelo colaborador não poderão ser utilizadas exclusivamente em seu desfavor" (art. 4.º, § 10).

A delação implica a renúncia voluntária a alguns direitos, não na sua revogação. O delator permanece titular do direito ao silêncio durante todo o processo e poderá exercê-lo, caso o queria, embora em prejuízo dos benefícios que foram outorgados pela colaboração, conforme prevê o art. 4.º, § 10, da Lei 12.850. Ademais, em relação aos fatos que imputar a terceiros, o delator não é uma testemunha

30. Segundo Badaró, o delator não presta compromisso. A lei, contudo, prevê em seu art. 4.º, § 14: "§ 14. Nos depoimentos que prestar, o colaborador renunciará, na presença de seu defensor, ao direito ao silêncio e estará sujeito ao compromisso legal de dizer a verdade". Apesar da previsão legal, há inconstitucionalidade do dispositivo sempre que se tratar de fatos em que o delator for correu em face do direito constitucional ao silêncio, que não pode ser revogado pela legislação infraconstitucional.

31. Bittar. *A delação premiada no Brasil*, p. 189.

32. Badaró. *Processo penal*, p. 450-451.

33. O STF já reconheceu a natureza de interrogatório da delação antes da vigência da lei do crime organizado, Cfr. STF, HC 94.034/SP, rel. Min. Carmem Lúcia, STF, HC 81.172, rel. Min. Sepúlveda Pertence e STF, HC 75.226, rel. Min. Marco Aurélio.

desinteressada, mas um coautor ou partícipe, razão pela qual as suas declarações não podem ter o mesmo valor que testemunhas desinteressadas, como reconhece a própria Lei do Crime Organizado (art. 4.º, § 16).

No rito processual, o delator deve também ser ouvido no momento destinado ao interrogatório juntamente com os demais interrogados, embora antes dos outros réus, já que apresentara prova contra eles, devendo, conduto, ser especialmente resguardado o direito de submissão do conteúdo de suas declarações ao contraditório já que apto a produzir provas contra os outros acusados. A lei, contudo, abre a possibilidade para que o delator possa ser ouvido como testemunha no processo (art. 4.º, §§ 12 e 14), devendo a norma ser interpretada em conformidade com as garantias penais e processuais penais previstas pela Constituição Federal[34] para que o colaborador possa ser ouvido sempre como interrogado.

Há, contudo, uma hipótese em que o acusado poderá eventualmente ser ouvido como testemunha. Trata-se de fato do qual não participou diretamente ou indiretamente, mas que teve conhecimento por ser membro da organização criminosa e o presenciou ou dele tomou conhecimento por outro meio sem contribuir de qualquer modo para ele.

8. A classificação da delação na Lei 12.850/2013

A Lei do Crime Organizado, ao disciplinar com mais detalhes a delação premiada, inovou em vários aspectos no direito brasileiro. Duas importantes alterações foram a criação de modalidades de colaboração em diferentes fases do processo (podendo ser oferecida na fase de investigação, durante o processo penal e até mesmo após o trânsito em julgado) e quanto aos benefícios penais e processuais que pode conceder, já que pode implicar benefício processual (como causa impeditiva do oferecimento da denúncia), em perdão judicial de toda a pena, em causa de diminuição da pena ou de substituição

34. Cfr. Fernandes. *Processo penal constitucional;* Lopes Jr. *Direito processual penal e sua conformidade constitucional;* e Tucci. *Direitos e garantias individuais no processo pena brasileiro*, 2009.

por medida mais benéfica e até mesmo em nova modalidade de progressão de regime (caso concedida após a sentença).

A lei prevê três momentos para o oferecimento da colaboração premiada: 1) na fase de investigação até o recebimento da denúncia (art. 4.º, *caput*, §§ 2.º e 4.º); 2) na fase processual até o julgamento do processo (art. 4.º, *caput* e § 2.º); 3) na execução penal (art. 4.º, § 5.º).

Na fase de investigação, a lei prevê que a delação premiada pode implicar a redução da pena, na substituição da pena, no perdão judicial e no não oferecimento da denúncia. O não oferecimento da denúncia aplica-se apenas para a delação acordada na fase de investigação já que implica a extinção do processo antes mesmo do seu recebimento desde que o acusado não seja líder da organização criminosa (art. 4.º, § 4.º, I) e seja o primeiro a prestar efetiva colaboração (art. 4.º, § 4.º, II). Nesse caso, há de se ter especial cuidado no acordo já que a sua rejeição pelo Poder Judiciário implicará a remessa dos autos para o Procurador Geral de Justiça (art. 28 do CPP) para que seja decidido pelo seu arquivamento ou pela nomeação de outro membro do Ministério Público para oferecer a denúncia se houver delação por membro da organização criminosa que ocupe papel secundário e que preste efetiva colaboração para a investigação.

No curso do processo penal, a colaboração pode ocorrer em qualquer momento e implica a redução da pena, na sua substituição ou no perdão judicial. Interessante alteração foi aquela introduzida pelo art. 4.º, § 5.º, que autoriza a colaboração posterior à sentença com redução da pena até a metade. Nesse caso, mesmo durante a fase de recurso da sentença de mérito, pode ser concedida a delação com a diminuição do benefício que deixa de ser de até dois terços (art. 4.º, *caput*) para ser de redução da pena até a metade (art. 4.º, § 5.º).

Outro caso ainda mais inovador (e controverso) da lei foi a possibilidade de concessão da delação até mesmo depois do trânsito em julgado da sentença passando a ser admitida "a progressão de regime ainda que ausentes os requisitos objetivos" (art. 4.º, § 5.º). Além de estender a possibilidade da delação além do processo e instituí-la até mesmo durante a execução penal (após o trânsito em julgado da sentença), a lei cria uma nova modalidade de progressão de regime com grande margem de discricionariedade, já que concedida independentemente dos requisitos objetivos, possibilitando que sejam arbitrárias. A norma possui questionável constitucionalidade em face do tratamento desigualitário desse regime especial de progressão em relação aos demais presos que cumprem pena.

9. O sujeito da delação

A delação premiada deve ser feita entre duas partes: o acusado ou indiciado (e seu advogado ou defensor público) e o Ministério Público e homologado pelo juiz, que não participará da negociação (art. 4.º, § 6.º). O acusado ou indiciado somente poderá negociar, confirmar e executar o acordo de delação acompanhado de seu advogado (art. 4.º, § 5.º). A presença do advogado nas várias fases em que se desenvolve a colaboração é importante medida para garantir a voluntariedade do acordo de delação e mitigar o risco de eventual coação do acusado ou investigado.

Uma das inovações da Lei 12.850 foi possibilitar que o acordo possa ser feito pela Policia com a mera manifestação do Ministério Público. Segundo essa alteração, o delegado de polícia deixou de ter apenas a função de presidir o inquérito policial e passou a ser sujeito processual que decide sobre a concessão da delação premiada nos termos do art. 4.º, § 6.º, *in verbis*:

> "§ 6.º O juiz não participará das negociações realizadas entre as partes para a formalização do acordo de colaboração, que ocorrerá entre o delegado de polícia, o investigado e o defensor, com a manifestação do Ministério Público, ou, conforme o caso, entre o Ministério Público e o investigado ou acusado e seu defensor."

A alteração é incompatível com a Constituição brasileira, já que retira do Ministério Público a condição de exclusivo titular da ação penal (art. 129, I, da CF), na medida em que permite que o delegado de polícia possa negociar com o indiciado a concessão do perdão, a redução e a substituição da pena e até mesmo o não oferecimento da denúncia (art. 4.º, § 4.º, da CF). Ainda que qualquer uma das condições oferecidas pela autoridade policial esteja condicionada à posterior concordância do Ministério Público, a sua negociação por autoridade que não é titular da ação penal acaba por criar exceções à titularidade da ação penal em manifesta contrariedade à Constituição.

10. Os requisitos do acordo de delação premiada

A lei estabeleceu os requisitos para que seja feito um acordo de delação premiada: 1) agente capaz e com poder legal para celebrar acordo; 2) a confissão do acusado ou indiciado; 3) a efetividade (art. 4.º, *caput* e I-V); 4) a voluntariedade (art. 4.º, *caput*); 5) a legalidade e regularidade (art. 4.º, § 7.º); 5) as condições especiais do art. 4.º, § 1.º; 6) a homologação judicial do acordo.

Para que o acordo de delação seja válido, ele deve ser feito entre sujeitos capazes e com poder legal para celebrar o acordo (item 9 *supra*). No acordo, o sujeito passivo deve confessar os crimes que cometeu e "delatar" outros crimes cometidos por membros da organização criminosa a que pertencia. Interessante questão é se é possível a delação parcial de apenas alguns crimes. A delação deve ser, *prima facie*, integral e o acordo entre a defesa e a acusação deve abranger todos os crimes. Excepcionalmente, pode-se admitir que o acordo seja apenas parcial em face de fundamentado e importante interesse da Justiça na descoberta de crimes graves por outros autores, devendo o acusado responder autonomamente por outro crime que não tenha sido incluído na delação com a possibilidade de imposição de suas respectivas penas desde que não tenha voluntariamente omitido ou mentido sobre fatos que façam parte do acordo de delação

A lei exige, também, que a adesão ao acordo de delação seja voluntária (art. 4.º, *caput*). A voluntariedade é um importante requisito para a validade da delação. Por essa razão, acordos que sejam obtidos por meios ilícitos, que viciem a vontade do sujeito passivo, não são válidos. Por essa razão, o acordo obtido por meio de coação não é válido. Para evitar a coação, a lei estabeleceu uma série de regras que visam justamente a garantir que o acusado ou indiciado faça o acordo livremente, como a obrigação de acompanhamento por advogado durante a negociação, elaboração e confirmação do acordo (art. 4.º, § 5.º).

Badaró entende que a delação não pode ser realizada se o agente passivo estiver preso, por contrariar a voluntariedade.[35] Há que se diferenciar, contudo, se se trata de uma prisão decretada ilegalmente

35. Badaró, *Quem está preso pode delatar?*, disponível em <https://jota.info/artigos/quem-esta-preso-pode-delatar-23062015>, último acesso em 22.08.2016.

(por contrariar os parâmetros constitucionais e legais) ou legal. O direito processual penal utiliza-se legitimamente de meios coercitivos. A prisão é o mais interventivo dele. Se os pressupostos e requisitos da prisão preventiva estiverem presentes, ela deve ser decretada. É certo, contudo, que a prisão preventiva não pode ser decretada com a finalidade de coagir o réu ou investigado a aceitar a delação premiada. Caso isso ocorra, a delação não deverá ser homologada pelo juiz por faltar o requisito da voluntariedade. A ocorrência dessa situação depende muito mais de uma análise de cada caso e das provas existentes nele tanto da legalidade da prisão (o reconhecimento da ilegalidade da prisão por um Tribunal seria um indicativo) quanto do seu uso como forma de coagir o acusado ou indiciado a aceitar a delação premiada.

11. A homologação judicial

Sob o aspecto da legalidade, a necessidade de homologação judicial é importante para que se verifique se o acordo respeitou os requisitos constitucionais, de direitos humanos internacionais e legais.

O juiz deve, portanto, apreciar a capacidade do sujeito ativo (membro do Ministério Público) e passivo (acusado ou réu e seu defensor), a efetividade (art. 4.º, *caput* e I-V), a voluntariedade (art. 4.º, *caput*), a legalidade e regularidade (art. 4.º, § 7.º) e a observância das condições especiais previstas pelo art. 4.º, § 1.º.

Caso se verifique que os requisitos não foram atendidos, a delação não deve ser homologada (art. 4.º, § 8.º) e o acordo não poderá ser utilizado como prova. O judiciário analisará também se a delação cumpriu a sua finalidade e aplicar a pena na sentença segundo o que consta do acordo de colaboração e o que foi verificado durante o processo.

Apesar de não haver uma obrigação de aceitar a delação pelo juiz, há uma tendência de reconhecimento dela pelo Judiciário que acabam por dar um indicativo para o acusado de que, em regra, salvo situações excepcionais, o acordo será aceito pelo juiz, como ocorre no direito penal internacional em relação à confissão.[36]

36. Guariglia/Hochmayr. *Proceedings on an admission of guilt*, p. 1.634: "Although the Trial Chamber is not bound to plea agreements, the practice before the ICTY shows

12. A delação probatória, o devido processo legal e o contraditório

O princípio do devido processo legal é reconhecido como inerente ao Estado de Direito e está expressamente protegido pelo art. 5.º, § 1.º, LIV e LV, da Constituição,[37] pelo art. 8.º da Convenção Americana de Direitos Humanos[38] e pelo art. 14 do Pacto Internacional dos Direitos Civis e Políticos.[39]

Sobre o princípio do devido processo legal (ou "fair trial" na tradição anglo-saxã) já foi afirmado que seja "talvez o mais importante e fundamental princípio de todos" do direito penal internacional.[40] O "Fair trial" (ou o equivalente brasileiro devido processo e devidas garantias) no DPI, nos direitos humanos internacionais e no direito processual penal é identificado com várias garantias, que precisam ser respeitadas em um processo penal de um Estado Democrático de Direito. Uma interessante comparação, feita por Fletcher, entre "fair trial" e "fair play", auxilia na melhor compreensão do significado do "fair" ("trial") no direito processual penal.[41] Do mesmo modo que é possível ganhar um jogo contrariando o "fair play" também é possível condenar alguém sem respeitar o "fair trial". Nos dois casos, porém, o resultado do jogo e do processo estaria prejudicado como um todo pela conduta dos jogadores ou dos atores no processo penal por serem

that judges have generally respected them. Even proposals for a certain sentence or sentencing range are respected in the majority of cases. So whereas in strictly legal terms the Prosecutor is in no position to guarantee a given outcome, the existing practice sends the message to the parties that absent extraordinary circumstances, such agreements will not be disturbed."

37. Cfr <http://www.planalto.gov.br/ccivil_03/constituicao/ConstituicaoCompilado.htm>, acessado em 12.11.2014.

38. Ver site da Presidência da República, disponível em: <http://www.planalto.gov.br/ccivil_03/decreto/1990-1994/anexo/and678-92.pdf> (último acesso em 10.08.2016).

39. Ver site da Presidência da República, disponível em: <http://www.planalto.gov.br/ccivil_03/decreto/1990-1994/D0592.htm> (último acesso em 10.08.2016).

40. No original: "as maybe the most fundamental principle of all". Cfr. Ambos. *Treatise on international criminal law,* Oxford, 2013, p. 95 e pp. 95-97.

41. "Our notion of fairness and fair play draw heavily on the analogies from competitive sports and games, which pervade idiomatic English. Fair procedures are those in which both sides have an equal chance of winning. The playing field is level. Neither side hides the ball. Regardless of the sport or game, no one seeks an 'unfair' advantage by hitting below the belt, stacking the deck, or loading the dice." Fletcher. *The grammar of criminal law*, 2007, p. 136.

contrárias ao "fair play" no jogo e ao "fair trial" no processo. Em ambos os casos, não se deve ganhar a qualquer custo. O processo penal não trata apenas da forma de realização do *ius puniendi* para condenar os que efetivamente praticaram o crime,[42] mas também do modo como fazê-lo. O devido processo (um "fair trial") é o único modo legítimo de realizar o *ius puniendi* em um Estado de Direito.

Pode-se concluir, portanto, que para que uma sentença penal seja legítima (seja para condenar ou absolver alguém), é necessário que siga o devido processo, em um processo que seja "fair" para ambas as partes. Não é fácil identificar o que faz com que um processo seja devido ("fair") e cada sistema jurídico possui suas peculiaridades. Algumas características identificadas como parte do "fair trial", contudo, "limitam e constituem o exercício do *ius puniendi*"[43] no Estado Democrático de Direito e alcançaram amplo consenso em múltiplos Estados nacionais e no direito internacional,[44] como ocorreu com a CADH, o PIDCP e a CEDH, que garantem o devido processo (ou "fair trial") em qualquer Estado que se pretenda democrático e de direito.

É possível, portanto, identificar alguns elementos do "fair trail" no Estado Democrático de Direito.[45] A igualdade de armas é, certamente, um deles.[46] Se no processo não for garantido o direito de ambas as partes (no processo penal: acusação, normalmente represen-

42. Conforme defendido por Laudan, epistemologicamente o objetivo do processo penal é, ao final, condenar os criminosos que cometeram o crime e absolver os inocentes. Ver: LAUDAN. *Truth, Error and Criminal Law*, p. 9-12.

43. "Further, the most salient aspect of our 'fair trial' is the fact that the procedure by which citizens are identified as offenders not only *constitutes* but also *limits* the competence of the state in criminal matters. (...) in the democratic constitutional state a 'fair trial' is at the same instance constitutive for and restrictive of the exercise of the *ius puniendi.*" HILDEBRANDT. *Trial and "Fair Trial": From Peer to Subject to Citizen*, p. 15.

44. WALDRON. *Partly Law Common to All Mankind, Foreign Law in American Courts*, pp. 120-123

45. Para Hildebrandt seriam cinco elementos: "1) "the initiative to take a case to the case to the court is with the government"; 2) "the verdict of the court will be imposed on the offender"; 3) "the importance of unwritten positive law is recognized as well as the importance of oral testimony"; 4) "the verdict of the court will be imposed on the offender"; 5) "the verdict of the judge is pronounced unilaterally". HILDEBRANDT: *Trial and "Fair Trial": From Peer to Subject to Citizen*, p. 15 (24 s.).

46. HILDEBRANDT. *Trial and "Fair Trial": From Peer to Subject to Citizen*, p. 15 (24).

tada pelo Ministério Público, e defesa) de produzir provas e contradizer as provas uma da outra, o processo não obedece às garantias devidas (por isso foi "unfair") por desrespeitar a paridade de armas.[47] No caso da delação premiada o problema mais difícil é verificar em que medida e em que casos ela pode contrariar o devido processo legal (ou o *fair trial*).

Ainda que possa ser aceita, a delação premiada deve se submeter a um controle para se verificar a sua legalidade de modo a impedir que ocorram abusos e o acusado deve entendê-la, bem como as consequências da colaboração para ele.[48] Embora não tenha reconhecido violação no caso, o Tribunal Europeu de Direitos Humanos em julgamento da terceira turma reconheceu, após análise da legislação processual penal e penal de toda Europa, que:

> "Todos os acordos que levem a condenações penais, sem exceção, são analisados pela Corte competente. Nesse sentido, as Cortes têm a obrigação de verificar se o acordo foi obtido de acordo com as normas penais e processuais penais, se o acusado ingressou nele voluntariamente e com conhecimento, se há provas apoiando o reconhecimento de culpa aceita pelo acusado e se os termos do acordo são apropriados."[49]

No caso da colaboração premiada, o indiciado ou réu, na presença de seu advogado, renuncia expressamente ao direito ao silêncio (art. 4.º, § 14) em troca de benefícios legais em relação a sua pena (art. 4.º, *caput* e § 7.º). Por essa razão, é muito importante que a renúncia ao direito ao silêncio seja voluntária, conforme exige a lei. A renúncia ao recurso não está prevista na lei e deve ser vista com bastante cautela, já que violaria o direito ao art. 8.º, 2, *h*, da CADH.

47. Sobre a paridade de armas no direito brasileiro, ver o livro de Vieira: *Paridade de Armas no Processo Penal*, 2014.

48. Ashworth/Redmayne: *The criminal process*, p. 312-316.

49. Case Natsvlishvili and Togonidze *vs.* Georgia – 9043/05, Judgment 29.4.2014 [Section III], § 66 "Plea agreements leading to a criminal conviction are, without exception, reviewed by a competent court. In this sense, courts have an obligation to verify whether the plea agreement has been reached in accordance with the applicable procedural and substantive rules, whether the defendant entered into it voluntarily and knowingly, whether there is evidence supporting the guilty plea entered by the defendant and whether the terms of the agreement are appropriate." – disponível em <http://hudoc.echr.coe.int/eng?i=001-142672>.

A Lei 12.850 segue duas tendências antagônicas ao tratar da delação premiada. Por um lado, obriga a formalização e prevê critérios para garantir que haja um controle de legalidade da delação pelo judiciário. Por outro lado, confere maior discricionariedade para a concessão da delação.

O grande risco da Lei 12.850 reside na grande discricionariedade nos critérios utilizados para a concessão da delação premiada. A discricionariedade revela-se em diferentes aspectos da delação premiada: 1) *no âmbito de aplicação da lei* (na falta de clareza na definição do crime organizado); 2) *na definição dos benefícios a serem oferecidos* (na ampla margem de benefícios que podem ser concedidas, sendo possível a substituição da pena, o perdão judicial e a progressão do regime);[50] 3) *no momento temporal para o oferecimento* (há enorme a amplitude do momento em que pode ser oferecida desde a investigação durante o processo e até mesmo depois do trânsito em julgado); 4) *a vagueza dos critérios para concessão* da delação em relação ao indiciado ou acusado.

A ampla discricionariedade da lei possui, no caso da delação, um problema adicional. Por vezes, o acordo é homologado pelo juiz na sentença e não se submete ao controle por outros tribunais, seja por ter a parte confessado o crime ao aceitar o acordo de delação e implicitamente renunciar ao recurso ou até por renunciar explicitamente ao direito a recurso. Há, portanto, controle judicial do acordo apenas na primeira instância.

O controle judicial apenas em primeira instância juntamente com a ampla margem de discricionariedade para a concessão da delação

50. Ashworth ao tratar do sistema inglês revela mesma preocupação: "One major difficulty is the size of the sentence discount: it can be as much as one third (although less for a late change of plea), and can certainly make the difference between immediate custody and a non-custodial sentence. There are formidable incentives, applicable both to those who are guilty and to those who are innocent. It has been argued here that discounts of this kind are so great that they place unfair pressure on those who maintain their innocence and wish to put the prosecution to proof – a strong temptation to 'cut one' losses and plead guilty in exchange for a lesser sentence, particularly if it is non-custodial. A fairer system (assuming that the discount is to be retained) would be to offer a small incentive of no more than a 10 per cent reduction, aimed at preserving the freedom of choice of someone who maintains innocence and at ensuring that the exercise of the right to be presumed innocent until proved guilty does not have significant cost", ASHWORTH/REDMAYNE. *The criminal process*, p. 317.

obriga a que os requisitos da delação e os benefícios concedidos pelo acusado ou indiciado sejam detalhadamente explicitados.

13. O valor probatório da delação premiada

As provas decorrentes da delação premiada provêm de um autor ou participe de um crime. Desse modo, a colaboração premiada, por ter sua natureza jurídica equiparada à do interrogatório, e ainda em razão da própria posição do réu, tem o seu valor probatório mitigado. Por essa razão, a lei mitigou o valor probatório da delação premiada ao vedar condenação com base apenas nela (art. 4.º, § 16).

Portanto, o seu conteúdo precisa ser confirmado por outras provas obtidas durante o processo que confirmem a veracidade das alegações do delator já que "ter a versão de cada lado desafiada integralmente e vigorosamente por cada um dos lados, ainda que longe de perfeita, é a melhor forma para se verificar a veracidade dos fatos quando eles são contestados".[51]

Conclusão

A justiça negociada apenas se justifica por necessidades práticas: sobrecarga das cortes e dificuldades probatórias, especialmente quando se tratar de investigação contra o crime organizado ou contra os crimes atualmente reconhecidos pelo direito penal internacional.[52]

O reconhecimento no sistema judicial brasileiro da justiça negociada tanto para infrações penais de menor gravidade (pela suspensão condicional do processo e pela transação penal) como para mais graves (pela delação premiada) exige que haja um controle judicial e critérios claros para a sua concessão para evitar que sejam cometidas arbitrariedades pelo Estado em desfavor do devido processo e até mesmo a condenação de inocentes.

No caso da delação, essa preocupação é ainda maior em face da gravidade dos crimes para os quais ela é aplicada. Por um lado, o advento da Lei 12.850 com a regulação sistemática e detalhada dos requisitos e do procedimento para a concessão da delação premiada e

51. Lippker. *The Ethics of Plea Bargaining*, p. 227.

52. Damaška. *J Int'l Crim Just*, 2004, p. 1037.

para a sua homologação judicial contribuem para que haja um maior controle em face da existência de requisitos legais expressos e da necessidade de revisão judicial. Por outro lado, os requisitos não foram suficientemente detalhados e aumentou a discricionariedade na concessão da delação já que houve ampliação do critério temporal para a sua concessão (desde a investigação até a execução penal) e também dos benefícios penais a serem aplicados (desde o perdão judicial, a diminuição e a substituição da pena e progressão de regime) o que pode aumentar o risco de arbitrariedades.

A doutrina e a jurisprudência comparada, do direito penal internacional (art. 65 do Estatuto de Roma) e de direitos humanos internacionais (a CADH, o PIDCP e a CEDH) podem contribuir para a interpretação da delação premiada no Brasil de modo a possibilitar que a sua aplicada em cada caso siga os parâmetros do processo penal e dos direitos humanos no Estado Democrático de Direito.

No final, pode-se concluir que a delação premiada, especialmente com a grande discricionariedade que possui no direito brasileiro, pode gerar riscos ao Estado Democrático de Direito (inclusive a condenação de inocentes) e deve ser usada com parcimônia. O *motto* utilizado por Damaška para o direito penal internacional serve também de *motto* para o uso da delação premiada no direito brasileiro: "as many trials as possible, as much bargaining as necessary".[53]

Bibliografia

AMBOS, Kai. *Treatise on international criminal law*. Vol. 1. Oxford: Oxford Univ. Press, 2013.

_____. *Treatise on international criminal law*. Vol. 3: International Criminal Procedure. Oxford: Oxford Univ. Press, 2016.

ASHWORTH, Andrew. Redmayne, Mike. *The criminal process*. 4. ed. Oxford-New York: Oxford University Press, 2010.

BADARÓ, Gustavo Henrique. *Processo penal*. 3. ed. São Paulo: Revista dos Tribunais, 2015.

BADARÓ, Gustavo Henrique; BOTTINI, Pierpaolo Cruz. *Lavagem de dinheiro. Aspectos penais e processuais penais; comentários à Lei*

53. DAMAŠKA. *J Int'l Crim Just*, 2004, p. 1039.

9.613/1998, com as alterações da Lei 12.683/2012. 2. ed., rev., atual. e ampl. São Paulo: Ed. Revista dos Tribunais, 2013.

BITTAR, Walter Barbosa. *Delação premiada*. Rio de Janeiro: Lumen Juris, 2011.

DAMAŠKA, Mirjan. "Negotiated Justice in International Criminal Courts", *Journal of International Criminal Justice*, 2004, 2 (4), pp. 1018-1039.

DUBBER, Mark D. *Comparative Criminal Law*. Oxford Handbook of Comparative Law. Oxford, 2006.

FERNANDES, Antonio Scarance. *Processo penal constitucional*. 4. ed. São Paulo: Revista dos Tribunais, 2005.

GOMES, Luiz Flavio/MAZZUOLI, Valerio de Oliveira. *Comentários à Convenção Americana sobre Direitos Humanos*. 3. ed. São Paulo, 2010.

FISHER, George. *Plea bargaining's triumph. A history of plea bargaining in America*. Stanford, Calif: Stanford University Press, 2003.

GIACOMOLLI, Nereu. *O devido processo penal*. São Paulo: Atlas, 2014.

GRECO, Luís. "Fortgeleiteter Schmerz" Überlegungen zum verhältnis von Prozessabsprache, in Wahrheitsermittlung und Prozessstruktur, *Goltdammers Archiv für Strafrecht* 1/2016, pp. 1-15.

HILDEBRANDT, Mireille. "Trial and *Fair Trial*: From Peer to Subject to Citizen", *in:* DUFF, Antony, FARMER, Lindsay, MARSHALL, Sandra, & TADROS, Victor (eds.): *The Trial on Trial,* vol. 2: Judgment and Calling to Account. Oxford and Portland: Hart Publishing, 2006.

KÜHNE, Hans-Heiner. *Strafprozessrecht*. 7. ed. Heidelberg: Müller Verlag, 2010.

LANGBEIN, John H. "Land without Plea Bargaining: How the Germans Do It". *Faculty Scholarship Series. Paper* 534, 1979, pp. 204-225, disponível em <http://digitalcommons.law.yale.edu/fss_papers/534/>.

LANGER, Maximo. "The Long Shadow of the Adversarial and Inquisitorial Categories" (November 27, 2013). *Forthcoming in Handbook on Criminal Law*, Markus D. Dubber & Tatjana Höernle eds., Oxford University Press, 2014; UCLA School of Law Research Paper N. 13-41, p. 2, disponível em SSRN: <http://ssrn.com/abstract=2360617>.

LAUDAN, Larry. *Truth, Error and Criminal Law. An Essay in Legal Epistemology*. Cambridge: Cambridge University Press, 1996.

LIPPKE, Richard L. *The ethics of plea bargaining*. Oxford: Oxford University Press, 2011.

LOPES JR., Aury. *Direito processual penal e sua conformidade constitucional*. Rio de Janeiro: Lumen Juris, 2009. 2 Vols.

PEREIRA, Frederico Valdez. *Delação premiada. Legitimidade e procedimento: aspectos controvertidos do instituto da colaboração premiada de coautor de delitos como instrumento de enfrentamento do crime organizado*. 2. ed. revista e atualizada de acordo com a Lei 12.850/2013. Curitiba: Juruá, 2014.

PRADO, Geraldo. *Elementos para uma análise crítica da transação penal*. Rio de Janeiro: Lumen Juris, 2003.

RAUXLOH, Regina. *Plea bargaining in national and international law. A comparative study*. London: Routledge, 2012.

ROMERO, Eneas. O Supremo Tribunal Federal enquanto tribunal penal? O caso "Mensalão", o devido processo, o direito ao "fair trial" e o direito a ser ouvido. *Zeitschrift für Internationale Strafrechtsdogmatik (ZIS)*. 10. Jahrgang, Ausgabe 7-8/2015, pp. 394-409.

SANCTIS, Fausto Martin de. *Crime organizado e lavagem de dinheiro. Destinação de bens apreendidos delação premiada e responsabilidade social*. São Paulo: Saraiva, 2009.

OLUPONA, Bolante. Artigo 65: Procedimento nos Casos de Admissão de Culpa. STEINER, Sylvia Helena; BRANT, Leonardo Nemer Caldeira: *O Tribunal Penal Internacional. Comentários ao Estatuto de Roma*. Belo Horizonte: Konrad Adenauer Stiftung, 2016, pp. 923-929.

TITZ, Andrea/FRANK, Christoph. "Die Kronzeugenregelung zwischen Legalitätsprinzip und Rechtsstaatlichkeit", *Die Zeitschrift für Rechtspolitik (ZRP)*, 2009, 137-140.

TRIFFTERER, Otto & AMBOS, Kai. *The Rome Statute of the International Criminal Court. A commentary*. 3. ed. München: C.H. Beck, 2016.

TUCCI, Rogério Lauria. *Direitos e garantias individuais no processo penal brasileiro*. 3. ed. São Paulo: Revista dos Tribunais, 2009.

VIEIRA, Renato. *Paridade de armas no processo penal*. São Paulo: Ed. Gazeta Jurídica, 2014.

WALDRON, Jeremy. *Partly Law Common to All Mankind, Foreign Law in American Courts*. New Haven and London: Yale University Press, 2012.

CAPÍTULO 9

CONTRIBUIÇÃO ESPECIAL: O CRIME DE ORGANIZAÇÃO CRIMINOSA NO CÓDIGO PENAL PORTUGUÊS

PAULO PINTO DE ALBUQUERQUE

RESUMO: O legislador português desenvolveu uma política penal rigorosa de combate ao crime organizado e à corrupção que tem produzido efeitos práticos significativos. Esta política assenta sobre dois pilares: um substantivo e o outro processual. Uma das medidas mais importantes no plano substantivo foi a reforma de alguns tipos do Código Penal. Esta política penal pode servir de fonte de inspiração para o legislador brasileiro.

1. O crime de organização criminosa está previsto no artigo 299.º do Código Penal (CP). As *fontes* desta disposição são o artigo 263.º (Associação de malfeitores) do CP de 1886 e o § 129.º (*Bildung krimineller Vereinigungen*) do StGB alemão. A lei consagra o modelo unitário alemão, por contraposição ao modelo diferenciador austríaco, de acordo com o qual se distingue a "associação criminosa" (*kriminelle Vereinigung*), punida pelo § 278.º do StGB austríaco, e a "organização criminosa" (*kriminelle Organisation*), punida pelo § 278.ºa do mesmo código. O StGB suíço também seguiu o modelo alemão no artigo 260 ter, introduzido pela Lei federal de 18.03.1994.

2. O *bem jurídico* protegido pela incriminação é a paz pública. O crime de associação criminosa é um crime de perigo abstrato quanto ao grau de lesão do bem jurídico. Quanto à forma de consumação do ataque ao objeto da ação, trata-se, em regra, de um crime de mera atividade, com a ressalva da modalidade de "fundação da associação criminosa", em que se trata de um crime de resultado. Neste caso, aplica-se a teoria da imputação objetiva do resultado à ação.

3. O *tipo objetivo* consiste na (1) promoção ou fundação da associação criminosa; (2) participação como membro ou apoiante na atividade da associação criminosa e (3) chefia ou direção da associação criminosa. A Lei 59/2007 definiu associação criminosa como o grupo de, pelo menos, três pessoas, atuando concertadamente durante um certo período de tempo, com vista a cometer um ou mais crimes (não obstante, a Lei 52/2003 mantém o requisito de apenas duas pessoas para formar uma organização terrorista e o Decreto-lei 15/1993 mantém esse requisito para a formação de organização criminosa destinada ao tráfico de estupefacientes). Estes requisitos formais espelham uma realidade substantiva, qual seja a de uma organização, com um ou mais dirigentes, uma estrutura de comando e um processo de formação da vontade coletiva. Mas não é necessário que os membros da associação se conheçam todos uns aos outros, nem que associação tenha o centro de atividades, sede ou principal estabelecimento no território nacional, razão pela qual também não é necessário provar a identidade de todos e cada um dos membros da associação.

O fim criminoso da associação pode ser principal, concomitante ou acessório na vida da organização, impondo-se, contudo, que se trate de crimes (do direito penal primário ou secundário) e não apenas contraordenações.

O promotor ou fundador da associação criminosa é aquela pessoa que tem a ideia criadora da organização criminosa e procede ao ato de criação da associação, mesmo que não tenha qualquer atividade subsequente nela.

O membro da associação criminosa é aquela pessoa que integra as suas fileiras, engrossando o seu número de pessoas disponíveis. É na disponibilidade do membro que reside a razão de ser da censura penal. A disponibilidade implica subordinação à vontade coletiva (a todo o tempo e em qualquer lugar) e esta subordinação reflete a especial perigosidade do membro. Por isso, o membro não tem de conhecer todas as atividades da associação, nem sequer nelas participar.

O apoiante da associação criminosa é a pessoa que presta auxílio moral ou material aos membros da associação nessa qualidade e não na sua qualidade individual. Ao invés do membro, o apoiante não está subordinado à vontade coletiva e, por isso, não está à disposição da associação criminosa. Por exemplo, não é apoiante da associação criminosa a mãe do membro que lhe cose um gorro que ele usa porque é inverno, mas já é apoiante se lhe coser o dito gorro que ele vai usar num assalto, sabendo que o gorro se destina a esse efeito e que o filho integra a associação.

A participação do apoiante em crimes concretos da associação converte-o, em regra, em membro da associação, na medida em que implica uma subordinação à vontade coletiva e a colocação à disposição da associação criminosa.

O defensor pode ser um apoiante se praticar crimes ou atos ilegais de colaboração ativa com a associação, por exemplo, transmitindo mensagens entre os membros da organização em liberdade e os reclusos essenciais para a manutenção da organização.

O angariador da associação criminosa é uma pessoa que determina outros à adesão como membros ou apoiantes da associação criminosa. Isto é, a conduta de angariação é similar à conduta típica da teoria geral da instigação.

O chefe ou dirigente da associação criminosa é o membro que dirige a estrutura de comando e controla o processo de formação da vontade coletiva da associação criminosa. A vontade coletiva pode identificar-se com a própria vontade pessoal do chefe ou com a vontade de um grupo de membros ou de todos os membros, mas em qualquer caso o chefe é a pessoa que estabelece e interpreta essa vontade como vontade da associação. Por outro lado, o chefe é a pessoa que tem a última palavra sobre a disponibilidade dos membros da associação, tendo o poder para criar, suspender, alterar ou extinguir as posições funcionais dos membros.

4. O *tipo subjetivo* do crime de organização criminosa admite qualquer modalidade de dolo (directo, necessário ou eventual).

5. A *tentativa* não é punível, uma vez que o crime consubstancia já uma antecipação da tutela penal. Contudo, a pena é atenuada especialmente ou mesmo a conduta fica impune se o agente impedir ou se esforçar seriamente por impedir a continuação da associação ou comunicar à autoridade a sua existência de modo a poder evitar a prática de crimes (reproduzindo o 4 a solução da *kleine Kronzeugenregelung* prevista no § 129 VI do StGB alemão). Não basta que o agente tenha retirado a sua disponibilidade para prosseguir a sua participação na atividade a associação. É necessário um "arrependimento ativo" sério e voluntário, no sentido de impedir o início ou a continuação da atividade da associação. Esse arrependimento pode, portanto, ocorrer quando a organização já realizou crimes ou o próprio agente arrependido já participou em crimes da associação. A forma mais eficaz de arrependimento é a denúncia da associação, do seu modo de atuação e dos seus membros, mas essa denúncia só será relevante se for útil para evitar a prática de, pelo menos, um crime, sendo irrelevante a denúncia de fatos já conhecidos pela autoridade pública.

Se o perigo representado pela associação tiver sido eliminado (ao menos na sua parte essencial, isto é, a liderança e a estrutura de comando) por força da ação do agente arrependido, ele fica isento de pena. Trata-se de uma verdadeira causa pessoal de exclusão da pena, fundada na consideração das necessidades de prevenção da criminalidade organizada. Se o perigo representado pela associação se mantiver, apesar do esforço sério e voluntário do agente arrependido, ele pode beneficiar de uma atenuação especial da pena.

6. O crime de associação criminosa é um *crime de comparticipação necessária* na modalidade de crime de convergência. As condutas típicas de "apoiante" e de "angariador" sobrepõem-se, respetivamente, às de cúmplice e de instigador, pelo que não é admissível a participação (instigação ou cumplicidade) no crime de associação criminosa. As condutas de auxílio de terceiros à associação são condutas de "apoiantes". As condutas de instigação à participação na atividade da associação são condutas de "angariação".

7. A aplicação das *regras de concurso efetivo e aparente* ao crime de organização criminosa não é simples.

Comete só um crime o agente que realiza várias condutas típicas em relação à mesma associação criminosa, por exemplo, tornando-se chefe de uma associação de que foi membro, caso em que é punível apenas pelo exercício da conduta mais grave. A pluralidade de ações de apoio da mesma associação criminosa constitui também um só crime.

Há concurso efetivo entre o crime de associação criminosa e os crimes que a associação criminosa executa. Esta regra não vale no caso em que a associação foi constituída apenas para a prática de um só crime, esgotando-se a finalidade da associação e extinguindo-se a estrutura organizativa depois da execução desse crime. Neste caso, há concurso aparente (subsidiariedade) entre o crime de associação criminosa e o crime-fim da associação criminosa.

Há uma relação de concurso aparente (especialidade) entre o crime previsto no artigo 299.º do CP e o crime previsto no artigo 28.º do Decreto-lei 15/1993, de 22.1, com a redação que lhe foi dada pela Lei 45/1996, de 3.9. Este artigo prevê a punição de associações criminosas destinadas à prática dos crimes de tráfico de estupefacientes e tráfico de precursores. Os conceitos desta incriminação especial têm o mesmo conteúdo substantivo do seu homólogo do CP, salvo no que respeita ao número mínimo de membros da organização. Há, contudo, uma outra diferença significativa: no Decreto-lei 15/1993, o financiamento do grupo é equiparado à ação de promoção ou fundação do grupo, ao invés do que sucede na incriminação geral, em que a atividade de financiamento do grupo se inclui na ação de auxílio prevista no artigo 299.º, 2, do CP.

O artigo 28.º, 4, do Decreto-lei 15/1993, prevê também a punição da associação destinada à conversão, transferência, dissimulação ou receptação de bens ou produtos dos crimes previstos nos artigos 21.º e 22.º do dito diploma. Há uma relação de concurso efetivo entre o crime previsto no artigo 28.º, 4, do Decreto-lei 15/1993 e os concretos crimes de branqueamento praticados pela associação, puníveis pelo artigo 368.º-A do CP.

O artigo 299.º do CP pune as associações destinadas à conversão, transferência, dissimulação ou receptação de bens ou produtos dos crimes de lenocínio, abuso sexual de crianças ou de menores dependentes, extorsão, tráfico de armas, tráfico de órgãos ou tecidos humanos, tráfico de espécies protegidas, fraude fiscal, tráfico de influência, corrupção e demais infrações previstas no artigo 1.º da Lei 36/1994, de 29.9, bem como dos resultantes de crimes puníveis com pena de prisão de duração mínima superior a 6 meses ou de duração máxima superior a 5 anos. Há uma relação de concurso efetivo entre o crime de associação destinado ao branqueamento destes proventos e os concretos crimes de branqueamento praticados pela associação, puníveis pelo artigo 368.º-A do CP.

Há uma relação de concurso aparente (especialidade) entre o crime previsto no artigo 299.º do CP e o crime previsto no artigo 2.º da Lei 52/2003, de 22.8. Este artigo prevê a punição de associações terroristas. Os conceitos desta incriminação especial têm o mesmo conteúdo substantivo do seu homólogo do CP, salvo no que respeita ao número mínimo de membros da organização. Há, contudo, duas outras diferenças significativas: na Lei 52/2003, a adesão, o apoio e o financiamento do grupo são equiparados à ação de promoção ou fundação do grupo, ao invés do que sucede na incriminação geral; e a prática de atos preparatórios da constituição da organização terrorista é autonomamente punida.

O tipo de "organizações terroristas" está construído como um crime de resultado cortado. Com efeito, não há uma inteira sobreposição do tipo subjetivo sobre o tipo objetivo. O tipo objetivo verifica-se com a prática dos atos e crimes previstos nas diversas alíneas do 1. O tipo subjetivo inclui o dolo (em qualquer forma desses atos e crimes) e um elemento subjetivo adicional: a intenção de prejudicar a integridade e a independência nacionais, impedir, alterar ou subverter o funcionamento das instituições do Estado previstas na Constituição, forçar a autoridade pública a praticar um ato, a abster-se de o praticar ou a tolerar que se pratique, ou ainda intimidar certas pessoas, grupos de pessoas ou a população em geral (tendo a expressão "visem" do artigo 2.º, 1, o significado jurídico de uma intenção, como aliás também resulta da própria designação que lhe é dada logo no artigo 4.º, 1). Portanto, não é necessário que estes resultados se verifiquem, sendo bastante que o agente os tenha querido. Dito de outro modo, o tipo subjetivo contém uma intenção de realização de um resultado que não faz parte do tipo objetivo, mas que é provocado pela ação típica.

A intenção de prejudicar a integridade e a independência nacionais, impedir, alterar ou subverter o funcionamento das instituições do Estado previstas na Constituição, forçar a autoridade pública a praticar um ato, a abster-se de o praticar ou a tolerar que se pratique, ou ainda intimidar certas pessoas, grupos de pessoas ou a população em geral não é um elemento comunicável, por se tratar de um elemento subjetivo do tipo. Portanto, só pode atuar como comparticipante aquele que tenha tido a dita intenção ou, no caso do cúmplice, o conhecimento da intenção do autor.

Há uma relação de concurso efetivo entre o crime de "organização terrorista" e os concretos crimes de terrorismo, previstos no artigo 4.º, que a organização tenha cometido. Mas há uma relação de concurso aparente (consunção) entre cada crime de terrorismo e cada crime referido nas alíneas do artigo 2.º, 1. Portanto, se um agente membro de uma organização terrorista comete um crime de propagação de doença contagiosa com a intenção de intimidar a população em geral comete um crime de organização terrorista previsto pelo artigo 2.º, 2 (porque é aderente) em concurso efetivo com um crime de terrorismo previsto pelo artigo 4.º, 1, ficando consumido o crime previsto pelo artigo 283.º, 1, que tem moldura penal mais leve do que a do crime do artigo 4.º, 1, da Lei 52/2003. Mas se o agente membro de uma organização terrorista comete um homicídio com a intenção de intimidar a população em geral comete um crime de organização terrorista previsto pelo artigo 2.º, 2 (porque é aderente) em concurso efetivo com um crime de terrorismo previsto pelo artigo 4.º, 1 (2.ª parte), ficando consumido o crime previsto pelo artigo 131.º, que tem moldura penal mais leve do que a do crime do artigo 4.º, 1, da Lei 52/2003.

Bibliografia

BRAVO, Jorge Manuel dos Reis. "Criminalidade contemporânea e discurso da legalidade. Breve itinerário crítico sobre o quadro normativo de prevenção e combate à criminalidade organizada". *PolJ*, III série, 8, pp. 73 a 141, 2006.

_____. "Criminalidade económica-financeira e organizada: um desafio sem resposta? Para um conceito estratégico de prevenção e combate à criminalidade económico-financeira e organizada". *RCEJ*, 16, pp. 151 a 202, 2011.

CLUNY, Antônio Francisco. "O Ministério Público, o Estado de Direito Social e a nova criminalidade organizada. Novo modelo e estatuto". *RMP*, ano 18, 72, pp. 71 a 94, 1997.

COSTA, Eduardo Maia. "Crime de associação criminosa. Concurso com o crime de contrabando". *RMP*, ano 7, 26, pp. 149 a 152, 1986.

COSTA, José Martins Barra da. *O terrorismo e as FP 25 anos depois*. Lisboa: Edições Colibri, 2004.

FIGUEIREDO DIAS, Jorge de. "Anotação ao artigo 299.º". *Comentário Conimbricense do Código Penal,* Coimbra: Coimbra Ed., 1999.

_____. "As associações criminosas no Código Penal de 1982". *RLJ*, ano 119, 3751, pp. 289 a 292, 3752, pp. 327 a 330, 3753, pp. 360 a 363, ano 120, 3754, pp. 5 a 9, 3755, pp. 39 a 42, 3757, pp. 101 a 105, 3758, pp. 135 a 137, 3759, pp. 169 a 173, e 3760, pp. 198 a 202, 1986.

_____. "A Criminalidade organizada: do fenómeno ao conceito jurídico-penal". *RBCC*, 71, pp. 11 a 30, 2008.

MIRANDA RODRIGUES, Anabela. "Criminalidade organizada. Que política criminal?". *RFDUNL*, ano IV, 6, pp. 29 a 46, 2003.

MOREIRA, Adriano (org.). Terrorismo. Coimbra: Almedina (2004); Centro de Estudos Judiciários, Medidas de Combate à Criminalidade Organizada e Económica-Financeira, Coimbra: Coimbra Editora, 2004.

NABAIS, João Marques Mendes. "Crime de terrorismo, bem jurídico protegido, elementos constitutivos". *RMP*, ano 17, 65, pp. 163 a 174, 1996.

NUNO PIÇARRA. "Terrorismo e direitos fundamentais: as *smart sanctions* na jurisprudência do Tribunal de Justiça e no Tratado de Lisboa", in: ALVES CORREIA e outros (coord.), *Estudos em homenagem ao Prof.*

Doutor José Joaquim Gomes Canotilho, vol. III, Coimbra: Coimbra Editora, pp. 711 a 742, 2012.

PALMA, Fernanda. "Crimes de terrorismo e culpa penal", in: COSTA ANDRADE e outros (org.), *Liber Discipulorum para Figueiredo Dias*. Coimbra: Coimbra Editora, pp. 235 a 258, 2003.

PEREIRA, Rui Carlos. "Terrorismo e insegurança. A resposta portuguesa", *RMP*, ano 25, 98, 77 a 110, 2004.

_____. "Os desafios do terrorismo: a resposta penal e o sistema de informações", *Lusíada – Revista de Ciência e Cultura*. Série de Direito, 1-2, 2002.

SÁ GOMES, Ana Catarina. *Terrorismo. A legitimidade de um passado esquecido*. Lisboa: AAFDL, 2005.

SARDINHA, José Miguel. *O terrorismo e a restrição dos direitos fundamentais em processo penal*. Coimbra: Coimbra Editora, 1989.

SILVA, Isabel Marques da. "O crime de associação criminosa para a prática de infrações fiscais". *Estudos em homenagem ao Professor Doutor Pedro Romano Martinez*, vol. 2, pp. 571 a 584, 2000.

SILVA DIAS, Augusto. "Criminalidade organizada e combate ao lucro ilícito", in: Fernanda PALMA e outros (coord.). 2.º Congresso de Investigação Criminal, Coimbra: Almedina, pp. 23 a 48, 2010.

SOUSA E BRITO, José Clímaco de. "O 11 de Setembro, as motivações do terrorismo e os direitos do homem", *RCC*, série 2, 3, 2005.

_____. "O inimigo em direito penal". *RCC*, série 2, 4-5, 2007.

VALENTE, Manuel Monteiro Guedes. *Criminalidade organizada e criminalidade de massa, interferências e ingerências mútua*. Coimbra: Almedina, 2009.

VENTURA, João Paulo. "O terrorismo, a criminalidade organizada e a segurança doméstica". *PolJ*, série III, 1 (2003); "Terrorismo: da caracterização do fenómeno à reatividade proativa". *PolJ*, série III, 3, 2004.

AUTORES

KAI AMBOS

Professor catedrático de Direito Penal, Direito Processual Penal, Comparado e Penal Internacional da Georg-August-Universität Göttingen (Alemanha). Diretor geral do Centro de Estudos de Direito Penal e Processual Penal Latino-americano (CEDPAL) da Universidade de Göttingen. Juiz do Tribunal Especial para Kosovo (Kosovo Specialist Chambers), Haia, Países Baixos.

GUSTAVO HENRIQUE RIGHI IVAHY BADARÓ

Livre-docente, doutor e mestre pela Faculdade de Direito da Universidade de São Paulo. Professor associado do Departamento de Direito Processual da Faculdade de Direito da Universidade de São Paulo, na disciplina Direito Processual Penal. Advogado. Membro do Conselho Científico do Centro de Estudos de Direito Penal e Processual Penal Latino-americano da Georg-August Universität, em Göttingen.

DIOGO RUDGE MALAN

Professor adjunto de Processo Penal e Prática Forense Penal da UERJ e da FND/UFRJ. Visiting Scholar na Boston University School of Law. Doutor em Direito Processual Penal pela USP. Advogado.

CARLOS ROBERTO BACILA

Doutor em Direito Penal pela Universidade Federal do Paraná. Professor adjunto de Direito Penal da Faculdade de Direito da Universidade Federal do Paraná. Delegado de Polícia Federal aposentado.

Renato Stanziola Vieira

Mestre em Direito Constitucional pela PUC-SP e em Direito Processual Penal pela Universidade de São Paulo (USP). Doutorando em Direito Processual Penal pela Universidade de São Paulo (2017-2020). Advogado.

Maria Thereza de Assis Moura

Possui mestrado e doutorado em Direito pela Universidade de São Paulo. Atualmente é Ministra do Superior Tribunal de Justiça. Professora doutora da Universidade de São Paulo.

Marcus Alan Melo Gomes

Doutor e mestre em Direito das Relações Sociais pela Pontifícia Universidade Católica de São Paulo. Professor associado do Instituto de Ciências Jurídicas da Universidade Federal do Pará (UFPA). Juiz de Direito da 9ª Vara Criminal de Belém-PA.

Paulo César Busato

Doutor em Direito Penal pela Universidade Pablo de Olavide, de Sevilha. Professor adjunto de Direito Penal da UFPR. Membro do Conselho Científico do Centro de Estudos de Direito Penal e Processual Penal Latino-americano da Georg-August Universität, em Göttingen. Procurador de Justiça do Ministério Público do Estado do Paraná, Brasil.

Eneas Romero de Vasconcelos

Mestre pela Universidade de Brasília, Professor ESMPCE, membro do Centro de Estudos de Direito Penal e Processual Penal Latino-americano (CEDPAL) da Universidade de Göttingen (Alemanha) e Promotor de Justiça do Ministério Público do Ceará.

Paulo Pinto de Albuquerque

Professor associado com agregação da Universidade Católica Portuguesa. Juiz do Tribunal Europeu dos Direitos Humanos.